DEUTSCH ALS FREMDSPRACHE

Susanne Kalender
Petra Klimaszyk

Schritte plus 5

Lehrerhandbuch

Hueber Verlag

Quellenverzeichnis:

S. 97: A © PantherMedia/Chris F., B © PantherMedia/JCB P., C © PantherMedia/Olaf M., D © MEV, E © fotolia/Marika Kröger, F © PantherMedia/Uwe N.
S. 102: A © fotolia/cherie, B © iStockphoto/toms42, C © PantherMedia/Liane N.
S. 116: © Hueber Verlag
S. 121: © picture-alliance/akg-images/Niklaus Stauss
S. 127: © Dynamic Graphics/Creatas

Symbole / Piktogramme

 Binnendifferenzierung

 Achtung/Hinweis

TIPP Methodisch-didaktischer Tipp

LANDES
KUNDE Landeskundliche Informationen über Deuschland

Das Werk und seine Teile sind urheberrechtlich geschützt. Jede Verwertung in anderen als den gesetzlich zugelassenen Fällen bedarf deshalb der vorherigen schriftlichen Einwilligung des Verlags.

Hinweis zu § 52a UrhG: Weder das Werk noch seine Teile dürfen ohne eine solche Einwilligung überspielt, gespeichert und in ein Netzwerk eingespielt werden. Dies gilt auch für Intranets von Firmen, Schulen und sonstigen Bildungseinrichtungen.

4. 3. 2.
2019 18 17 16 15 | Die letzten Ziffern bezeichnen Zahl und Jahr des Druckes.
Alle Drucke dieser Auflage können, da unverändert, nebeneinander benutzt werden.
1. Auflage
© 2011 Hueber Verlag, 85737 Ismaning, Deutschland
Redaktion: Daniela Niebisch, Penzberg
Zeichnungen: Hueber Verlag/Jörg Saupe
Druck und Bindung: Kessler Druck + Medien GmbH & Co. KG, Bobingen
Printed in Germany
ISBN 978-3-19-051915-6

Inhalt

Das Lehrerhandbuch – Überblick	5
Konzeption des Lehrwerks	6
Praktische Tipps für den Unterricht mit *Schritte plus*	12
Methodisch-didaktische Hinweise	20
Die erste Stunde im Kurs	20
Hinweise zu Lektion 1	21
Hinweise zu Lektion 2	31
Hinweise zu Lektion 3	41
Hinweise zu Lektion 4	51
Hinweise zu Lektion 5	62
Hinweise zu Lektion 6	71
Hinweise zu Lektion 7	80
Kopiervorlagen	87
Zusatzübungen und Spiele zu Lektion 1	87
Zusatzübungen und Spiele zu Lektion 2	92
Zusatzübungen und Spiele zu Lektion 3	95
Zusatzübungen und Spiele zu Lektion 4	98
Zusatzübungen und Spiele zu Lektion 5	103
Zusatzübungen und Spiele zu Lektion 6	107
Zusatzübungen und Spiele zu Lektion 7	112
Wiederholung zu Lektion 1 und Lektion 2	114
Wiederholung zu Lektion 3 und Lektion 4	116
Wiederholung zu Lektion 5 und Lektion 6	118
Tests zu jeder Lektion	120
Anhang	134
Transkriptionen der Hörtexte im Kursbuch	134
Transkriptionen der Hörtexte im Arbeitsbuch	157
Lösungen zu den Übungen im Arbeitsbuch	166
Lösungen zu den Tests	175

Das Lehrerhandbuch – Überblick

Konzeption und praktische Tipps für den Unterricht mit *Schritte plus*

Schritte plus basiert auf den Grundsätzen des Gemeinsamen Europäischen Referenzrahmens und orientiert sich an den Vorgaben des Rahmencurriculums für Integrationskurse. Beides wird zunächst kurz erläutert. Anschließend werden der Aufbau des Lehrwerks sowie die methodisch-didaktischen Grundlagen vorgestellt und beschrieben. Außerdem werden praktische Tipps zum Umgang mit wiederkehrenden Rubriken des Lehrwerks gegeben.

Methodisch-didaktische Hinweise

Die Hinweise zu den einzelnen Lektionen sind klar strukturiert: Zu jeder Episode der Foto-Hörgeschichte, zu jeder Modulseite A bis E, zu den Zwischenspielen und zu den Fokus-Seiten finden Sie ab Seite 21 konkrete Hinweise zum Vorgehen im Unterricht sowie methodische Tipps, Vorschläge zur Binnendifferenzierung, landeskundliche Informationen und Verweise auf die Übungen im Arbeitsbuch.

Kopiervorlagen

Das Lehrerhandbuch bietet durch ein differenziertes Übungsangebot die Möglichkeit, den Unterricht auf die jeweiligen Bedürfnisse eines Kurses und die jeweilige Kursdauer abzustimmen:

- Vorlagen zu den Interaktionsaufgaben helfen bei der Unterrichtsvorbereitung.

- Zahlreiche Spiele erweitern das Angebot des Kursbuchs (ab Seite 87).

- Zu jedem Zwischenspiel finden Sie nachbereitende und erweiternde Übungen.

- Wiederholungsübungen und -spiele: Regelmäßige Wiederholungssequenzen sind besonders im Anfängerunterricht wichtig (ab Seite 114).

- Testvorlagen zu jeder Lektion: So können Sie oder Ihre TN die Kenntnisse überprüfen (ab Seite 120).

Anhang

Hier finden Sie die Transkriptionen aller Hörtexte des Kursbuchs und des Arbeitsbuchs sowie die Lösungen zu den Übungen im Arbeitsbuch und den Tests. Diese können Sie bei Bedarf auch für Ihre TN kopieren und zur Selbstkontrolle bereitstellen.

Konzeption – Rahmenbedingungen

1. Rahmenbedingungen

Schritte plus ist ein Lehrwerk für Lernende der Grundstufe, die in einem deutschsprachigen Land leben oder leben möchten. Ziel ist es, den TN die Integration in den deutschen Alltag zu erleichtern. Die Themen sind handlungsorientiert und sollen die TN befähigen, alltägliche Situationen wie Einkäufe und Arztbesuche sprachlich zu bewältigen.

Die Komponenten von *Schritte plus*

Schritte plus führt in sechs Bänden zur Niveaustufe B1 des Gemeinsamen Europäischen Referenzrahmens:

Schritte plus 1 und *Schritte plus* 2 → Niveaustufe A1
Schritte plus 3 und *Schritte plus* 4 → Niveaustufe A2
Schritte plus 5 und *Schritte plus* 6 → Niveaustufe B1

Zu jedem Band von *Schritte plus* gibt es eine Arbeitsbuch-CD mit den Hörtexten des Arbeitsbuchs und interaktiven Übungen für den PC. In der Ausgabe 978-3-19-011915 ist diese CD eingelegt. Zusätzlich gibt es zu jedem Band Hörmaterialien zum Kursbuch auf CD.

Schritte plus und der Gemeinsame Europäische Referenzrahmen

- *Schritte plus* orientiert sich am Gemeinsamen Europäischen Referenzrahmen. Der Referenzrahmen definiert mehrere Kompetenzniveaus, die den Sprachstand der Lernenden zeigen und Lernfortschritte messbar machen:

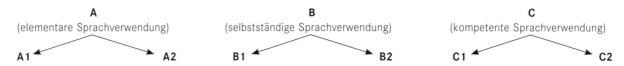

Der Sprachstand wird mithilfe von Skalen – den sogenannten Kann-Bestimmungen – beschrieben. Eine ausführliche Beschreibung zu Inhalt und Zielen des Referenzrahmens finden Sie unter www.hueber.de.

- Der Referenzrahmen betrachtet Sprachlernende und Sprachverwendende als sozial Handelnde, die kommunikative Aufgaben bewältigen müssen. *Schritte plus* trägt dem durch die alltagsrelevanten Themen und die Auswahl der Texte (z.B. Briefe, Informationsbroschüren, Zeitungsmeldungen, Telefongespräche, Nachrichten etc.) Rechnung und richtet sich in seinen Lernzielen an den Kann-Bestimmungen des Referenzrahmens aus. Welches Lernziel Ihre TN auf einer Kursbuchseite erreichen können, ist bei den methodisch-didaktischen Hinweisen in diesem Lehrerhandbuch jeweils explizit ausgewiesen.

- Im Referenzrahmen werden Lernerautonomie und Selbstbeurteilung großgeschrieben: Anhand von Übungen zum selbstentdeckenden Lernen im Arbeitsbuch erarbeiten sich die TN grammatische Schemata und lernen, Strukturen zu ordnen und zu systematisieren (Grammatik entdecken). Mithilfe des Lerntagebuchs (siehe Seite 11 und 17) lernen die TN verschiedene Lerntechniken kennen und werden befähigt, ihr Lernen individuell und selbstständig zu gestalten. Im Kursbuch finden Sie auf den Seiten 90–91 eine Vorlage, mit der die TN ihren Sprachstand nach Abschluss des Kurses selbst evaluieren können.

Schritte plus und das Rahmencurriculum für Integrationskurse

Das Rahmencurriculum für Integrationskurse – Deutsch als Zweitsprache ist die Grundlage für den Unterricht in den Integrationskursen. Es zeigt Lebensbereiche auf, in denen sich Migrantinnen und Migranten bewegen, und beschreibt Lernziele für das sprachliche Handeln in typischen Alltagssituationen. *Schritte plus* deckt alle alltags- und berufsrelevanten Lernziele des Rahmencurriculums ab.

Prüfungsvorbereitung mit *Schritte plus*

In *Schritte plus* werden die Lern- und Prüfungsziele des Rahmencurriculums für Integrationskurse – Deutsch als Zweitsprache und des darauf aufbauenden *Deutsch-Tests für Zuwanderer (dtz)* umgesetzt. Außerdem können Sie die TN mit diesem Lehrwerk auf die Prüfungen *Start Deutsch* und *Zertifikat Deutsch* vorbereiten. Sie finden:
- Prüfungsaufgaben zu allen Prüfungsteilen im Arbeitsbuch
- extra Übungshefte *Schritte plus Prüfungstraining* (siehe auch Seite 19)

Konzeption – Aufbau

2. Aufbau

Jeder Band von *Schritte plus* enthält sieben kurze Lektionen mit einem klaren und einheitlichen Aufbau:

Die Foto-Hörgeschichte
Motivierender Einstieg über eine Foto-Hörgeschichte

Die Seiten A bis C
In sich abgeschlossene Module zur Einführung
und Einübung des neuen Lernstoffs

Die Seiten D bis E
In sich abgeschlossene Module zum Training
und zur Erweiterung der rezeptiven und
produktiven Fertigkeiten

Die Übersichtsseite
Übersicht über Grammatik und wichtige
Wendungen der Lektion zur Orientierung und schnellen Wiederholung

Das Zwischenspiel
Abschluss durch das Zwischenspiel mit
landeskundlichen Lese- und Hörtexten
und spielerischen Aktivitäten

2.1 Aufbau einer Kursbuchlektion

Die Foto-Hörgeschichte

Ausgehend von der Erfahrung vieler TN mit Fotoromanen und Soaps im Fernsehen und der Tatsache, dass wir heute in einer visuellen Welt leben, beginnt jede Lektion mit einer Foto-Hörgeschichte. Sie …

- ist authentisch: Sprache wird im Kontext gelernt. Die TN können sich intensiv mit nur einer Situation auseinandersetzen, was die Memorierung von Wörtern und Strukturen erleichtert und verbessert.
- ist motivierend: Die Fotos erleichtern eine situative und lokale Einordnung der Geschichte und aktivieren das Vorwissen. Durch die Kombination von Fotos und Hörtext/Geräuschen verstehen die TN eine zusammenhängende Episode. Sie erkennen, dass sie am Ende der Lektion in der Lage sein werden, eine ähnliche Situation sprachlich zu meistern.
- bietet anhand der Personen und Situationen Identifikationsmöglichkeiten. Im Vordergrund stehen die Erfahrungen eines Ausländers, der mit der deutschsprachigen Lebenswelt in Berührung kommt. Die Foto-Hörgeschichte vermittelt implizit landeskundliches Wissen.
- bietet einen unterhaltsamen Einstieg in das Thema der Lektion: Das Interesse der TN wird geweckt.
- bildet den sprachlichen und thematischen Rahmen der Lektion: Die Foto-Hörgeschichte führt das Sprachmaterial und den grammatischen Stoff ein und entlastet damit den Lektionsstoff vor. Zugleich trainiert sie das globale Hörverstehen.

Konzeption – Aufbau

Die Seiten A, B, C

Die **Kopfzeile** enthält ein Zitat aus der Foto-Hörgeschichte und präsentiert den Lernstoff der Seite. Die neue Struktur ist fett hervorgehoben. So können Sie und die TN sich rasch orientieren.

Die erste Aufgabe dient der **Einführung** des neuen Stoffs. Sie bezieht sich ebenfalls im weiteren Sinne auf die Foto-Hörgeschichte und veranlasst die TN bereits zur aktiven Anwendung der neuen Struktur. Das stärkt das Vertrauen der TN in die Erlernbarkeit des Stoffs.

Der **Grammatikspot** fasst den Lernstoff übersichtlich zusammen und macht ihn bewusst.

In den **anschließenden Aufgaben** üben die TN den Lernstoff zunächst meist in gelenkter, dann in freierer Form.

Die **Abschlussaufgabe** dient dem Transfer des Gelernten in den persönlichen Anwendungsbereich (Informationen über sich geben, die eigene Meinung sagen etc.) oder bietet auf spielerische Art Möglichkeiten, den Lernstoff aktiv und interaktiv anzuwenden.
Hinweis: Zur Vereinfachung und Unterstützung Ihrer Unterrichtsvorbereitung finden Sie Kopiervorlagen zu vielen Abschlussaufgaben in diesem Lehrerhandbuch (ab Seite 87).

Die Seiten D und E

Diese Seiten dienen der Vertiefung und Erweiterung der rezeptiven (Lesen und Hören) und produktiven (Sprechen und Schreiben) Fertigkeiten.

Lesen
Die TN üben das Lesen authentischer Textsorten, wie sie im Referenzrahmen und den Prüfungen *Zertifikat Deutsch* und *Deutsch-Test für Zuwanderer* für die Niveaustufe B1 festgelegt sind. Dazu gehören z.B. Zeitungsmeldungen, Anleitungen, Briefe, E-Mails und Mitteilungen, tabellarische Verzeichnisse, Wörterbucheinträge, längere Texte aus Büchern und Zeitschriften.

Hören
Die TN lernen, unkomplizierte Sachinformationen über Alltagsthemen oder alltägliche Fragen der Arbeitswelt zu verstehen, sie können den gehörten Texten sowohl Hauptaussage als auch relevante Einzelinformationen entnehmen. Dies gilt für medial gesendete Texte sowie für Gespräche.

Sprechen
Die TN üben die Bewältigung von Alltagssituationen in den Bereichen Arbeit, Schule, Freizeit etc., wobei sie an den Gesprächen nicht nur reagierend, sondern selbstständig agierend teilnehmen. Das heißt, die TN können sich einfach und zusammenhängend über vertraute Themen und persönliche Interessensgebiete äußern. Sie können aber diesbezüglich auch über Erfahrungen und Ereignisse berichten, Träume, Ziele und Vorstellungen beschreiben und zu Plänen und Absichten kurze Begründungen und Erklärungen liefern.

Schreiben
Die Anforderungen an die Schreibfertigkeit der TN steigen auf dem Niveau B1. Die Zielsetzung auf diesem Niveau ist: Die TN können einfachere, aber in Teilen zusammenhängende Texte zu verschiedenen vertrauten Themen aus ihrem Interessensgebiet oder Erfahrungsgebiet schreiben.

Die Übersichtsseite

Die letzte Seite jeder Lektion gibt einen Überblick über die neue Grammatik und wichtige Wendungen der Lektion. Mithilfe der Übersicht kann der Stoff der Lektion selbstständig wiederholt und nachgeschlagen werden.

Das Zwischenspiel

Jede Lektion wird durch ein Zwischenspiel abgerundet. Auf diesen Seiten wird der Alltag in Deutschland in Lese- und Hörtexten abgebildet. Der Schwerpunkt liegt nicht mehr auf dem Erwerb und Einüben von Strukturen, sondern die TN können hier das Lese- und Hörverstehen vertiefen und ihr in der Lektion erworbenes Wissen aktiv und zum Teil spielerisch anwenden. Zu jedem Zwischenspiel gibt es in diesem Lehrerhandbuch Didaktisierungsvorschläge und eine Kopiervorlage mit vor- oder nachbereitenden Übungen.

Konzeption – Aufbau/Methodisch-didaktische Grundlagen

2.2 Aufbau des Arbeitsbuchs

Im Arbeitsbuch finden Sie vielfältige Übungen zu den Lernschritten A bis E für die Still- und Partnerarbeit im Kurs oder als Hausaufgabe. Auch hier erscheinen – wie auf der entsprechenden Kursbuchseite – in der Kopfzeile ein Zitat und ein Foto aus der Foto-Hörgeschichte als Strukturierungs- und Memorierungshilfe. Die Übungen berücksichtigen unterschiedliche Lernniveaus innerhalb des Kurses und bieten so Möglichkeiten zur Binnendifferenzierung:

schwarze Arbeits-anweisungen	blaugraue Arbeits-anweisungen	blaue Arbeits-anweisungen
Basisübungen, die alle TN machen sollten	Vertiefende Übungen für alle, die noch übenwollen/müssen	Erweiternde Übungen als Zusatzangebot oder Alternative für schnellere TN

Das Arbeitsbuch enthält außerdem:
- Übungen zur Phonetik
- Anregungen zum autonomen Lernen und Informationen über verschiedene Lerntechniken (Lerntagebuch)
- Übungen zum selbstständigen Entdecken grammatischer Regelmäßigkeiten („Grammatik entdecken")
- Aufgaben im Prüfungsformat
- ein systematisches Schreibtraining
- explizit gekennzeichnete Wiederholungsübungen
- Projekte zur Förderung des Lernes außerhalb des Klassenzimmers
- den Lernwortschatz der Lektion, nach Oberbegriffen sortiert und nach Wortarten getrennt
- die Fokus-Seiten (Fokus Alltag, Fokus Beruf, Fokus Familie – siehe Seite 17)

Weitere Übungen zur selbstständigen Wiederholung am PC finden die TN auf der integrierten CD, die auch alle Hörtexte des Arbeitsbuchs enthält.

3. Methodisch-didaktische Grundlagen

3.1 Grammatik

Die Grammatikprogression in *Schritte plus* orientiert sich an den Lernzielen des Rahmencurriculums und der Prüfung *dtz*. In übersichtlichen, kurzen Lernschritten werden die Strukturen in kleinen „Portionen" eingeführt und intensiv geübt. Häufige Wiederholungsschleifen festigen das Gelernte und bereiten auf die Erweiterung einer grammatischen Struktur vor.

Lexikalische Einführung von Strukturen
- Grammatische Strukturen werden durch Variations- und Einsetzübungen eingeführt. Sie werden von den TN von Anfang an aktiv benutzt und memoriert.
- Der Einstieg erfolgt über Formeln, an denen anschließend die dahinterstehende Struktur aufgezeigt werden kann.
- Ziel ist es, die Angst vor Neuem zu nehmen und das Vertrauen in die Erlernbarkeit der Struktur zu stärken.

Grammatikspot
- Der Grammatikspot fasst den neuen Stoff anhand von Beispielen einfach und verständlich zusammen.
- Farbsignale ersetzen Regelerklärungen, die die TN besonders im Anfängerunterricht auf Deutsch gar nicht verstehen würden.

Infospot
- Der Infospot hebt Redemittel hervor, die in ihrer grammatischen Struktur unbekannt sein können, den TN aber als Ausdrucksmöglichkeit zur Verfügung stehen sollten.
- Diese Redemittel sollen als Formeln gelernt und angewendet werden.

Grammatik entdecken

Selbstentdeckendes Lernen
Übungen, die die TN zu einem gelenkten Entdecken grammatikalischer Regelmäßigkeiten führen sollen, finden Sie im Arbeitsbuch unter der Rubrik „Grammatik entdecken":
- Die TN ordnen neues Sprachmaterial in vorgegebene, optisch markierte Schemata.
- Dadurch wird die zugrunde liegende Systematik einer Struktur erkennbar.
- Die TN können die Strukturen besser verstehen und behalten.

9 KONZEPTION

Konzeption – Methodisch-didaktische Grundlagen

3.2 Wiederholung

Damit sprachliche Strukturen – und Wörter natürlich – gefestigt werden können, müssen sie immer wieder aktiviert werden. *Schritte plus* setzt daher auf häufige Wiederholungssequenzen:
- Mit den Wiederholungsstationen am Ende jeder Niveaustufe *(Schritte plus 2, 4, 6)* kann der komplette Lernstoff einer Stufe noch einmal trainiert werden.
- Sogenannte Wiederholungsspots im Kursbuch erinnern die TN ab *Schritte plus 3* an schon gelernte Strukturen, die nun erweitert werden.
- Ausgewiesene Wiederholungsübungen greifen ab *Schritte plus 3* grammatische Strukturen aus den vorhergehenden Bänden noch einmal auf, vertiefen sie oder dienen als Vorübung für neuen Lernstoff, der in Zusammenhang zu schon bekanntem Lernstoff steht.
- Möglichkeiten zur selbstständigen Wiederholung finden die TN auf der Arbeitsbuch CD mit interaktiven Übungen für den PC.
- Spiele zur Wiederholung finden Sie nach jeder zweiten Lektion auch in diesem Lehrerhandbuch (ab Seite 114).

3.3 Wortschatz

Die Wortschatzprogression orientiert sich ebenfalls an den Lernzielen des Rahmencurriculums und der Prüfung *dtz*. Die Wortschatzvermittlung orientiert sich an folgenden Prinzipien:
- Neuer Wortschatz wird mit bekannten Strukturen eingeführt, damit die TN sich auf die Wörter konzentrieren können.
- Nach Möglichkeit werden Wortfelder eingeführt (z.B. Lektion 3: Wortfeld „Gesundheit/Körper").
- Der Lernwortschatz einer jeden Lektion ist im Arbeitsbuch zusammengestellt. Schreiblinien ermöglichen die Übersetzung in die eigene Sprache und damit ein klassisches Vokabeltraining: Die TN können sich auf diese Weise selbstständig abfragen.

Am Ende eines jeden Bands von *Schritte plus* finden Sie eine alphabetische Wortliste.

3.4 Binnendifferenzierung

Ein (Integrations-) Kurs setzt sich aus TN mit unterschiedlichen Muttersprachen sowie unterschiedlichen Lernerfahrungen und Lernzielen zusammen. Binnendifferenzierung ist eine Möglichkeit, den Unterricht für alle TN interessant zu gestalten, auf die unterschiedlichen Bedürfnisse der TN einzugehen und jeden Einzelnen so gut wie möglich zu fördern. Binnendifferenzierung bedeutet Gruppenarbeit: Innerhalb des Kurses werden (zeitweise) mehrere Gruppen gebildet, die unterschiedliche Lerninhalte bearbeiten. Das kann beispielsweise heißen, dass leistungsstärkere Gruppen mehr oder schwierigere oder freiere Aufgaben erhalten oder dass für einzelne Gruppen verschiedene Lernziele gesetzt werden, die sich an den Bedürfnissen der TN ausrichten: Eine Gruppe übt z.B. Grammatik, eine andere wiederholt Wortschatz und eine dritte macht Phonetikübungen.

Schritte plus bietet vielfach Unterstützung für einen binnendifferenzierten Unterricht:

- Schon fertig? • Explizit im Kursbuch durch gekennzeichnete Zusatzaufgaben für schnelle TN.
- Implizit im Kursbuch durch unterschiedlich schwierige/lange Lesetexte und Auswahlmöglichkeiten (gelenkter-freier) bei verschiedenen Aufgaben, z.B. Rollenspielen.
- Explizit im Arbeitsbuch durch farblich gekennzeichnete Übungstypen in verschiedenen Schwierigkeitsstufen (siehe auch Seite 9 und 17).
- In diesem Lehrerhandbuch durch praktische Vorschläge zur binnendifferenzierten Arbeit mit *Schritte plus*. Diese erkennen Sie an diesem Zeichen ▼.

KONZEPTION 10

Konzeption – Methodisch-didaktische Grundlagen

3.5 Phonetik

PHONETIK

Häufig erwerben Lernende gute Kenntnisse in Wortschatz und Grammatik. Damit haben sie einen wichtigen Schritt für die Kommunikation mit Muttersprachlern der Zielsprache gemacht. Aber selbst wenn die Wörter von ihrer Semantik her richtig verwendet werden, kann es durch eine falsche Aussprache oder Betonung zu Missverständnissen bis hin zum völligen Scheitern der Kommunikation kommen. Deshalb wird in *Schritte plus* von Anfang an Wert auf eine gründliche Ausspracheschulung gelegt: In *Schritte plus 5* steht die Satzmelodie im Vordergrund. Die TN kennen inzwischen eine ganze Reihe von Redemitteln und Ausdrücken für Alltagssituationen (z.B. Auskünfte erfragen, Vermutungen äußern etc.). Jetzt lernen sie, wie sie durch Veränderung der Satzmelodie, das Einfügen von Partikeln und/oder Adverbien ihrer Aussage eine andere Nuance geben oder eine bestimmte Emotion ausdrücken können. Dabei werden die in *Schritte plus 1–4* geübten Lerntechniken ausgebaut und die Selbstständigkeit der TN gefördert: Sie sollen z.B. Gedichte auswendig lernen, selbst schreiben und dadurch das Geübte frei und kreativ anwenden (z.B. Lektion 4, Übung 10). Ein zweiter Schwerpunkt sind die Satzverbindungen (z.B. Lektion 1, Übung 20 und 21).

Die Ausspracheschulung in *Schritte plus* hält sich an folgende Prinzipien:
- Sie erfolgt in einem Wechselspiel aus imitativem und kognitivem Lernen, z.B. durch Hören, Erkennen und Nachsprechen oder Hören, Erkennen und Markieren oder Hören und Nachsprechen.
- Die Laute werden zunächst im Wort und darauf aufbauend im ganzen Satz geübt.
- Die Beispiele ergeben sich aus der Lektion. Dadurch steht die Phonetik in einem für die TN relevanten und nachvollziehbaren Kontext. Zudem ergibt es wenig Sinn, Wörter nachzusprechen, die man nicht versteht.

3.6 Lerntechniken

LERN
TAGEBUCH

Viele Lernende verfügen nicht über die Mittel, ihren Lernprozess eigenständig zu strukturieren und zu steuern. Um ihnen verschiedene Lerntechniken vorzustellen, werden die TN in *Schritte plus* zum Führen eines Lerntagebuchs angeregt:
- Der Gedanke des Lerntagebuchs sieht vor, dass sich alle TN einen Ringbuchordner anschaffen. In diesem können sie verschiedene Kategorien anlegen, die sie individuell erweitern können. Zudem können jederzeit neue Blätter eingefügt werden.
- In diesem Lerntagebuch können die TN ihre Lernfortschritte dokumentieren: Hier können sie alles, was im Unterricht oder als Hausaufgabe erarbeitet wurde, abheften. Zu Hause können die TN in ihrem Lerntagebuch den Lernstoff nachschlagen oder Lerntechniken selbstständig ausprobieren.
- Jede Lerntagebuch-Aufgabe hat einen Verweis auf das *Schritte plus* Portfolio. Dort werden weiterführende Aufgaben und Anregungen für das autonome Lernen gegeben (siehe Seite 19).
- Mithilfe expliziter Übungen im Arbeitsbuch lernen die TN verschiedene Lerntechniken kennen und wenden sie praktisch an, um so die für sie geeignetste(n) Form(en) des Lernens herauszufinden.

3.7 Landeskunde

Die Vermittlung von Landeskunde ist für Migrantinnen und Migranten, die den Alltag in Deutschland meistern wollen und müssen, besonders wichtig. In *Schritte plus* werden landeskundliche Informationen gezielt angeboten:
- durch die Foto-Hörgeschichte, die deutschen Alltag authentisch abbildet und dabei implizit landeskundliches Wissen vermittelt sowie interkulturelle Diskussionsanlässe bietet,
- durch die Zwischenspiele mit landeskundlich relevanten Lese- und Hörtexten über Deutschland,
- auf den fakultativ zu bearbeitenden Fokus-Seiten im Arbeitsbuch, die bestimmten Zielgruppen konkrete Informationen und Hilfestellungen zum Leben in Deutschland geben,
- durch Projekt-Vorschläge (im Arbeitsbuch und auf den Fokus-Seiten), die das Lernen außerhalb des Kurses fördern. Die Projekt-Vorschläge ermöglichen eine Orientierung am Wohnort der TN. Darüber hinaus lernen die TN, sich wichtige Informationen über ihre deutschsprachige Umgebung zu beschaffen. Neben den im Rahmen der Projektarbeit außerdem wichtigen allgemeinen und sozialen Kompetenzen wie Teamfähigkeit, Umgang mit Informationsmedien und selbstständigem Handeln wenden die TN auch im Gespräch mit Muttersprachlern ihre erworbenen Kenntnisse an und erweitern sie individuell.

LANDES
KUNDE

Landeskundliche Informationen, über die die TN dem Rahmencurriculum gemäß verfügen sollten und die für das Leben in Deutschland wichtig sind, finden Sie in diesem Lehrerhandbuch.

Praktische Tipps für den Unterricht mit *Schritte plus* – Die Foto-Hörgeschichte

1. Die Foto-Hörgeschichte

Beginnen Sie den Unterricht nicht direkt mit dem Hören der Geschichte. Die TN lösen zu jeder Episode Aufgaben vor dem Hören, während des Hörens und nach dem Hören. Generell sollten Sie die Geschichte so oft wie nötig vorspielen und ggf. an entscheidenden Passagen stoppen. Achten Sie darauf, jede Episode mindestens einmal durchgehend vorzuspielen.

Hören Sie am Ende jeder Lektion die Geschichte mit den TN noch einmal. Das ermutigt sie, denn sie können erleben, wie viel sie im Vergleich zum allerersten Hören nun schon verstehen, und das fördert die Motivation zum Weiterlernen.

1.1 Aufgaben vor dem Hören

Die Aufgaben vor dem Hören machen eine situative Einordnung der Geschichte möglich. Sie führen neue, für das Verständnis wichtige Wörter der Geschichte ein und lenken die Aufmerksamkeit auf die im Text wichtigen Passagen und Schlüsselwörter. Für die Vorentlastung bieten sich außerdem viele weitere Möglichkeiten:

Fotosalat und Satzsalat
Kopieren Sie die Fotos und schneiden Sie die einzelnen Fotos aus. Achten Sie darauf, die Nummerierung auf den Fotos wegzuschneiden. Die Bücher bleiben geschlossen. Verteilen Sie je ein Fotoset an Kleingruppen mit 3 bis 4 TN. Die TN legen die Fotos in eine mögliche Reihenfolge, hören die Geschichte mit geschlossenen Büchern und vergleichen die Foto-Hörgeschichte mit ihrer Reihenfolge. Sie korrigieren ggf. ihre Reihenfolge.
Diese Übung kann um Satzkarten erweitert werden: Schreiben Sie zu den Fotos einfache Sätze oder Zitate aus der Geschichte auf Kärtchen, die die TN dann den Fotos zuordnen. Sie können hier auch zwischen geübteren und ungeübteren TN differenzieren, indem Sie geübteren TN weniger Vorgaben und Hilfen an die Hand geben als den ungeübteren.
Auf fortgeschrittenerem Niveau können sich die TN zu ihrer Reihenfolge der Fotos eine kleine Geschichte ausdenken oder Mini-Gespräche schreiben. Ihre Geschichte können sie dann beim Hören mit dem Hörtext vergleichen.

Poster
Jede Foto-Hörgeschichte gibt es auch als großes Poster, das Sie im Kursraum aufhängen können oder für einen Fotosalat verwenden können. Wenn Sie nur *ein* Poster haben, geben Sie je ein aus dem Poster ausgeschnittenes Foto an eine Kleingruppe. Die Gruppen versuchen dann gemeinsam, den richtigen Platz in der Geschichte für ihr Foto zu finden, und entwickeln eine gemeinsame Reihenfolge. So müssen sich alle beteiligen und mitreden. Alternativ können die TN aus ihrer Gruppe auch je einen TN bestimmen, der sich mit den anderen gewählten TN vor dem Kurs in der richtigen Reihenfolge aufstellen muss, sodass diese TN die Reihenfolge der Geschichte bilden und das Foto vor sich halten. Das macht Spaß, weil die TN sich bewegen müssen und womöglich mehrmals umgestellt werden, bis alle mit der Reihenfolge einverstanden sind.

Hypothesen bilden
Verraten Sie den TN nur die Überschrift der Lektion und zeigen Sie ggf. noch eines der Fotos auf Folie. Die TN spekulieren, soweit es die Sprachkenntnisse zulassen, worum es in der Geschichte gehen könnte (Wo? Wer? Was? Wie viele? Wie? Warum?). Oder die TN sehen sich die Fotos im Buch an und stellen Vermutungen über den Verlauf der Handlung an. Das motiviert und macht auf die Geschichte neugierig. Zudem wird das spätere Hören in der Fremdsprache erleichtert, weil eine bestimmte Hör-Erwartung aufgebaut wird. Fortgeschrittenere Anfänger können sich im Vorfeld Mini-Gespräche zu den Fotos überlegen und ein kleines Rollenspiel machen. Nach dem Hören vergleichen sie dann ihren Text mit dem Hörtext.

Situationsverwandte Bilder/Texte
Vielleicht finden Sie einen passenden Text oder ein Bild / einen Comic, den Sie verwenden können, um in das Thema einzuführen und unbekannten Wortschatz zu klären. Diese Übungsform eignet sich, wenn Sie erst ganz allgemein auf ein Thema hinführen wollen, ohne die Fotos aus der Foto-Hörgeschichte schon zu zeigen. Zeigen Sie z.B. beim Thema „Traumwohnung" Bilder von Zimmereinrichtungen. Die TN nennen die ihnen bekannten Bezeichnungen für Zimmer und Möbelstücke. Dadurch wird das Vorwissen der TN aktiviert.

Praktische Tipps für den Unterricht mit *Schritte plus* – Die Foto-Hörgeschichte

1.2 Aufgaben während des Hörens

Die TN sollten die Geschichte mindestens einmal durchgehend hören, damit der vollständige Zusammenhang gegeben ist. Dabei ist es nicht wichtig, dass die TN sofort alles erfassen. Sie haben verschiedene Möglichkeiten, den TN das Verstehen zu erleichtern:

Mitzeigen
Beim Wechsel von einem Foto zum nächsten ist ein „Klick" zu hören, der es den TN erleichtert, dem Hörtext zu folgen. Bei jedem Klick können die TN wieder in die Geschichte einsteigen und mithören, falls sie den Faden einmal verloren haben sollten. Als weitere Hilfestellung können Sie zumindest in den ersten Stunden einen TN bitten, auf dem Poster der Foto-Hörgeschichte mitzuzeigen. Die übrigen TN zeigen in ihrem Buch mit, sodass Sie kontrollieren können, ob alle der Geschichte folgen können.

Wort-/Bildkärtchen
Stellen Sie im Vorfeld Kärtchen mit Informationen aus der Foto-Hörgeschichte her. Die TN hören die Geschichte mit geschlossenen Büchern und legen die Kärtchen während des Hörens in die Reihenfolge, in der die Informationen in der Geschichte vorkommen.

Antizipation
Wenn die TN wenig Verständnisschwierigkeiten beim Hören haben bzw. wenn die TN schon geübter sind, können Sie die Foto-Geschichte natürlich auch während des Hörens immer wieder stoppen und die TN ermuntern, über den Fort- und Ausgang der Geschichte zu spekulieren. Allerdings sollten Sie die Geschichte im Anschluss auch einmal durchgehend vorspielen.

1.3 Aufgaben nach dem Hören

Die Aufgaben nach dem Hören dienen dem Heraushören von Kernaussagen. Sie überprüfen, ob die Handlung global verstanden wurde. Lesen Sie die Aufgaben gemeinsam mit den TN, geben Sie Gelegenheit zu Wortschatzfragen und spielen Sie die Geschichte noch weitere Male vor, um den TN das Lösen der Aufgaben zu erleichtern. Stoppen Sie die Geschichte ggf. an den entscheidenden Passagen, um den TN Zeit für die Eintragung ihrer Lösung zu geben. Ab *Schritte Plus 5* kommt einer abschließenden interpretatorischen Betrachtung ein größerer Stellenwert zu. Darüber hinaus können Sie die Foto-Hörgeschichte für weitere spielerische Aktivitäten im Unterricht nutzen und so den Wortschatz festigen und erweitern:

Rollenspiele
Vor allem schon geübtere TN können kleine Gespräche zu einem oder mehreren Fotos schreiben. Diese Gespräche werden dann vor dem Plenum als kleine Rollenspiele nachgespielt. Regen Sie die TN auch dazu an, die Geschichte weiterzuentwickeln und eine Fortsetzung zu erfinden.

Pantomime
Stoppen Sie die CD beim zweiten oder wiederholten Hören jeweils nach der Rede einer Person. Bitten Sie die TN, in die jeweilige Rolle zu schlüpfen. Lassen Sie die TN pantomimisch darstellen, was sie soeben gehört haben. Fahren Sie dann mit der Foto-Hörgeschichte fort. Wenn die TN schon geübter sind, können die TN die Geschichte pantomimisch mitspielen, während Sie diese noch einmal vorspielen.

Kursteilnehmerdiktat
Die TN betrachten die Fotos. Ermuntern Sie einen TN, einen beliebigen Satz zu einem der Fotos zu sagen, z.B. „Ich war baden, am See. Am Nachmittag kamen plötzlich dunkle Wolken." Alle TN schreiben diesen Satz auf. Ein anderer TN setzt die Aktivität fort, z.B. „Ich habe einen trockenen Platz gesucht." usw. So entsteht eine kleine Geschichte oder ein Dialog. Die TN sollten auch eine Überschrift für ihren gemeinsam erarbeiteten Text finden. Schreiben Sie oder einer der TN auf der Rückseite der Tafel oder auf Folie mit, damit die TN abschließend eine Möglichkeit zur Korrektur ihrer Sätze haben. Diese Übung trainiert nicht nur eine korrekte Orthografie, sondern dient auch der Wiederholung und Festigung von Wortschatz und Redemitteln.

Praktische Tipps für den Unterricht mit *Schritte plus* – Foto-Hörgeschichte/Variationsaufgaben

Situationsverwandte Bilder/Texte

Auch nach dem Hören können Sie situationsverwandte Bilder oder Texte zur Vertiefung des Themas der Foto-Hörgeschichte nutzen. Die TN können die Unterschiede zwischen der Foto-Hörgeschichte und dem Text oder der Situation herausarbeiten. So könnte z.B. mithilfe einer Statistik zu den beliebtesten Berufen in Deutschland ein Gespräch über Lieblingsberufe in den Herkunftsländern der TN entstehen.

Texte oder Bilder können auch in eine andere Situation überleiten und nach dem Hören der Foto-Hörgeschichte zur Erweiterung eingesetzt werden (z.B. Lektion 7: Wohnen; weiterführend: andere Formen des Wohnens im Alltag/Urlaub etc.). Damit werden Wörter und Redemittel in einen anderen Zusammenhang transferiert und erweitert. Sie können so individuell auf die Interessen Ihres Kurses eingehen.

Phonetik

Die Foto-Hörgeschichte bietet sich sehr gut für das Aussprachetraining an, denn sie enthält viele für den Alltag wichtige Redemittel, die sich gut als Formeln merken lassen. Greifen Sie wesentliche Zitate/Passagen aus der Geschichte heraus, spielen Sie diese isoliert vor und lassen Sie die TN diese Sätze nachsprechen. Der Hörspielcharakter und der situative Bezug innerhalb der Foto-Hörgeschichte erleichtern den TN das Memorieren solcher Redemittel. Außerdem lernen die TN, auch emotionale Aspekte (Empörung, Freude, Trauer, Wut, Mitgefühl ...) auszudrücken. Schließlich kommt es nicht nur darauf an, was man sagt, sondern vor allem darauf, wie man es sagt. In jeder Sprache werden ganz unterschiedliche Mittel benutzt, um solche emotionalen Aspekte auszudrücken.

Nicht zuletzt können auch Modalpartikeln wie „doch", „aber", „eben" unbewusst eingeschleift werden. Die Bedeutung von Modalpartikeln zu erklären ist im Anfängerunterricht schwierig und daher oft wenig sinnvoll. Mithilfe der Zitate aus der Foto-Hörgeschichte können die TN diese aber internalisieren und automatisch anwenden, ohne dass Erklärungen erforderlich sind.

2. Variationsaufgaben

Kurze, alltagsbezogene Modelldialoge, die die TN variieren sollen, sind ein wesentliches Merkmal in *Schritte plus*. Diese Modelldialoge sind durch eine orangefarbene geringelte Linie links neben der Aufgabe für Sie und Ihre TN sofort erkennbar. Durch das Variieren der Modelldialoge bekommen die TN ein Gespür für die neuen Strukturen. Durch das aktive Verwenden und Memorieren werden diese zu beherrschbarem Sprachmaterial. Die TN gewinnen Vertrauen in die Erlernbarkeit des Neuen. Für die Variationsaufgaben bietet sich folgendes Vorgehen an:

- Die TN decken den Modelldialog zu und hören ihn zunächst nur. Falls vorhanden, sehen sie dabei zugehörige Bilder/Fotos an. Wenn Sie die Bilder/Fotos auf Folie kopieren, können die TN die Bücher geschlossen lassen und sich auf die Situation konzentrieren.
- Stoppen Sie den Modelldialog beim zweiten Hören nach jedem einzelnen Sprechpart. Die TN sprechen – immer noch ohne mitzulesen – im Chor nach.
- Die TN hören den ganzen Dialog und lesen mit.
- Die TN lesen und sprechen den Dialog in Partnerarbeit in verteilten Rollen.
- Die TN lesen die Varianten.
- Die TN sprechen den Dialog in Partnerarbeit mit Varianten. Die farbigen Unterlegungen helfen zu erkennen, welche Teile des Gesprächs variiert werden sollen. Achten Sie darauf, dass die TN den Dialog erst dann mit Varianten sprechen, wenn sie Sprechsicherheit beim Modelldialog erreicht haben. Wichtig ist auch, dass die Partner ihre Sprech(er)rollen abwechseln, damit jeder TN einmal Varianten bilden muss.
- Abschließend können einige TN ihre Dialoge im Plenum präsentieren. Hier reichen ein bis zwei Beispiele aus. Es ist nicht nötig, alle Varianten präsentieren zu lassen.

Die TN können den Modelldialog auch schriftlich festhalten, um durch Abschreiben ihre Orthografie zu verbessern und sich wichtige Redemittel besser einzuprägen. Bitten Sie die TN auch, den Dialog auswendig zu lernen und vorzuspielen.

Bitten Sie schnelle TN, die Dialoge mit den Varianten auf einer Folie oder an der Tafel zu notieren. Die anderen TN können dann kontrollieren, ob sie die Varianten richtig gebildet haben. Schnelle TN können außerdem zusätzliche Varianten erfinden.

Praktische Tipps für den Unterricht mit *Schritte plus* – Grammatikspot/Aktivität im Kurs/Zwischenspiel

3. Grammatikspot

Schreiben Sie die Beispiele aus dem Grammatikspot an die Tafel und heben Sie die neuen Strukturen – wie im Grammatikspot – visuell hervor. Verweisen Sie auf die Einführungsaufgabe und zeigen Sie jetzt die dahinterstehende Struktur auf. Nach Möglichkeit sollten Sie dabei auf grammatische Terminologie verzichten oder sie nur sparsam verwenden. Die TN sollten das Gefühl haben, Grammatik als Hilfsmittel für das Sprechen zu lernen und nicht als Selbstzweck.

Verweisen Sie auch später immer wieder auf den Grammatikspot. Er soll den TN auch bei den anschließenden Anwendungsaufgaben als Gedächtnisstütze und Orientierungshilfe dienen.

4. Aktivität im Kurs

In den Abschlussaufgaben wird der Lernstoff in den persönlichen Bereich der TN übertragen. Sie befragen sich gegenseitig nach ihren Hobbys, ihren Vorlieben und Abneigungen usw. oder üben den Lernstoff durch eine spielerische Aktivität in Kleingruppen. Bei dieser Art von Aufgaben geht es häufig darum, dass die TN selbst Kärtchen, Plakate oder Formulare herstellen, was nicht nur ein sehr gutes Schreibtraining, sondern auch sehr förderlich für das Kursklima ist (gemeinsam etwas tun!). Die selbst hergestellten Kärtchen dienen – wie in der Prüfung *Start Deutsch* – als Impuls für kurze Frage-Antwort-Dialoge. Wenn Sie nicht genug Zeit im Unterricht für Bastelarbeiten haben, können Sie zu diesen Aufgaben Kopiervorlagen aus diesem Lehrerhandbuch nutzen.

In den Abschlussaufgaben sollten die TN die Gelegenheit haben, frei zu sprechen und sich frei auszudrücken. Vermeiden Sie daher in dieser Phase Korrekturen. Gerade bei den Aktivitäten im Kurs wird auf einen Wechsel der Sozialform geachtet. Versuchen Sie, die TN auch sonst möglichst oft abwechselnd in Stillarbeit, Partnerarbeit oder Kleingruppen arbeiten zu lassen. Es gibt viele Möglichkeiten, Gruppen zu bilden:

Paare:
- Verteilen Sie Kärtchen, auf denen z.B. Frage und Antwort stehen. TN mit einer Frage suchen den TN mit der passenden Antwort. Dies können Sie später auch mit Verbformen (Infinitiv und Partizip), Gegensatzpaaren, Komposita oder mehrsilbigen Wörtern usw. durchführen.
- Kleben Sie vor dem Unterricht unter oder hinter die Stühle der TN Zettelchen, von denen je zwei die gleiche Farbe haben. Das geht auch mit Bonbons. So können Sie die Partnerfindung steuern.
- Nehmen Sie ein Bündel Schnüre, Anzahl: die Hälfte Ihrer TN. Die TN fassen je ein Ende einer Schnur, am anderen Ende der Schnur finden sie ihre Partnerin / ihren Partner.
- Das „Atomspiel": Die TN stehen auf und bewegen sich frei im Raum, evtl. können Sie Musik dazu vorspielen. Als Stoppzeichen rufen Sie „Atom 2" (alternativ: 3/4/5/...). Die TN finden sich paarweise (bzw. zu Dreier-, Vierer-, Fünfergruppen ...) zusammen.

Gruppen:
- Zerschneiden Sie einen Satz in seine Bestandteile: Die TN müssen den Satz zusammenfügen (z.B. „Und wie heißen Sie?") und bilden eine Gruppe.
- Lassen Sie die TN abzählen (bei einer Gruppe von 21 TN von 1 bis 7, alle Einser gehen zusammen, alle Zweier etc. = sieben Gruppen à drei Personen).
- Zerschneiden Sie Postkarten (Bilderpuzzle) oder Spielkarten und verteilen Sie sie: Die TN suchen die fehlenden Puzzleteile und finden so gleichzeitig ihre Partner.
- Definieren Sie bestimmte Merkmale: Alle mit Brille, alle mit blauen Augen, ... bilden eine Gruppe.

5. Das Zwischenspiel

Das Zwischenspiel zu jeder Lektion fördert spielerisch kreativen Umgang mit interessanten Lese- und Hörtexten und vermittelt landeskundliches Wissen. Auch hier werden Themen und Lernziele aus dem Rahmencurriculum umgesetzt.

Sie können die Texte des Zwischenspiels mit den TN einfach lesen bzw. hören und die Aufgaben dazu lösen, ohne sie didaktisch aufzubereiten. Für eine ausführlichere Behandlung der Zwischenspiele finden Sie in diesem Lehrerhandbuch Didaktisierungsvorschläge und eine Kopiervorlage als zusätzliches Übungsangebot. Diese Kopiervorlage sowie landeskundliche Hintergrundinformationen und Vorschläge für Internetrecherchen finden Sie auch im Internet unter www.hueber.de/schritte-plus.

Praktische Tipps für den Unterricht mit *Schritte plus* – Binnendifferenzierung

6. Binnendifferenzierung

6.1 Allgemeine Hinweise

Wichtig: Es ist nicht nötig, dass immer alle alles machen! Teilen Sie die Gruppen nach Kenntnisstand und/oder Neigung ein. Die einzelnen Gruppen können ihre Ergebnisse dem Plenum präsentieren: So lernen die TN miteinander und voneinander.

- Stellen Sie Mindestaufgaben, die von allen TN gelöst werden sollen. Besonders schnelle TN bekommen zusätzliche Aufgaben, z.B. Erweiterungsübungen im Arbeitsbuch (siehe unten). Entziehen Sie geübteren TN Hilfen, indem Sie z.B. Schüttelkästen wegschneiden. Dadurch werden diese TN mehr gefordert.
- Binden Sie schnellere TN als Co-Lehrer mit ein: Wenn diese eine Aufgabe beendet haben, können sie die Lösung schon an die Tafel oder auf eine Folie schreiben.
- Stellen Sie Gruppen nach Neigung oder Lerntypen zusammen. Haben Sie beispielsweise visuell und kognitiv orientierte TN, können Sie neue grammatische Formen für visuelle Lerntypen mit Beispielen und Farben an der Tafel präsentieren. Kognitive Lerntypen erhalten eine Tabelle, in der sie Formen selbstständig systematisch eintragen können und sich so ein Schema erarbeiten. Für diesen Lerntyp bieten sich die Übungen im Arbeitsbuch zum selbstentdeckenden Lernen der Grammatik sehr gut an.
- Lassen Sie bei unterschiedlich schwierigen Aufgaben die TN selbst wählen, welche sie übernehmen möchten. Die TN entscheiden dadurch selbst, wie viel sie sich zumuten möchten. Damit vermeiden Sie eine feste Rollenzuweisung, denn ein TN kann sich einmal für die einfachere Aufgabe entscheiden, weil er sich selbst noch unsicher fühlt, ein anderes Mal aber für die schwierigere, weil er sich in diesem Fall schon sicher fühlt.

6.2 Binnendifferenzierung im Kursbuch

Lesen
Nicht alle TN müssen alle Texte lesen: Bei unterschiedlich langen/schwierigen Texten verteilen Sie gezielt die kürzeren/leichteren an ungeübtere TN und die längeren/schwierigeren an geübtere TN bzw. geben Sie den TN die Möglichkeit, selbst zu entscheiden, welchen Text sie bearbeiten möchten.

Hören
Sie können die TN auch hier in Gruppen aufteilen: Jede Gruppe achtet beim Hören auf einen bestimmten Sprecher und beantwortet anschließend Fragen, die sich auf diesen Sprecher beziehen.

Sprechen
TN, die noch Hilfestellung benötigen, können bei Sprechaufgaben auf die Redemittel auf den Kursbuchseiten und auf der Übersichtsseite als Orientierungs- und Nachschlagehilfe zurückgreifen. Geübtere TN sollten das Buch schließen.

Schreiben
Achten Sie auf Vorlieben der TN. Nicht alle haben Freude am kreativen Erfinden von kurzen Texten. Bieten Sie auch Diktate an (siehe Seite 19) oder helfen Sie TN, die Schwierigkeiten beim Schreiben haben, indem Sie ihnen Modelltexte zur Orientierung geben. Die TN können diese dann leichter abwandeln. Geübte TN können auch Aufgaben zum „freien" Schreiben bekommen.

Schon fertig?
Schnellen TN können Sie an vielen Stellen über die Kursbuchaufgaben hinausgehende Aufgaben – gekennzeichnet durch die Frage „Schon fertig?" – anbieten. Somit können Sie weniger geübten TN ausreichend Zeit zur Bearbeitung der Aufgaben im Kursbuch geben. Gehen Sie herum und helfen Sie individuell.

Praktische Tipps für den Unterricht mit *Schritte plus* – Binnendifferenzierung/Lerntagebuch/Fokus-Seiten

6.3 Binnendifferenzierung im Arbeitsbuch

Die binnendifferenzierenden Übungen im Arbeitsbuch (siehe auch Seite 9) können im Kurs oder als Hausaufgabe bearbeitet werden. Es empfiehlt sich folgendes Vorgehen:

- Die Basisübungen mit der schwarzen Arbeitsanweisung sollten von allen TN gelöst werden.
- Zusätzlich können die Vertiefungsübungen (blaugraue Arbeitsanweisung) und die Erweiterungsübungen (tiefblaue Arbeitsanweisungen) gelöst werden. Lassen Sie nach Möglichkeit die TN selbst entscheiden, wie viele Aufgaben sie lösen möchten, oder geben Sie bei der Stillarbeit im Kurs einen bestimmten Zeitrahmen vor, in dem die TN die Übungen lösen sollten. So vermeiden Sie, dass nicht so schnelle TN sich unter Druck gesetzt fühlen.

Die schwarzen und blaugrauen Übungen sollten Sie im Plenum kontrollieren – durch Vorlesen im Kurs oder durch Selbstkontrolle der TN mithilfe einer Folie, auf der Sie oder ein TN zuvor die Lösungen notiert haben. Erweiterungsübungen führen über den Basiskenntnisstand hinaus. Hier gibt es auch freiere Übungsformen, z.B. das Schreiben von Dialogen anhand von Vorgaben. Die TN können sich bei diesen Übungen selbstständig zu zweit kontrollieren oder Sie verteilen eine Kopie mit den Lösungen. Bei freien Schreibaufgaben sollten Sie die Texte einsammeln und in der folgenden Unterrichtsstunde korrigiert zurückgeben.

7. Das Lerntagebuch

Gehen Sie bei der Arbeit mit dem Lerntagebuch folgendermaßen vor:
- Machen Sie die Eintragungen zu einer neuen Lerntechnik am Anfang mit den TN gemeinsam, um die Arbeitstechnik zu verdeutlichen. Später können die TN dann selbstständig entscheiden, ob sie diese Lerntechnik anwenden wollen.
- Aufgaben, die eine eindeutige Lösung haben, z.B. eine Tabelle erstellen, sollten im Kurs kontrolliert werden, indem die Lösung z.B. auf einer Folie präsentiert wird und die TN vergleichen und korrigieren.
- Achten Sie darauf, dass die TN sich mit der Zeit regelmäßig selbstständig Notizen zu dem machen, was sie im Unterricht gelernt haben.
- Auf fortgeschrittenerem Niveau kann im Unterricht auch über die verschiedenen Lerntechniken diskutiert werden (Wer wendet was warum an oder nicht an?) und die TN können ihre Tipps austauschen.
- Regen Sie die TN immer wieder dazu an, auch Dinge im Lerntagebuch zu notieren, die sie außerhalb des Unterrichts gelernt und entdeckt haben und die sie in den Unterricht einbringen könnten.
- Regen Sie die TN auch dazu an, Ergebnisse von Gruppenarbeiten und Projekten im Lerntagebuch abzuheften und sich so ein individuelles Tagebuch zusammenzustellen, in dem sie ihre Lernfortschritte dokumentiert haben. Das ist nicht nur eine gute Hilfe zum späteren Nachschlagen und Wiederholen von Lernstoff, sondern auch eine schöne Erinnerung.

8. Die Fokus-Seiten

Die Fokus-Seiten am Ende des Arbeitsbuchs sind eine Mischung aus Input und Übungen zu sehr konkreten Sprachhandlungen, die im Alltag von Migrantinnen und Migranten eine Rolle spielen. Sie greifen die Lernziele auf, die im Rahmencurriculum festgeschrieben sind. Sie bieten – thematisch passend zur jeweiligen Lektion – zusätzliche Materialien zu den Themen Alltag, Beruf und Familie. Alle Fokus-Seiten können fakultativ, den Bedürfnissen der Zielgruppe entsprechend, im Unterricht bearbeitet werden. Didaktisierungsvorschläge finden Sie in diesem Lehrerhandbuch. Zu vielen Fokus-Themen finden Sie in diesem Lehrerhandbuch ausführliche Projekt-Vorschläge.

Praktische Tipps für den Unterricht mit *Schritte plus* – Projekte/Lernwortschatz

9. Die Projekte

Projekte finden Sie im Arbeitsbuch sowohl im Übungsteil als auch auf den Fokus-Seiten. Gehen Sie bei der Projektarbeit folgendermaßen vor:

Vorbereitung
Bereiten Sie das Projekt immer sprachlich so weit wie nötig vor: Wiederholen bzw. erarbeiten Sie mit den TN notwendige Redemittel. Das gibt den TN Sicherheit und bereitet sie auf den Kontakt mit Muttersprachlern vor.

Durchführung
Sie können das Projekt als Hausaufgabe aufgeben, die einzeln oder im Team gelöst werden soll. Wenn Sie mehr Zeit zur Verfügung haben, bieten sich die Projekte auch für die selbstständige Gruppenarbeit während der Unterrichtszeit an.

Präsentation
Die TN präsentieren ihre Ergebnisse im Kurs. Damit die Präsentation anschaulich wird, sollten die TN alle Materialien, die sie bei der Projektarbeit benutzt haben, mit in den Unterricht bringen oder eine Collage erstellen, die dann im Kursraum aufgehängt wird. Bei geeigneten Projekten können die TN auch Tonband- oder Videoaufnahmen machen und diese mit in den Unterricht bringen. Solche Präsentationen bereichern den Unterricht und erhöhen die Motivation der TN.

10. Die Lernwortschatzseiten

Jede Lektion endet mit dem Lektionswortschatz, der nach Themenfeldern sortiert ist. Der Lernwortschatz richtet sich nach der Liste des *dtz*. Die Teilnehmer können eigene Übersetzungen in ihre Muttersprache, eigene Sätze und Erklärungen ergänzen.

Weitere Unterrichtsmaterialien zu *Schritte plus*

Zur Unterstützung Ihres Unterrichts und für das selbstständige Weiterüben der TN gibt es ein breites, fakultatives Zusatzangebot zu *Schritte plus*:

Für den Lernenden:
- Glossare: sind zu verschiedenen Ausgangssprachen erhältlich und helfen individuell beim Nachschlagen und Lernen von Wortschatz.
- Intensivtrainer: Diese Verbindung aus Testheft und Übungsbuch ist für das selbstständige Lernen zu Hause und zur Selbstevaluation gedacht.
- Übungsgrammatik: Sie enthält den kompletten Grammatikstoff der Niveaustufen A1, A2 und B1 sowie Übungen zum selbstständigen Nachschlagen und Üben.
- Prüfungstraining: Auf die unterschiedlichen Aufgabenstellungen der Prüfungen der Niveaustufen A1, A2 und B1 (*Start Deutsch 1/2*, *Deutsch-Test für Zuwanderer*, *Zertifikat Deutsch*) bereiten Zusatzhefte vor.
- Lektüren zur Foto-Hörgeschichte: Lesehefte mit Geschichten über die Protagonisten der Foto-Hörgeschichten fördern das Leseverstehen.
- Portfolio – nur im Internet unter www.hueber.de/schritte-plus: Die Lerner können sich hier einzelne Blätter aus dem Internet herunterladen und diese in den Lerntagebuch-Ordner abheften. Die bereits im Lerntagebuch erworbenen Lerntechniken sind dabei eine von mehreren Kategorien des Portfolios.

Für die Unterrichtsvorbereitung:
- Diktate bis zur Niveaustufe A2 (und bis B1 im Lehrwerkservice/Internet) und zusätzliche Lesetexte
- Zusatzmaterialien für die speziellen Integrationskurse für Jugendliche oder für Frauen und Eltern sowie für Kurse mit dem Schwerpunkt Berufssprache (als kostenpflichtige Module im Internet oder als Hefte)
- Poster zu den Fotohörgeschichten

Internetservice:
Unter www.hueber.de/schritte-plus finden Sie Online-Übungen für die TN, weitere Arbeitsblätter, die Einstufungstests zu *Schritte plus*, Informationen, Recherchevorschläge, Links und vieles mehr.
Im Internet finden Sie auch spezielle Materialien für Österreich und für die Schweiz.

Die erste Stunde im Kurs

Materialien
1 farbiges Papier für Namensschilder
2 Spielfiguren, Würfel
Tipp: Deutschlandkarten, Österreich- bzw. Schweizkarten

1 Sich vorstellen

1. Die erste Stunde in einem neuen Kurs sollten Sie für das gegenseitige Kennenlernen reservieren. Es macht das gemeinsame Arbeiten einfacher und angenehmer, wenn jeder das Gefühl hat, die anderen schon ein wenig zu kennen. Verteilen Sie an alle TN große, farbige Zettel und bitten Sie die TN, ihren Namen möglichst groß darauf zu schreiben.
2. Die TN stellen sich reihum vor. Insbesondere bei TN aus asiatischen Ländern ist nicht immer sofort deutlich, was der Vorname und was der Familienname ist. Fragen Sie ggf. nach, wie der TN angesprochen werden möchte.
Variante: Wenn es sich um einen Fortsetzungskurs handelt und die TN sich schon gut kennen, können Sie auch direkt in die Lektion 1 einsteigen.

2/3 Kennenlernspiel

1. Die TN finden sich paarweise zusammen. Es sollten nur Paare zusammenarbeiten, die sich noch nicht kennen. Geben Sie jedem Paar zwei Spielfiguren und einen Würfel. Die TN öffnen ihr Buch und lesen die Spielanleitung. Greifen Sie möglichst nicht mit Erklärungen ein. Die TN sind auf diesem Niveau schon selbstständiger und sollten das auch zeigen dürfen. Durch den Austausch über die Spielregeln findet zudem eine erste Kommunikation zwischen den TN statt.
2. Die TN spielen nach den Regeln im Buch. Gehen Sie herum und achten Sie darauf, dass die TN sich Notizen zu den Antworten der Partnerin / des Partners machen.
3. Die TN stellen mithilfe ihrer Notizen die Partnerin / den Partner im Plenum vor.

TIPP Sollten Ihre TN sich aus vorangegangenen Kursen bereits kennen, regen Sie die TN zu einem Gespräch an, mit dem sie ihr Wissen über die anderen erweitern können. Bringen Sie Kopien von geografischen Deutschlandkarten bzw. Österreich- oder Schweizkarten mit in den Kurs oder bitten Sie die TN, die Karte in der Buchinnenseite anzusehen. Die TN finden sich in Kleingruppen von 4–5 TN zusammen. Sie zeigen sich gegenseitig die Städte und/oder Regionen, die sie kennen, und erzählen, was sie dort gemacht haben, wie lange und warum sie dort waren, welche positiven oder negativen Erinnerungen sie damit verbinden etc. Wenn Sie auch TN im Kurs haben, die noch nie in einem deutschsprachigen Land waren, fragen Sie sie, welche deutschen (bzw. österreichischen oder schweizerischen) Städte oder Regionen ihnen etwas sagen und was sie darüber gehört haben.

Materialien
1 Folie der verkleinerten Fotos ohne Nummerierung
3 Zettel

GLÜCK IM ALLTAG

Folge 1: *Schutzengel*
Einstieg in das Thema: Glück

1 **Vor dem Hören: Schlüsselwörter verstehen**
1. Ziehen Sie von den Fotos eine Folie, auf der die Nummerierung getilgt ist, und schneiden Sie die Folie auseinander, sodass Sie die Fotos einzeln auflegen können. Die Bücher der TN sind geschlossen. Legen Sie das erste Foto auf und klären Sie mit den TN, was ein „Homeservice" ist (= Eine Firma, die die Waren ins Haus bringt. Sehr oft handelt es sich um Essen. Es gibt aber auch z.B. einen Fahrradreparatur-Homeservice). Spekulieren Sie mit den TN darüber, wer die Personen auf dem Foto sind, was sie miteinander zu tun haben und welchen Beruf sie haben. Legen Sie dann das zweite Foto auf und besprechen Sie mit den TN, was ein „Schutzengel" ist. Warum hat Nasseer einen Schutzengel im Auto?
2. Legen Sie alle Fotos ungeordnet auf den Projektor. Ernennen Sie einen TN zum „Fotoschieber". Er hat die Aufgabe, die Fotos nach den Vorschlägen der anderen TN in die richtige Reihenfolge zu schieben.
3. Die TN sehen sich die Fotos an und versuchen, sich im Plenum auf eine Reihenfolge zu einigen. Übernehmen Sie die Rolle des Diskussionsleiters. Wenn ein TN einen Vorschlag macht, muss er begründen, warum das Foto an dieser Stelle stehen soll. Erst wenn alle TN einverstanden sind, wird über die nächste Position eines Fotos gesprochen. Ziel ist, dass die TN sich gemeinsam auf eine Geschichte einigen. Dabei kommt es nicht auf richtig oder falsch an, sondern nur darauf, dass eine sinnvolle Geschichte entsteht.
4. Die TN öffnen ihr Buch und überprüfen, ob ihre Vermutungen über die Reihenfolge der Fotos „richtig" waren.

2 **Beim ersten Hören**
1. Die TN hören die Geschichte. Sagen Sie den TN ausdrücklich, dass dies die „*Schritte-plus*-Version" der Geschichte ist. Die TN sollen sich von der Vorstellung von richtig oder falsch ihrer Versionen lösen. Es geht hier nicht darum, dass die TN anhand der Fotos eine vorhandene Geschichte erraten, sondern sie sollen die Fotos auf die eigene Fantasie wirken lassen, einen eigenen Handlungszusammenhang entwickeln und benennen. Die TN achten beim Hören auf Unterschiede zu der von ihnen entwickelten Geschichte.
2. Sprechen Sie abschließend mit den TN über die Unterschiede.

3 **Nach dem ersten Hören: Den Inhalt verstehen**

1. Die TN lösen die Aufgabe in Stillarbeit. *Lösung:* a) richtig; b) falsch; c) richtig; d) richtig; e) richtig
2. Geübte TN schreiben selbst weitere Aussagen zur Foto-Hörgeschichte wie in der Aufgabe. Die anderen TN entscheiden im Plenum, was richtig ist.
Hinweis: Damit alle TN mitdenken müssen, schreibt jeder TN auf je einen Zettel ein „R" für richtig und ein „F" für falsch. Die Zettel werden entsprechend hochgehalten.

4 **Nach dem Hören: Nasseers Erlebnis erzählen**

Die TN hören Nasseers Geschichte noch einmal. In Partnerarbeit erzählen sich die TN dann Nasseers Erlebnis gegenseitig. Jeder TN erzählt einmal vollständig die Geschichte mithilfe des Stichwortkastens im Buch.
Variante: Für geübte TN können Sie das Erzählen schwieriger gestalten, wenn Sie für sie die Verben des Stichwortkastens im Infinitiv vorbereiten und sie so zusätzlich die richtige Form bilden müssen. So können die schon bekannten Vergangenheitsformen (Präteritum von „sein", „haben" und den Modalverben und Perfekt) wiederholt werden. Das Präteritum wird dann in Lernschritt B eingeführt.

1 A Das ist vor ein paar Jahren passiert, als ich in Österreich war.

Materialien
A1 auf Folie; Kopiervorlage L1/A1 auf Folie
A5 Kopiervorlage L1/A5, Spielfiguren, Würfel

Nebensätze mit *als*
Lernziel: Die TN können über eigene Erlebnisse in der Vergangenheit berichten.

A1 Präsentation der temporalen Konjunktion *als*
1. Die TN sehen sich das erste Beispiel im Buch an. Weisen Sie auf den Grammatikspot hin, der die Endstellung des Verbs verdeutlicht. Fragen Sie die TN, wie man nach dem Teil „als ich in Österreich war" fragt. Notieren Sie an der Tafel die Frage „Wann ist das passiert?" und daneben noch einmal deutlich die Antwort „Als ich in Österreich war.".
2. Legen Sie die Folie von A1 auf. Die TN sehen sich Beispiel b) an. Fragen Sie: „Wann ist das passiert?" Notieren Sie die richtige Antwort auf der Folie.
3. Die TN versuchen, die anderen Beispiele allein zu lösen. Gehen Sie herum und helfen Sie bei Schwierigkeiten.
4. Abschlusskontrolle im Plenum.
   Lösung: b) … als ich dich noch nicht gekannt habe. c) … als ich noch nicht für den Homeservice gearbeitet habe. d) … als ich 23 Jahre alt war.
5. Markieren Sie auf der Folie in Beispiel a) die Konjunktion und das Verb am Ende des Nebensatzes. Die Verbstellung in Nebensätzen ist den TN bereits aus *Schritte plus 3* und *Schritte plus 4* bekannt. Erklären Sie den TN, dass Sätze mit „als" Nebensätze sind und dass das Verb deshalb immer am Ende steht. Erläutern Sie den TN auch, dass Sätze mit „als" mit einem Ereignis in der Vergangenheit zu tun haben. Vor „als" bei nachgestelltem Nebensatz steht immer ein Komma.
6. Kopieren Sie die Kopiervorlage L1/A1 auf eine Folie. Bitten Sie die TN, aufzustehen und in die Mitte des Raumes zu kommen. Legen Sie die Folie auf. Die TN suchen sich eine Partnerin / einen Partner und machen kleine Frage-Antwort-Dialoge nach dem Muster auf der Folie. Dann wechseln sie die Partner. Ermuntern Sie die TN, auch selbstständig Fragen zu erfinden.

Arbeitsbuch 1–2: als Hausaufgabe

A2 Leseverstehen 1: Das Thema erfassen
1. Die Bücher sind geschlossen. Schreiben Sie die beiden Überschriften des Textes an die Tafel. Klären Sie, wenn nötig, die Bedeutung von „Glück", „Unglück" und „Pech". Geben Sie den TN kurz Gelegenheit, eigene Beispiele zu diesen Themen aus ihrem Leben zu erzählen.
2. Die TN lesen den Text und entscheiden sich für eine Überschrift. Geben Sie auch Gelegenheit zu Wortschatzfragen.
3. Abschlusskontrolle im Plenum. *Lösung:* Glück im Unglück
4. Regen Sie im Plenum ein Gespräch über das Thema „Schutzengel" an. Welche Bedeutung hat er im Heimatland der TN? Welche persönliche Einstellung haben die TN dazu?
   Variante: Die TN schreiben als Hausaufgabe einen Text über Schutzengel (Bedeutung im Heimatland, persönliche Einstellung dazu).

❗ Es sollte ein allgemein gehaltener Text sein, kein Bericht über ein eigenes Erlebnis. Das ist Thema von A6.

A3 Leseverstehen 2: Die Kernaussagen verstehen
1. Die TN lösen die Aufgabe in Stillarbeit.
2. Abschlusskontrolle im Plenum. *Lösung:* a) falsch; b) richtig; c) richtig

Arbeitsbuch 3: in Stillarbeit: Weisen Sie die TN darauf hin, dass bei vorangestelltem Nebensatz im Hauptsatz zuerst das Verb steht. Das Komma steht zwischen den beiden Verben.

A4 Präsentation der temporalen Konjunktion *wenn*
1. Die TN lösen die Aufgabe in Partnerarbeit.
2. Abschlusskontrolle im Plenum. *Lösung:* a) oft; b) einmal; c) einmal
3. Entwickeln Sie anhand der Beispiele in A4 ein Tafelbild:

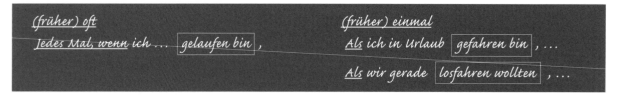

Machen Sie den TN deutlich: Wenn etwas in der Vergangenheit nur einmal passiert ist, benutzt man „als". Ist etwas oft oder regelmäßig passiert, benutzt man „wenn". Weisen Sie die TN unbedingt darauf hin, dass „als" ausschließlich für Ereignisse in der Vergangenheit benutzt wird. Für ein Ereignis, das nur einmal in der Gegenwart oder Zukunft passiert, muss „wenn" benutzt werden. Beispiel: Wenn ich im Sommer nach Hause fliege, sehe ich meine Familie wieder. Weisen Sie die TN auch auf den Grammatikspot hin.

Arbeitsbuch 4–5: in Stillarbeit oder als Hausaufgabe

LEKTION 1   22

Materialien
A1 auf Folie; Kopiervorlage L1/A1 auf Folie
A5 Kopiervorlage L1/A5, Spielfiguren, Würfel

Das ist vor ein paar Jahren passiert, als ich in Österreich war.

Nebensätze mit *als*
Lernziel: Die TN können über eigene Erlebnisse in der Vergangenheit berichten.

A **1**

A5 **Anwendungsaufgabe zu *wenn* und *als* (temporal)**
1. Die TN lesen die E-Mail und ergänzen die Lücken.
2. Sie hören den Text und kontrollieren sich selbst. *Lösung:* 1 als; 2 wenn; 3 als; 4 als; 5 als; 6 als; 7 wenn
3. *fakultativ*: Verteilen Sie die Kopiervorlage L1/A5. Je vier TN spielen zusammen nach den Regeln auf dem Spielplan.

❗ Sie sollten diese Kopiervorlage erst einsetzen, wenn die TN die Übungen 6–8 im Arbeitsbuch (siehe unten) gemacht haben, da das Spiel schon recht freie Äußerungen verlangt. Erfahrungsgemäß entstehen aber sehr interessante Gespräche unter den TN, außerdem kann jeder TN nach den eigenen sprachlichen Fähigkeiten mehr oder weniger erzählen. Natürlich sollten Sie es auch akzeptieren, wenn ein TN zu einem Thema nichts sagen kann oder will.

Arbeitsbuch 6–8: in Stillarbeit oder als Hausaufgabe

A6 **Aktivität im Kurs: Über eigene Erlebnisse berichten**
1. Die TN sehen sich die Zeichnung und den Stichwortzettel an. Erarbeiten Sie mit den TN als Muster aus den Stichworten eine Geschichte. Geben Sie sich in Kursen mit vorwiegend geübten TN nicht mit einfachen Sätzen zufrieden. Regen Sie die TN durch Nachfragen an, mehr und ausführlicher zu erzählen (z.B. Warum hattest du / hatten Sie Durst?).
2. Geben Sie den TN zehn Minuten Zeit, für die eigene Geschichte einen Stichwortzettel zu schreiben und ggf. notwendige Wörter im Wörterbuch nachzuschlagen.
3. Die TN gehen mit ihrem Stichwortzettel im Kursraum herum und suchen sich eine Partnerin / einen Partner. Die Paare erzählen sich gegenseitig ihre Geschichten. Auf Ihr Zeichen hin suchen sich die TN neue Partner. Lassen Sie die TN ihre Geschichte aber nicht öfter als dreimal erzählen, sonst wird es ermüdend. Die mehrfache Wiederholung der Erzählung soll dazu dienen, dass die TN ihre Geschichten nach und nach flüssiger und besser erzählen können.
Variante: Bei einem Kurs mit überwiegend geübten TN erzählen die TN nicht immer wieder ihre eigene Geschichte, sondern sie erzählen der neuen Partnerin / dem neuen Partner die Geschichte, die sie selbst gerade von der letzten Partnerin / vom letzten Partner gehört haben. Schnelle TN schreiben ihre Geschichte auf. Erinnern Sie die TN an die Verbindungswörter: dann, danach, schließlich etc.

23 LEKTION 1

1 B Am Nachmittag **kamen** plötzlich dunkle Wolken.

Präteritum
Lernziel: Die TN können über eigene Erlebnisse in der Vergangenheit berichten.

Materialien
B1 Folie von B1
B3 Würfel; Kopiervorlage L1/B3
B4 Schlagzeilen aus Zeitschriften

B1 **Präsentation der Verben im Präteritum**
1. Fragen Sie einzelne TN, was sie gestern gemacht haben. Die TN werden in der Regel im Perfekt antworten. Außerdem kennen sie die Modalverben, „sein" und „haben" im Präteritum (siehe *Schritte plus 2* und *Schritte plus 3*). Wenn keine Antworten mit Modalverb kommen, stellen Sie gezielte Fragen: „Was mussten Sie gestern machen?" Notieren Sie die Verbformen aus den Erzählungen der TN an der Tafel. Sortieren Sie sie in zwei Spalten nach Perfekt und Präteritum. Erst wenn Sie ausreichend Verben gesammelt haben, schreiben Sie „Perfekt" und „Präteritum" über die Spalten. Machen Sie den TN bewusst, dass sie bereits zwei Möglichkeiten kennen, Vergangenes auszudrücken.
2. Die TN lösen Übung 9 im Arbeitsbuch.
3. Legen Sie eine Folie von B1 auf und füllen Sie mit den TN gemeinsam die ersten Lücken aus. Die restliche Aufgabe bearbeiten die TN in Stillarbeit.
4. Abschlusskontrolle im Plenum mithilfe der Folie.
Lösung: 2 kamen; 3 wollte; 4 wollte; 5 waren; 6 regnete; 7 stellte; 8 hörte; 9 rief; 10 dachte; 11 lief; 12 lebt; 13 lag; 14 hatte
5. Die TN schließen die Bücher. Decken Sie die Verbliste rechts auf der Folie ab. Zeigen Sie auf die Präteritumformen der Verben in den Lücken und fragen Sie nach den Infinitiven. Nach einer gewissen Zeit decken Sie die komplette Folie zu, nennen die Infinitive und fragen nach dem Präteritum. Dehnen Sie diese Übung nicht zu lange aus, sie soll nur dazu dienen, die neuen Formen im Gedächtnis zu verankern und geläufig zu machen.
6. Ergänzen Sie mit den TN die Tabelle an der Tafel mit den Verben aus B1.
7. Lenken Sie die Aufmerksamkeit der TN zunächst auf die regelmäßigen Verben. Erinnern Sie die TN an das Perfektsignal „ge-" und „-t". Weisen Sie die TN auf das Präteritumsignal „-te" hin.
8. Sehen Sie sich dann mit den TN die unregelmäßigen Verben an. Erinnern Sie auch hier an das Perfektsignal „ge-" und „-en" und den Vokalwechsel. Der Vokalwechsel ist auch das Signal für das Präteritum von unregelmäßigen Verben.

! Gehen Sie an dieser Stelle noch nicht ausführlicher auf das Präteritum ein, das folgt in B3 und B4. Es geht zunächst einmal darum, dass die TN die unterschiedlichen Formen erkennen.

Arbeitsbuch 10: in Stillarbeit oder als Hausaufgabe: Die TN machen sich die Formenbildung des Präteritums eigenständig bewusst.

B2 **Leseverstehen: Kurzmeldungen; Erweiterung: Präteritum**
1. Die TN lesen die Texte und ordnen jedem Text eine passende Überschrift (= Schlagzeile) zu.
Variante: Wenn Sie wenig Zeit im Kurs haben, können Sie die TN auch in vier Gruppen aufteilen. Jede Gruppe liest nur einen Text und findet die dazugehörige Schlagzeile.
2. Abschlusskontrolle im Plenum. *Lösung:* A 4; B 1; C 3; D 2
3. Die TN schreiben Zettel mit den wichtigsten Informationen aus den Texten analog zum Muster im Buch. Gehen Sie herum und helfen Sie bei Bedarf.

Variante: Die vier Gruppen bearbeiten jede „nur" ihren Text.
4. Abschlusskontrolle im Plenum. *Lösung:* 1 30.03.03, Frauenklinik in Dahn, brachte drei Mädchen zur Welt; 2 ein Rentner, vergangenes Wochenende, Autobahnraststätte bei Stuttgart, vergaß seine Frau an der Tankstelle; 3 Italiener Giovanni R., Valentinstag, Bad Ems bei Koblenz, seine Lottozahlen wurden gezogen, aber er hat dieses Mal das Lottogeld für seine Frau ausgegeben; 4 Bruder des tschechischen Lehrers Celko Z., vor 20 Jahren, in Bulgarien, schrieb eine Karte an Celko Z., die kam erst jetzt an.
5. Die TN markieren alle Präteritumformen in den Texten und legen eine Tabelle in ihrem Heft an, in die sie die verschiedenen Verbtypen eintragen. Schnelle TN ergänzen weitere Wörter und finden unregelmäßige Formen in ihrem Wörterbuch.
Variante: Ggf. bearbeiten die TN wieder nur „ihren" Text.
6. Bitten Sie einen TN, an die Tafel zu kommen, die Tabelle zu zeichnen und sich von den anderen TN die Lösung diktieren zu lassen:
Lösung: Typ I: tanken – tankte, wollen – wollte, bemerken – bemerkte, warten – wartete, melden – meldete, fragen – fragte, kaufen – kaufte, reichen – reichte, schicken – schickte, erreichen – erreichte; Typ II: wiegen – wog, lassen – ließ, zurückkommen – zurückkam, sitzen – saß, gehen – ging, bekommen – bekam, schreiben – schrieb; Mischverben: wissen – wusste; werden, sein, haben: werden – wurden, haben – hatte
7. *fakultativ:* Falls die TN nur einen Text bearbeitet haben (siehe Variante), können die restlichen Texte als Hausaufgabe gelesen werden.

LEKTION 1   24

Materialien
B1 Folie von B1
B3 Würfel; Kopiervorlage L1/B3
B4 Schlagzeilen aus Zeitschriften

Am Nachmittag **kamen** plötzlich dunkle Wolken.
Präteritum
Lernziel: Die TN können über eigene Erlebnisse in der Vergangenheit berichten.

B

B3 Anwendungsaufgabe zum Präteritum
1. Die TN bearbeiten die Aufgabe in Stillarbeit oder in Partnerarbeit.
2. Abschlusskontrolle im Plenum.
   Lösung: raubte; nahm; gefiel; anzog; stieg; erkannte; fuhr; nahmen; konnte; alarmierte; schmeckten; rief; vermutete; fuhr; fanden; erklärte
3. *fakultativ:* Wenn Sie die Formen des Präteritums noch weiter mit den TN trainieren möchten, bilden Sie Gruppen zu je drei TN. Jede Gruppe erhält einen Würfel. Erklären Sie, dass jede Augenzahl des Würfels einem Personalpronomen entspricht: 1 = ich, 2 = du etc. Die TN nennen sich gegenseitig Verben im Infinitiv und würfeln abwechselnd. Sie bilden die passende Präteritumform.
4. *fakultativ:* Verteilen Sie die Kopiervorlage L1/B3. Wer zuerst 20 Verben gefunden hat, hat gewonnen.
   Lösung: 1 starb, flog, gab, ging, verbrachte, brachte, war, kam, aß, schrieb, lag, hatte, hieß, lief, wurde, dachte, zog, rief, traf; 2 sterben – starb – gestorben; fliegen – flog – geflogen; geben – gab – gegeben; gehen – ging – gegangen; verbringen – verbrachte – verbracht; bringen – brachte – gebracht; sein – war – gewesen; kommen – kam – gekommen; essen – aß – gegessen; schreiben – schrieb – geschrieben; liegen – lag – gelegen; haben – hatte – gehabt; heißen – hieß – geheißen; laufen – lief – gelaufen; werden – wurde – geworden; denken – dachte – gedacht; ziehen – zog – gezogen; rufen – rief – gerufen; treffen – traf – getroffen

LERNTAGEBUCH

Arbeitsbuch 11: im Kurs: a) Die TN sehen sich die verschiedenen Möglichkeiten für Wörterbucheinträge an und unterstreichen die Präteritum- und Perfektformen. Erklären Sie den TN, dass verschiedene Wörterbücher verschiedene Verfahren anwenden, diese Formen zu präsentieren. Aber eins ist bei allen gleich: Man muss zuerst den Infinitiv kennen, denn nur dieser findet sich als eigener Eintrag im Wörterbuch. Deshalb ist es wichtig, die gebräuchlichsten unregelmäßigen Verben zu lernen. Bitten Sie die TN, exemplarisch das Verb „kommen" in ihren eigenen Wörterbüchern nachzuschlagen. Besprechen Sie mit den TN, wo sie die Präteritum- und Perfektformen finden.
b) Die TN ergänzen mithilfe ihrer Wörterbücher die Tabelle. Ermuntern Sie die TN, auch andere Verben nachzuschlagen und zu notieren. Besprechen Sie die Verben später im Plenum. Einigen Sie sich mit den TN auf 20 wichtige Verben, die für die nächste Kursstunde zu lernen sind.

Arbeitsbuch 12–15: als Hausaufgabe

B4 Aktivität im Kurs: Eigene Kurzmeldungen schreiben
1. Die TN lesen die Schlagzeilen und sehen sich die Fotos an. Wenn Sie den TN noch mehr Auswahl zur Verfügung stellen wollen, schneiden Sie vorab aus Zeitungen einige Schlagzeilen aus und legen Sie sie zur Ansicht auf einem Tisch aus.
2. Die TN entscheiden sich paarweise für ein Foto oder eine Schlagzeile und überlegen sich die Eckdaten ihrer Meldung wie in Aufgabe B2, b: Wer machte wann wo was und wie passierte es? Sie schreiben aus ihren Notizen eine Zeitungsmeldung.
3. Die Paare präsentieren ihre Meldung dem Plenum. Die anderen raten, zu welcher Schlagzeile oder welchem Foto die Meldung gehört.

C Der Blitz **hatte** ihn **getroffen**.

Plusquamperfekt
Lernziel: Die TN können über Glücksmomente berichten.

Materialien
C3 Kopiervorlage L1/C3

C1 Präsentation des Plusquamperfekts
1. Erinnern Sie die TN noch einmal an Nasseers Erlebnis, das er Maja im Auto erzählt hat. Die TN berichten aus der Erinnerung, was Nasseer erlebt hat.
   Variante: Wenn Sie diese Übung auflockern wollen, lassen Sie die TN kleine Zeichnungen zu Nasseers Erlebnis an der Tafel oder auf dem Tageslichtprojektor anfertigen. Anschließend erzählt ein TN die Geschichte anhand der Zeichnungen.
2. Die TN sehen sich die Aufgabe im Kursbuch an und lösen sie.
3. Abschlusskontrolle im Plenum. *Lösung:* A; B
4. Bitten Sie die TN, die Verben in C1 zu unterstreichen, und schreiben Sie die Beispiele aus der Aufgabe an die Tafel. Markieren Sie die Verben. Fragen Sie die TN nach den Unterschieden bei der Form (= In Bild A wird aus „habe" „hatte", „ist" wird zu „war"). Erklären Sie den TN, dass „war" oder „hatte" plus Partizip II das „Plusquamperfekt" ergibt. Man benutzt es, um Ereignisse zu kennzeichnen, die vor einem Ereignis passiert sind, das ebenfalls in der Vergangenheit liegt. Verdeutlichen Sie dies ggf., indem Sie den Ereignissen fiktive Uhrzeiten zuordnen.

Arbeitsbuch 16: in Stillarbeit

C2 Leseverstehen 1: Das Thema erfassen
1. Die TN lösen die Aufgabe wie im Kursbuch angegeben.
2. Abschlusskontrolle im Plenum. *Lösung:* A1; B3; C2

C3 Leseverstehen 2: Die Hauptaussagen verstehen
1. Die TN lesen die Texte noch einmal. Sie markieren, was vor dem Ereignis passiert war, und ergänzen in eigenen Worten.
2. Abschlusskontrolle im Plenum. *Lösung:* B Inge hatte Angst gehabt und sich Sorgen gemacht. C Andreas hatte sich den Fuß gebrochen.
3. Die TN sprechen über die Ereignisse noch einmal in eigenen Worten.
4. *fakultativ:* Kopieren Sie die Kopiervorlage L1/C3. Die TN arbeiten in Dreiergruppen zusammen. Jede Gruppe erhält eine vergrößerte Kopie und denkt sich kurze Geschichten zu den einzelnen Ereignissen aus. Wenn die Gruppen fertig sind, tauschen sie ihre Kopien aus und korrigieren eventuelle sprachliche Fehler der anderen. Lassen Sie jede Kopie zwei- bis dreimal korrigieren. Hängen Sie dann die Kopien auf.

Arbeitsbuch 17–19: in Stillarbeit oder als Hausaufgabe

C4 Aktivität im Kurs: Über eigene Glücksmomente sprechen
1. Die TN lesen die Aufgabenstellung. Geben Sie den TN zehn Minuten Zeit, um sich Notizen über ein glückliches Ereignis in ihrem Leben zu machen.
2. Die TN setzen sich zu viert zusammen und erzählen sich gegenseitig ihre Erlebnisse. Ermuntern Sie die TN zu Nachfragen.
3. *fakultativ:* Die TN schreiben als Hausaufgabe einen Text über ihren Glücksmoment.

PHONETIK **Arbeitsbuch 20–21:** im Kurs: Übungen zur Intonation waren in *Schritte plus 1–4* immer wieder ein Schwerpunkt. Die TN werden daher mit diesen Übungen keine Schwierigkeiten haben. Spielen Sie die Übung 20 vor, die TN markieren die Satzmelodie. Lassen Sie die TN selbstständig herausfinden, wann die Stimme oben bleibt, wann sie nach unten geht (nach unten am Satzende, nach oben am Ende von vorangestellten Nebensätzen, oben oder unten, wenn nach einem Hauptsatz noch ein Nebensatz folgt). Die TN markieren in Übung 21 die Hauptbetonungen in den Satzteilen und die Satzmelodie, dann hören sie und vergleichen ihre Lösungen. Helfen Sie, wenn nötig. Die TN sprechen die Sätze und vergleichen ihre Satzmelodie mit der CD. Regen Sie die TN auch an, selbstständig „als"- und „weil"-Sätze zu erfinden und diese der Partnerin / dem Partner vorzusprechen.

Pech gehabt

Über einen Schaden sprechen
Lernziel: Die TN können einen Schadenhergang beschreiben.

D1 **Hörverstehen: Einen Unfallhergang verstehen**
1. Die TN sehen sich die Zeichnungen im Kursbuch an. Wenn nötig, besprechen Sie die Gegenstände, die zu sehen sind (Gardinenstange, Karton, Umzugswagen etc.).
2. Die TN hören das Gespräch und notieren ihre Lösungen.
3. Abschlusskontrolle im Plenum. *Lösung:* 2; 3; 1; 4
4. Die TN erzählen in Partnerarbeit anhand der Zeichnungen den Hergang noch einmal. Dabei stellen sie sich vor, sie hätten Hannas Unfall vom Fenster der Nachbarwohnung aus beobachtet. Sie erzählen den Vorfall am Telefon einer Freundin / einem Freund. Die Partnerin / Der Partner am Telefon stellt Rückfragen. Wer Lust hat, kann sein Gespräch im Plenum vorspielen. Bei ungeübten TN geben Sie als Hilfe eine Liste mit Stichworten vor.

D2 **Leseverstehen: Ein Versicherungsformular verstehen**
1. Die TN lesen das Formular. Lenken Sie die Aufmerksamkeit der TN auf das Wort „Schadenmeldung" und weisen Sie darauf hin, dass auch „Schaden**s**meldung" gebräuchlich ist. Beide Formen sind korrekt. Die TN markieren in ihrem Buch die wesentlichen Angaben zum Unfall (Wann? Wo? Wer? Wie?).
2. Abschlusskontrolle im Plenum. *Lösung:* A 15.05. d.J., 11.15 Uhr, Goethestraße 28, 99817 Eisenach; C 250 €; D Ulrike Haas
3. Lenken Sie die Aufmerksamkeit der TN auf die Beschreibung des Schadenhergangs. Fragen Sie nach dem Unterschied zu der Erzählung im Hörtext. Wenn nötig, hören die TN das Gespräch noch einmal. Den TN sollte auffallen, dass der geschriebene Text im Präteritum abgefasst ist, im Gespräch aber das Perfekt benutzt wird. Damit haben die TN den wesentlichen Unterschied dieser beiden Zeiten bereits erfasst. Weisen Sie auf die Infospots hin und erläutern Sie den TN, dass Perfekt und Präteritum für die gleiche Zeit stehen und der Unterschied nur ein formaler bzw. stilistischer ist. Sprechen Sie mit den TN auch über die Unterschiede zu ihrer Muttersprache. Die meisten Sprachen haben mehrere Formen, um Vergangenes auszudrücken, allerdings ist die Funktion dieser Tempora häufig anders abgegrenzt als im Deutschen.

LANDES KUNDE Machen Sie die TN, wenn nötig, darauf aufmerksam, dass die Leistungen von Versicherern variieren.

D3 **Aktivität im Kurs: Einen Unfallhergang erzählen**

Die TN erzählen in Partnerarbeit die Geschichte. Dabei berichtet ein Partner die Geschichte aus der Sicht des Mädchens, der andere aus der Sicht des Jungen. Wer mag, kann die Geschichte auch aus der Sicht der Blumenvase erzählen. Geben Sie für diesen Fall einen Satz vor, damit die Fantasie der TN angeregt wird: „Oje, ich habe es schon vermutet, als ich die beiden spielen sah. Ich stand so friedlich auf dem Tisch, war mit wunderschönen Blumen gefüllt, als …"

Arbeitsbuch 22–23: in Stillarbeit

27 LEKTION 1

1 E Glücksbringer

Über Glücksbringer sprechen
Lernziel: Die TN können über Glücksbringer oder Rituale sprechen.

Materialien
E3 Ring, Schlüsselbund, Schuh verpackt
E5 (eingepackte) Glücksbringer
Test zu Lektion 1

E1 Präsentation von Symbolen für Glück oder Pech
1. Die TN sehen sich die Abbildungen an und ordnen ihnen die Begriffe zu, die sie bereits kennen oder mithilfe ihres Wörterbuchs finden.
2. Abschlusskontrolle im Plenum.
   Lösung: 1 das Hufeisen; 2 Freitag, der 13.; 3 das Kleeblatt; 4 das Schwein; 5 der Kaminkehrer / der Schornsteinfeger; 6 Scherben; 7 die schwarze Katze; 8 der zerbrochene Spiegel

E2 Sprechen: Über Glücksbringer und Unheilbringer berichten
1. Die TN ordnen in Partnerarbeit die Symbole aus E1 nach Glück und Pech.
2. Abschlusskontrolle im Plenum. Fragen Sie bei „falschen" Lösungen nach, warum sich die TN für diese Lösung entschieden haben.
   Lösung: <u>Glück</u>: das Kleeblatt, das Schwein, der Kaminkehrer / der Schornsteinfeger; Scherben; <u>Pech</u>: der zerbrochene Spiegel, Freitag, der 13., die schwarze Katze
3. Die TN erzählen über Glücksbringer aus ihren Heimatländern.

Arbeitsbuch 24–25: in Partnerarbeit

E3 Hörverstehen 1: Das Thema erfassen
1. Packen Sie zu Hause einen Schlüsselbund in dickes Geschenkpapier ein, sodass er nur wenig oder gar nicht klimpert, außerdem einen Ring und einen Schuh (er kann auch von einer Puppe oder von einem Kind sein). Die TN stellen sich in drei Gruppen zusammen und erhalten je einen verpackten Gegenstand. Nur durch Tasten sollen die Gegenstände erraten werden. Nach einiger Zeit tauschen die Gruppen die Päckchen. Halten Sie die Übung kurz, sie soll nur ein Warm-up sein.
2. Die TN hören nur den Vorspann der Interviews. Was für eine Sendung ist das? Worum geht es? Klären Sie wichtige Wörter, z.B. „Rituale".
3. Die TN sehen sich die Bilder im Buch an und hören die Interviews. Sie markieren ihre Lösung. Zusätzlich sollen die TN sich beim Hören auf die Frage konzentrieren, warum die Leute an den Glücksbringer oder an das Ritual glauben.
   Lösung: A 2 (Weil seine Mannschaft dann immer gewinnt. Einmal hatte er es vergessen und sie haben verloren.); B 1 (Als sie den Schlüsselanhänger gekauft hat, hat sie einen tollen Mann kennengelernt.); C 3 (Weil ihre Großmutter ihn an ihre Mutter weitergegeben hat, und die hat ihn an sie weitergegeben.)

E4 Hörverstehen 2: Die Kernaussagen der Interviews verstehen
1. Die TN hören die Interviews noch einmal und kreuzen ihre Lösungen an.
2. Abschlusskontrolle im Plenum. *Lösung:* 1 falsch, falsch; 2 richtig, richtig; 3 falsch, richtig

E5 Aktivität im Kurs: Von Glücksbringern und Ritualen erzählen
1. Bitten Sie die TN, ihre Glücksbringer oder einen wichtigen Gegenstand zu Hause für die nächste Kursstunde so einzupacken, wie Sie es mit dem Ring, dem Schuh und dem Schlüsselbund gemacht haben. TN, die keinen Glücksbringer haben, sondern ein Ritual, das nicht mit einem Gegenstand zusammenhängt (z.B. jeden Tag vor dem Schlafen eine Meditation machen), überlegen sich eine pantomimische Vorstellung.

2. Die TN sitzen in Gruppen zu viert zusammen und geben ihre Päckchen herum oder führen ihr Ritual pantomimisch vor. Ist ein Gegenstand oder Ritual erraten, erzählt der TN davon. Schnelle Gruppen schreiben einen Text über ihre Glücksbringer.
3. Abschlussdiskussion im Plenum: Führen Sie den Begriff „Aberglaube" ein. Diskutieren Sie mit den TN: Ist alles nur Aberglaube oder ist doch etwas an Glücksbringern dran?

PROJEKT **Arbeitsbuch 26:** als Hausaufgabe: Die TN bearbeiten die Übung wie angegeben.

PRÜFUNG **Arbeitsbuch 27:** Diese Aufgabe ähnelt dem Prüfungsteil Leseverstehen, Teil 2, des *Zertifikat Deutsch*. Sie sollten den TN für die Bearbeitung nicht mehr als 30 Minuten Zeit geben, um eine prüfungsähnliche Situation herzustellen. Wörterbücher sind nicht erlaubt. Besprechen Sie mit den TN auch Strategien zum Leseverstehen. So sollten die TN zuerst die Aufgaben lesen, um beim Lesen der Texte schon die Schlüsselwörter im Hinterkopf zu haben. An den Stellen, wo diese Schlüsselwörter im Text auftauchen, sollten die TN genau lesen, d.h. auf jedes Wort achten, sonst sind die Multiple-Choice-Aufgaben nicht zu lösen.

Einen Test zu Lektion 1 finden Sie auf den Seiten 120–121. Weisen Sie die TN auf die interaktiven Übungen auf ihrer Arbeitsbuch-CD hin. Die TN können mit diesen Übungen den Stoff der Lektion selbstständig wiederholen und sich ggf. auch auf den Test vorbereiten.

Materialien
1–3 Kopiervorlage „Zwischenspiel zu Lektion 1"

Zwischenspiel 1
Liebe auf den ersten Blick
Kennenlerngeschichten erzählen

1 **Leseverstehen: Einen Text zusammenfassen**
1. Weisen Sie auf die Überschrift des Zwischenspiels hin und fragen Sie die TN nach der Bedeutung von „Liebe auf den ersten Blick". Die TN erklären in eigenen Worten.
2. Die TN finden sich in Dreiergruppen zusammen und teilen die drei Texte unter sich auf. Sie lesen „ihren" Text und markieren ggf. die Kernaussagen.
3. Die TN einer Gruppe erzählen sich gegenseitig die Geschichte „ihres" Textes.
4. *fakultativ:* Teilen Sie zur Verständnissicherung die Kopiervorlage „Zwischenspiel zu Lektion 1" aus. Die TN bearbeiten die Übung in der Gruppe. Abschlusskontrolle im Plenum.
Lösung: a) richtig; b) falsch; c) richtig; d) richtig; e) richtig; f) richtig; g) falsch; h) falsch; i) richtig; j) falsch; k) richtig; l) falsch

2 **Sprechen: Seine Meinung äußern**
Die TN äußern im Plenum ihre Meinung zu den Geschichten und sagen, welche sie am schönsten finden.

3 **Über Wendungen sprechen**
1. Fragen Sie die TN, ob sie an die „Liebe auf den ersten Blick" glauben, und bitten Sie sie, ihre Meinung jeweils zu begründen.
2. *fakultativ:* Wenn Sie das Thema erweitern möchten, bearbeiten die TN Übung 2 und 3 der Kopiervorlage „Zwischenspiel zu Lektion 1". *Lösung:* a) Wenn man gut kochen kann, ist der Partner noch verliebter. c) Eine Liebe aus früherer Zeit kann man nicht vergessen. d) Wenn zwei sich lieben, streiten sie sich gern auch ein bisschen – zum Spaß.

4 **Über Kennenlern-Geschichten sprechen**
Die TN sprechen in Gruppen von 5–6 Personen über weitere Kennenlern-Geschichten. Alternativ oder zusätzlich können sie eine Kennenlern-Geschichte schreiben.

29 LEKTION 1

Fokus Alltag 1
Schriftliche Angebote und Bestellungen verstehen

Die TN können – auch im Internet – etwas bestellen und Hinweise zur Bestellung sowie Reklamationen verstehen.

1 **Leseverstehen 1: Texte rund um eine Bestellung verstehen**
1. Die TN lesen, was Luis im Online-Katalog gekauft hat. Stellen Sie, wenn nötig, verständnissichernde Fragen wie: „Was hat er bestellt? Was kostet das Bettgestell?" etc.
2. Schreiben Sie an die Tafel groß die Begriffe „Lieferschein", „Bestellbestätigung" und „Reklamation". Die TN lesen Luis` Reklamation/E-Mail. Weisen Sie auf die Begriffe an der Tafel hin und fragen Sie, was für ein Text das ist. Weisen Sie dann auch auf die vielleicht nicht für alle sofort auffindbare Betreffzeile hin und bitten Sie die TN, dort „Reklamation" einzutragen.
3. Die TN lesen die beiden anderen Texte und ordnen die passende Textsorte zu. *Lösung:* oben rechts: Bestellbestätigung, unten: Lieferschein
4. Die TN lesen noch einmal und ordnen die Texte in der richtigen Reihenfolge.
5. Abschlusskontrolle im Plenum. *Lösung:* 1 Bestellbestätigung; 2 Lieferschein; 3 Reklamation.
6. Die TN überlegen in Partnerarbeit, was Luis in seiner Reklamation schreibt. Gehen Sie herum und helfen Sie bei Bedarf. Achten Sie darauf, dass allen klar ist, was der Fehler ist (zwei Bettgestelle werden bestätigt).
7. Einige Paare präsentieren ihren Vorschlag dem Plenum.

2 **Leseverstehen 2: Den wesentlichen Inhalt verstehen**
1. Die TN bearbeiten die Übung in Stillarbeit.
2. Abschlusskontrolle im Plenum.
   Lösung: a) richtig; b) falsch; c) falsch; d) falsch; e) richtig

PROJEKT
1. Teilen Sie den Kurs in zwei Gruppen: TN, die häufiger im Internet etwas bestellen, bringen von zu Hause Rechnungen und Bestellbestätigungen etc. mit. TN, die keine Erfahrungen mit Bestellungen in Katalogen und im Internet haben, recherchieren als Hausaufgabe einige Möglichkeiten, Möbel, Kleidung oder Bücher im Internet zu bestellen.
2. Die TN präsentieren ihre Lösungen in Kleingruppen. Die mitgebrachten Texte werden in der Kleingruppe gelesen. Gehen Sie herum und sichern Sie das Verständnis mit gezielten Nachfragen wie: „Was hat … hier bestellt? Was hat es gekostet?" etc.

Materialien
1 ggf. Musik-CDs

UNTERHALTUNG
Folge 2: *Der Star*
Einstieg in das Thema: Medien

1 **Vor dem Hören: Vermutungen anstellen**
1. Schreiben Sie „Musik" in einen Wortigel an der Tafel und bitten Sie die TN, Ihnen verschiedenen Musikrichtungen zu nennen. Sammeln Sie diese an der Tafel: Jazz, Klassik, Rockmusik ...
2. *fakultativ:* Bringen Sie Volksmusik, Rockmusik und Hip-Hop mit und spielen Sie kurze Musikausschnitte vor. Die TN sagen, um welche Art Musik es sich handelt.
3. Die TN öffnen ihr Buch und sehen sich die Fotos an. Sie lesen die Wörter im Stichwortkasten und entscheiden in Partnerarbeit, welche Wörter zu Heiko passen.
4. Die TN schreiben zu zweit eine Geschichte zur Foto-Hörgeschichte. Gehen Sie herum und helfen Sie bei Schwierigkeiten. Lassen Sie die TN selbst entscheiden, ob sie die Geschichte beschreibend erzählen oder ob sie bereits ein Gespräch zwischen Heiko und Nasseer schreiben möchten.
5. Die Paare finden sich mit zwei anderen Paaren zusammen und lesen sich gegenseitig ihre Geschichten vor. Sie besprechen in der Gruppe Ähnlichkeiten und Unterschiede ihrer Geschichten und die möglichen Gründe dafür.

2 **Beim ersten Hören**
1. Die TN hören die Foto-Hörgeschichte einmal durchgehend und achten darauf, welche Musikrichtung Heiko singt und wie sie Nasseer gefällt.
2. Abschlusskontrolle im Plenum. *Lösung:* Volksmusik; nicht so gut

3 **Nach dem ersten Hören: Vergleiche mit den eigenen Vermutungen**
1. Die TN hören die Foto-Hörgeschichte noch einmal so oft wie nötig und markieren in ihrer Geschichte Unterschiede zur tatsächlichen Geschichte.
2. Sie berichten im Plenum kurz darüber, wo – und ggf. warum – ihre Geschichte anders ist.

4 **Über den Star „Heiko" sprechen**
Die TN lesen die Fragen im Kursbuch und sprechen im Plenum darüber. Teilen Sie große Kurse in zwei oder drei Gruppen auf.

31 LEKTION 2

2 A Sie erkennen mich nicht, **obwohl** ich ein Star bin?

Nebensätze mit *obwohl*
Lernziel: Die TN können Gegensätze ausdrücken.

Materialien
A2 Plakate, dicke Stifte

A1 Präsentation der Konjunktion *obwohl*
1. Machen Sie zunächst einige alltagsbezogene Beispiele, um „obwohl" einzuführen: „… hat heute einen Regenschirm dabei, obwohl die Sonne scheint." Oder „… ist heute ohne Jacke in den Kurs gekommen, obwohl es ziemlich kalt ist." Es sollte deutlich werden, dass „obwohl" einen Kontrast oder Widerspruch ausdrückt.
2. Die TN lesen und ergänzen die Beispiele im Buch.
3. Abschlusskontrolle im Plenum. *Lösung:* b) weil; c) obwohl; d) weil
4. Machen Sie anhand eines einfachen Beispiels deutlich, dass die beiden Konjunktionen „weil" und „obwohl" unterschiedliche Bedeutungen haben: „… nimmt einen Regenschirm mit, weil es regnet." Und: „… nimmt einen Regenschirm mit, obwohl die Sonne scheint."

Arbeitsbuch 1–2: in Stillarbeit

A2 Anwendungsaufgabe zu Nebensätzen mit *weil* und *obwohl*
1. Die TN sehen sich die Fotos an und stellen Vermutungen darüber an, wer wohl gern zu Konzerten geht und wer Musik lieber zu Hause hört.
2. Die TN hören die Meinungen der drei Personen und notieren ihre Lösungen.
3. Abschlusskontrolle im Plenum. *Lösung:* Bianca Vogt: H; Lasse Petersen: K; Nick Habermann: H
4. Die TN lesen die Stichworte in den Kästen. Sie hören noch einmal und ordnen den Stichpunkten den passenden Namen zu.
5. Abschlusskontrolle im Plenum. *Lösung (von oben nach unten):* Lasse Petersen; Nick Habermann; Bianca Vogt
6. Verteilen Sie drei große Plakate und Stifte an drei Gruppen. Jede Gruppe schreibt mithilfe der Stichworte zu einer der drei Personen Sätze mit „obwohl" und „weil".
7. Die Plakate werden abschließend im Kursraum aufgehängt und gemeinsam korrigiert.

Arbeitsbuch 3–8: in Stillarbeit oder als Hausaufgabe

LERN TAGEBUCH **Arbeitsbuch 9:** im Kurs: Die TN sehen sich die Beispiele im Lerntagebuch an und sortieren die Konjunktionen, die einen Nebensatz einleiten, sowie die Konjunktionen, die zwei Hauptsätze verbinden, in zwei Gruppen. Die TN finden sich paarweise zusammen und ergänzen die Sätze aus Übung 8 in der passenden Rubrik. Sie suchen in der Lektion weitere Beispiele für ihr Lerntagebuch. Gehen Sie herum und helfen Sie bei Schwierigkeiten.

A3 Aktivität im Kurs: Meinungen äußern
1. *fakultativ:* Die TN sehen sich die Zeichnungen A bis D an und beschreiben, was sie sehen.
2. Sammeln Sie mithilfe der Zeichnungen noch einmal die Vor- und Nachteile von Musik zu Hause bzw. im Konzert. Die Informationen aus A2 dürfen auch genannt werden.
3. Die TN sprechen in Kleingruppen von 3–4 TN über dieses Thema. Gehen Sie herum und hören Sie in jede Gruppe ein bisschen hinein.
4. *fakultativ:* Wenn Sie mit den TN das freie Schreiben trainieren möchten, sollten die TN als Hausaufgabe ihre Meinung noch einmal schriftlich formulieren. Sammeln Sie die Texte am nächsten Kurstag zur Korrektur ein.

Materialien
B3 *Variante:* Fotos berühmter Persönlichkeiten, alte Zeitschriften oder Tageszeitungen, Scheren, Klebstoff, Papier

Sie sind noch **ziemlich jung**.

Gradpartikeln
Lernziel: Die TN können Aussagen bekräftigen oder abschwächen.

B **2**

B1 **Präsentation der Gradpartikeln**
1. Die TN lesen die vorgegebenen Gradpartikeln. Anschließend hören sie die beiden Gespräche so oft wie nötig und ergänzen während des Hörens die Lücken.
2. Abschlusskontrolle im Plenum. Zwei TN lesen die Gespräche vor. Die anderen vergleichen ihre Lösungen.
   Lösung: A echt; ziemlich; wirklich; B total; besonders; ziemlich; nicht so
3. Machen Sie deutlich, dass man mithilfe von Gradpartikeln eine Aussage verstärken bzw. abschwächen kann. Spielen Sie die Gespräche noch einmal vor. Die TN entscheiden, welche Partikeln sie verstärkend, welche abschwächend finden.
   Hinweis: Bei „ziemlich" hängt die Bedeutung von der Betonung ab: Wenn „ziemlich" betont ist, bedeutet es „sehr", wenn dagegen das dazugehörige Adjektiv betont ist, hat es abschwächende Funktion. Lesen Sie den Satz „Es ist ziemlich langweilig!" mit unterschiedlicher Betonung vor. Die TN entscheiden, was jeweils gemeint ist. Machen Sie noch einige weitere Beispiele, um den Unterschied zu verdeutlichen.

Arbeitsbuch 10–11: in Stillarbeit oder als Hausaufgabe

B2 **Hörverstehen: Ein Interview**
1. Die TN hören die Interviews und kreuzen an, wer das Konzert und/oder die Musiker gut findet.
   Lösung a): Frau 1; Frau 2; Mann 3
2. Die TN lesen die Adjektive im Kasten. Sie hören die Interviews noch einmal und markieren alle Adjektive, die sie hören. Die TN hören die Interviews so oft wie nötig und vergleichen ihre Ergebnisse mit ihrer Partnerin / ihrem Partner.
   Lösung b): gut; laut; super; bekannt; kurz; furchtbar; arrogant; toll; unsympathisch; fantastisch; langweilig; schlecht; lustig; blöd; perfekt; süß
3. Die TN ordnen die Wörter.
   Lösung c): ☺ gut, interessant, super, toll, sympathisch, hübsch, lustig, perfekt, süß; ☺ berühmt, komisch, bekannt, kurz, sportlich, traurig, (sympathisch), (lustig); ☹ arrogant, unsympathisch, uninteressant, langweilig, hässlich, schlecht, blöd

Arbeitsbuch 12–13: als Hausaufgabe

PHONETIK **Arbeitsbuch 14:** im Kurs: Die Gradpartikeln sind auch Thema im Phonetik-Teil. Spielen Sie Übung 14 vor, die TN markieren die Betonung. So wird ihnen bewusst, dass die Gradpartikeln und das Adjektiv, das sie verstärken oder abschwächen, im Satz betont sind. Die TN hören die Mini-Gespräche noch einmal und sprechen nach. Die TN sprechen die Gespräche ohne CD in Partnerarbeit. Auf diesem Niveau sollten die TN immer auch zu selbstständigen Produktionen angeregt werden: Bitten Sie sie daher, eigene Sätze mit Gradpartikeln zu schreiben und sie der Partnerin / dem Partner zum Üben zu geben.

B3 **Aktivität im Kurs: Interviews**
1. Zwei geübtere TN lesen das Beispiel vor und ergänzen die Lücken spontan. Weisen Sie in diesem Zusammenhang ggf. noch einmal kurz auf den Konjunktiv II mit „würde" + Infinitiv hin, der den TN bereits aus *Schritte plus 4*, Lektion 8, bekannt ist und hier zur Formulierung von Wünschen benötigt wird.
2. Die TN sehen sich die Fotos im Buch an und überlegen, ob sie mit einer der Personen gern einmal einen Abend verbringen würden. Wenn die abgebildeten Personen den TN unbekannt sind oder wenn sie andere berühmte Persönlichkeiten bewundern, können sie natürlich auch diese nennen.
   Variante: Bringen Sie alte Zeitschriften mit Bildern von Prominenten und Tageszeitungen mit Veranstaltungsteil mit in den Kurs. Die TN entscheiden sich für eine Person ihrer Wahl, schneiden das Foto aus und zeigen es den anderen während des Interviews. Um sicherzugehen, dass jeder TN eine Person findet, die sie/er bewundernswert findet, können Sie die TN am Vortag auffordern, selbst Fotos berühmter Persönlichkeiten mit in den Kurs zu bringen. Wer keins dabei hat, wählt aus den mitgebrachten Zeitungen und Zeitschriften aus wie oben beschrieben.
3. Skizzieren Sie an der Tafel eine Tabelle mit folgenden Kategorien: „Name der Teilnehmerin / des Teilnehmers", „Mit wem würden Sie gern einen Abend verbringen?", „Warum?", „Was würden Sie mit ihr/ihm machen?" und „Worüber würden Sie gern mit ihr/ihm sprechen?" Die TN übertragen die Tabelle auf ein leeres Blatt Papier und gehen dann mit diesem Interviewbogen im Raum herum, interviewen die anderen Kursteilnehmer und machen sich Notizen. Die TN haben zehn Minuten Zeit, so viele TN wie möglich zu befragen. Besonders schnelle TN oder TN, die keine Interviews mehr machen möchten, schreiben einen kurzen Text über den Abend mit „ihrer" Person.
4. Sammeln Sie abschließend im Plenum, was die TN über das „Traum-Date" der anderen erfahren haben.
5. *fakultativ:* Wenn Sie mit den TN das freie Schreiben üben wollen, kleben die TN das Foto ihres Favoriten auf ein leeres Blatt Papier und schreiben als Hausaufgabe einen kleinen Text über die Person. Sammeln Sie die Texte ein und korrigieren Sie sie. Die Texte können abschließend im Kursraum aufgehängt werden.

33 LEKTION 2

2 C Du bist die Frau, **die** mich wirklich liebt.

Relativsätze
Lernziel: Die TN können Gegenstände und Personen genauer beschreiben.

Materialien
C7 *Variante*: Kopiervorlage zu L2/C7

C1 Präsentation der Relativsätze im Nominativ
1. Spielen Sie den Ausschnitt der Foto-Hörgeschichte noch einmal vor (Track 18).
2. Die TN lesen die Sätze im Kursbuch und ergänzen die Relativpronomen.
3. Abschlusskontrolle im Plenum. *Lösung:* b) das; c) der; d) die
4. Schreiben Sie Beispiel a) an die Tafel und erläutern Sie, dass sich der gesamte Relativsatz auf das vorangehende Wort, hier die Frau, bezieht und eine erklärende Aussage zu diesem Wort macht.

Schreiben Sie auch die anderen Beispiele der Aufgabe an die Tafel und zeigen Sie daran, dass sich die Form des Relativpronomens in Genus und Numerus nach dem Wort richtet, auf das es sich bezieht. Weisen Sie auch auf den Grammatikspot hin: Relativsätze sind Nebensätze, das konjugierte Verb steht also am Ende.

Arbeitsbuch 15–16: in Stillarbeit

C2 Präsentation der Relativsätze im Akkusativ
1. Lesen Sie gemeinsam mit den TN Beispiel a) und fordern Sie die TN auf, diesen Satz mit dem ersten Beispiel im Grammatikspot zu C1 zu vergleichen. Die TN werden feststellen, dass die beiden Formen der Relativpronomen nicht übereinstimmen. Schreiben Sie zur Erklärung zwei Beispiele an die Tafel:

Die TN werden sehen, dass die Verben „langweilen" und „finden" jeweils andere Antworten und damit auch einen anderen Kasus verlangen.
2. Die TN ergänzen die übrigen Sätze in Partnerarbeit. Der Grammatikspot hilft ihnen dabei.
3. Abschlusskontrolle im Plenum: Die TN hören die Sätze und vergleichen ihre Lösungen.
Lösung: b) der; c) das; d) die; e) die
4. Fordern Sie die TN abschließend auf, die Formen der Relativpronomen im Nominativ und Akkusativ zu vergleichen. Sie werden feststellen, dass sich nur die maskulinen Formen „der" bzw. „den" unterscheiden, während alle anderen Formen im Nominativ und Akkusativ identisch sind.

Arbeitsbuch 17–19: in Stillarbeit

C3 Variation: Anwendungsaufgabe zum Relativsatz
Die TN hören die Mini-Gespräche und variieren die Sätze in Partnerarbeit mit den vorgegebenen Varianten. Gehen Sie herum und helfen Sie bei Schwierigkeiten.
Hinweis: Variationsdialoge haben TN, die mit *Schritte plus 1–4* Deutsch gelernt haben, schon oft bearbeitet. Diese Übungsform ist ihnen also bekannt. Gehen Sie nur bei Quereinsteigern noch einmal ausführlicher auf diese Übungsform ein.

C4 Hörverstehen: Gespräche zu Nachrichtenmeldungen
1. Die TN lesen die Schlagzeilen. Verzichten Sie an dieser Stelle zunächst auf Wortschatzerklärungen.
2. Die TN hören die Gespräche und nummerieren die dazu passende Schlagzeile in der Reihenfolge der Gespräche.
3. Abschlusskontrolle im Plenum. Wenn nötig, können Sie an dieser Stelle auf Wortschatzfragen der TN eingehen.
Lösung: 2 Nach dem Sieg gegen Real … 3 1000 Rosen per Post … 4 Fehler im Studio …

LEKTION 2

Materialien
C7 *Variante:* Kopiervorlage zu L2/C7

Du bist die Frau, **die** mich wirklich liebt.
Relativsätze
Lernziel: Die TN können Gegenstände und Personen genauer beschreiben.

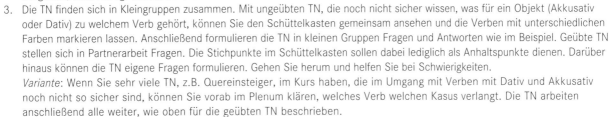

C5 **Präsentation der Relativsätze im Dativ**
1. Die TN hören die Gespräche so oft wie nötig und ergänzen die Sätze.
2. Abschlusskontrolle im Plenum. *Lösung:* 1 dem; 2 dem; 3 der; 4 denen
3. Notieren Sie Beispiel 1 der Aufgabe an der Tafel. Verdeutlichen Sie an diesem Beispiel, dass das Verb „wegnehmen" zwei Ergänzungen benötigt: seinen Rolls-Royce (was?) und dem Schauspieler (wem?). Da sich der Relativsatz auf den Schauspieler bezieht, muss das Relativpronomen „dem" lauten.
4. Verweisen Sie die TN auf den Grammatikspot im Buch und machen Sie sie besonders auf die Form des Relativpronomens im Dativ Plural aufmerksam. Zeigen Sie ggf. anhand eines Beispiels, dass das Relativpronomen „denen" nicht mit dem bestimmten Dativ-Artikel „den" übereinstimmt, während dies bei den Singularformen der Fall ist.

Arbeitsbuch 20–23: als Hausaufgabe

C6 **Anwendungsaufgabe zu den Relativsätzen**
1. Fragen Sie einen TN, ob sie/er sich an die Person erinnert, der sie/er zuletzt eine E-Mail geschrieben hat.
2. Deuten Sie auf die Vorschläge im Schüttelkasten und lassen Sie einen TN eine weitere Frage im Plenum formulieren. Achten Sie darauf, dass dabei einer der Satzanfänge aus der Übung verwendet wird, und korrigieren Sie ggf. Wiederholen Sie dieses Vorgehen, wenn nötig, mehrere Male.
3. Die TN finden sich in Kleingruppen zusammen. Mit ungeübten TN, die noch nicht sicher wissen, was für ein Objekt (Akkusativ oder Dativ) zu welchem Verb gehört, können Sie den Schüttelkasten gemeinsam ansehen und die Verben mit unterschiedlichen Farben markieren lassen. Anschließend formulieren die TN in kleinen Gruppen Fragen und Antworten wie im Beispiel. Geübte TN stellen sich in Partnerarbeit Fragen. Die Stichpunkte im Schüttelkasten sollen dabei lediglich als Anhaltspunkte dienen. Darüber hinaus können die TN eigene Fragen formulieren. Gehen Sie herum und helfen Sie bei Schwierigkeiten.
Variante: Wenn Sie sehr viele TN, z.B. Quereinsteiger, im Kurs haben, die im Umgang mit Verben mit Dativ und Akkusativ noch nicht so sicher sind, können Sie vorab im Plenum klären, welches Verb welchen Kasus verlangt. Die TN arbeiten anschließend alle weiter, wie oben für die geübten TN beschrieben.

Arbeitsbuch 24–26: in Stillarbeit oder als Hausaufgabe

C7 **Aktivität im Kurs: (Schreib-)Wettbewerb**
1. Die TN lesen die Beispiele im Buch und finden sich dann paarweise zusammen. Sie schreiben einen Satz über eine Person oder Sache ihrer Wahl. Dabei reihen sie so viele Relativsätze wie möglich aneinander.
Variante: Wenn Sie den TN vorab eine kleine Hilfestellung geben möchten, kopieren Sie die Kopiervorlage zu L2/C7 und verteilen Sie sie als Arbeitsblatt. Im Anschluss dann weiter wie oben beschrieben.
Lösung: Das ist mein Glücksbringer, den ich … mitnehme, der mir … geholfen hat, den ich … gekauft habe; Das sind die Turnschuhe, die ich … getragen habe, die mir … sind, die ich … gekauft habe; Das ist der Nachbar, der … schimpft, den ich … sehe, dem ich … gegeben habe; Das ist die Verkäuferin, die … arbeitet, die … hat, der ich … begegne.
Musterlösung: Das ist das Handy, das nie funktioniert, das ich immer vergesse, das so viele Klingeltöne hat; Das ist die Kette, die mir so gut gefällt, die ich unbedingt haben möchte, die meiner Tochter so gut steht. Das ist der Mann, der immer zu spät kommt, dem nie etwas anderes einfällt als Blumen, den man jeden Samstag an dem Gleis sehen kann. Das ist die Touristin, die den ganzen Tag am Strand liegt, der nie langweilig ist, die alle so nett finden.
2. Die TN lesen ihre Sätze vor. Wer hat den schönsten und längsten Satz?
Variante: Wenn Sie dem Ganzen etwas mehr Wettbewerbs-Charakter geben möchten, können die TN auch ein Schiedsrichterteam wählen, das während des Vorlesens die Wörter zählt und die Summe der verwendeten Wörter nach jedem „Vortrag" bekannt gibt. Dadurch wird die Spannung für die Zuhörer noch etwas gesteigert. In diesem Fall sollten Sie allerdings vorher vereinbaren, dass während des Vortrags der anderen keiner mehr seine Sätze ergänzen darf, da sonst diejenigen im Vorteil sind, die erst am Schluss an der Reihe sind.

Arbeitsbuch 27: als Hausaufgabe

PHONETIK Arbeitsbuch 28–33: im Kurs: Die TN hören Übung 28 und sprechen die Wörter nach. Fragen Sie sie, was ihnen auffällt (auch „-ig" wird wie „-ich" realisiert). Erklären Sie, dass in Süddeutschland, Österreich und in der Schweiz „-ig" auch als „-ig" gesprochen wird. Zeigen Sie anhand von Übung 29, dass das „g" innerhalb eines Wortes, also nicht im Auslaut, gesprochen wird. Die TN hören Übung 30 und sprechen die Wörter nach. Sie hören und ergänzen Übung 31. Bei diesen Übungen können Sie auch umgekehrt vorgehen und die TN zuerst sprechen bzw. ergänzen lassen. Dann hören und vergleichen sie. Wenn die TN Probleme haben, „ch" und „sch" zu unterscheiden, können sie mit Übung 32 für den Unterschied sensibilisiert werden. Abschließend hören und lesen die TN das Gedicht über den Drachen. Nur wer Lust hat, lernt es als Hausaufgabe auswendig und trägt es in der nächsten Kursstunde vor. Belohnen Sie die TN für ihren Mut und sparen Sie nicht mit Lob!

35 LEKTION 2

2 D Fernsehprogramm

Einen Konsens finden
Lernziel: Die TN können etwas in der Gruppe planen und einen Konsens finden.

Materialien
D3 Schilder
D4 deutsches Fernsehprogramm
Arbeitsbuch 37: Fernsehzeitungen, Kinoprogramme, ...
D5 *Variante*: Kopiervorlage L2/D5, Lieblings-CD, -buch, -zeitung o.Ä.

D1 Leseverstehen: Eine Fernsehzeitung auswerten

1. Sprechen Sie mit den TN darüber, ob sie einige der genannten Sender kennen und welche sie auch in ihrem Heimatland empfangen können. Wer hin und wieder deutsche Sender ansieht, kann den anderen Tipps geben, welche Sendungen man gut verstehen kann.
2. Klären Sie mit den TN die Filmkategorien: Was ist ein Naturfilm, Zeichentrickfilm … ?
3. Die TN finden sich paarweise zusammen und lesen die Fernsehprogramme. Sie ordnen den Kategorien passende Filme / Sendungen zu.
4. Abschlusskontrolle im Plenum. *Lösung:* Zeichentrickfilm: G; Show: B; Naturfilm: C, E; Krimi: A, D; Sportsendung: A, F; Kindersendung: G; Komödie: B, H; Politmagazin: D, E; Quiz: H

TIPP Motivieren Sie die TN, deutschsprachige Filme im Fernsehen oder im Kino anzusehen. Betonen Sie dabei, dass sie nicht jedes Wort verstehen müssen, um der Handlung folgen zu können. Zum Einstieg eignen sich Vorabendserien besonders gut, weil das Vokabular nicht zu kompliziert ist und sich die Handlungen wiederholen. Außerdem dauern sie meist nur eine halbe Stunde, sodass sich die TN gut konzentrieren können. So hat jeder ein kleines Erfolgserlebnis. Das erhöht die Lernmotivation.

D2 Vorbereitung auf das Planspiel (I)

1. Die TN sehen sich die Zeichnungen an. Fragen Sie, welche Filme der „lustige Fernsehtyp" vermutlich gern sieht, und fordern Sie die TN auch auf, ihre Wahl zu begründen.
2. Die TN sehen sich die übrigen „Fernsehtypen" an und ordnen ihnen in Partnerarbeit die passenden Filmkategorien und Sendungen zu.
3. Abschlusskontrolle im Plenum. *Lösung:* 2 Typ A; 3 Typ F; 4 Typ B; 5 Typ C; 6 Typ D

Arbeitsbuch 34: als Hausaufgabe

D3 Vorbereitung auf das Planspiel (II)

1. Die TN finden sich in Kleingruppen von 3–4 TN zusammen. Sie beschreiben den anderen in ihrer Gruppe, welcher „Fernsehtyp" sie am ehesten sind. Sie begründen dies, indem sie erzählen, welche Filmarten und Sendungen sie am liebsten sehen. Anschließend heftet sich jeder ein Schild an, auf dem steht, welcher Fernsehtyp er ist.
2. *fakultativ:* Wenn Sie mit den TN das freie Schreiben üben wollen, können die TN zu Hause einen Text zu diesem Thema schreiben. Sie sollten sich für einen, maximal zwei der „Fernsehtypen" entscheiden und erzählen, welche Filme sie besonders gern sehen und warum.

D4 Aktivität im Kurs: Planspiel

1. Sammeln Sie mit den TN an der Tafel Redemittel zu Vorschlägen, Begründung, Zustimmung, Ablehnung und Einigung (vgl. Buch). Die Bücher bleiben dabei zunächst geschlossen, damit die TN ihre eigenen Kenntnisse einbringen können. *Lösung:* etwas vorschlagen: Wie wäre es, wenn … / Lasst uns doch … / Wir sollten …; etwas begründen: Ich finde das besser, weil … / Das können wir schon, obwohl … / Das ist doch viel besser als …; zustimmen: Einverstanden! / Genau! / Natürlich! / Da hast du völlig recht. / Das finde ich auch; ablehnen / einen Gegenvorschlag machen: Ja, das ist schon möglich, aber … / Das möchte ich wirklich nicht. / Das kommt für mich nicht infrage. / Ich würde (doch) lieber … / Das ist kein guter Vorschlag.; sich einigen: Gut, dann … / Einverstanden! / In Ordnung!
2. Bitten Sie drei TN, das Beispiel im Buch vorzulesen.
3. Die TN finden sich in Kleingruppen von 3–4 TN zusammen. Als Kriterium für die Gruppenfindung gilt, dass in einer Gruppe keine gleichen Fernsehtypen zusammen sein dürfen, denn nur mit unterschiedlichen Typen entsteht eine interessante Diskussion. Die angehefteten Schilder helfen dabei, dass sich die TN schnell in gemischten Gruppen zusammenfinden können. Die TN diskutieren in ihrer Gruppe, welchen Film oder welche Sendung sie am Abend gemeinsam sehen wollen. Die Redemittel an der Tafel und im Buch dienen dabei als Hilfestellung.
Hinweis: Wenn Sie ein deutsches Fernsehprogramm in Kopie mit in den Kurs bringen, wirkt die Situation authentischer und die Diskussion macht mehr Spaß.
4. Fragen Sie die Gruppen abschließend, auf welchen Film sie sich geeinigt haben.

Arbeitsbuch 35: als Hausaufgabe

LEKTION 2

Materialien
D3 Schilder
D4 deutsches Fernsehprogramm
Arbeitsbuch 37: Fernsehzeitungen, Kinoprogramme, ...
D5 *Variante*: Kopiervorlage L2/D5;
  Lieblings-CD, -buch, -zeitung o.Ä.

Fernsehprogramm

Einen Konsens finden
Lernziel: Die TN können etwas in der Gruppe planen und einen Konsens finden.

D   **2**

PRÜFUNG   **Arbeitsbuch 36:** im Kurs: In der mündlichen Prüfung des *Deutsch-Tests für Zuwanderer* sowie des *Zertifikat Deutsch* sollen die TN sich mit einer Partnerin / einem Partner auf etwas einigen. Die TN haben durch das Planspiel diesen Prüfungsteil schon kennengelernt. Bereiten Sie die TN nun noch einmal gezielt auf die mündliche Prüfung vor.

PROJEKT   **Arbeitsbuch 37:** Die TN schreiben in Stillarbeit oder als Hausaufgabe einen Steckbrief über ihren Lieblingsfilm. Sie bringen aktuelle Fernsehzeitungen und Kinoprogramme mit und erstellen in Kleingruppen ein Wandplakat mit Fernseh- und Filmtipps.

D5   **Aktivität im Kurs: Partnerinterview**
1. Die TN lesen das Beispiel bei a) jeder für sich. Fragen Sie dann exemplarisch einige TN, was sie am liebsten lesen, welche Musik sie am liebsten hören und welche Art von Filmen sie am liebsten mögen.
2. Die TN machen sich wie im Beispiel des Kursbuches Notizen zu ihren Lesegewohnheiten, Lieblingsfilmen und ihrem Musikgeschmack.

3. Die TN lesen das Beispiel im Buch. Sie tauschen sich in Partnerarbeit mithilfe ihrer Notizen aus. Paare, die fertig sind, schreiben einen kurzen Text über ihren Lieblingsfilm.
   Variante: Die TN erhalten die Kopiervorlage zu L2/D5 als Arbeitserleichterung: Die TN tragen zunächst ein, was auf sie zutrifft, bevor sie ihre Partnerin / ihren Partner befragen und die Antworten ebenfalls auf dem Arbeitsblatt festhalten.
4. *fakultativ:* Wer Lust hat, bringt in einer der folgenden Kursstunden seine Lieblings-CD, sein Lieblingsbuch, die Lieblingszeitung ... mit und stellt sie dem Plenum vor.

37   LEKTION 2

2 E Roman

Einen Krimi lesen
Lernziel: Die TN können einen einfachen Krimi verstehen.

Materialien
E5 Gummibärchen, Bleistifte o.Ä. als Prämie
Test zu Lektion 2
Wiederholung zu Lektion 1 und Lektion 2

E1 Präsentation des Lesetextes: Die Textsorte bestimmen
1. Die TN lesen den mit Pfeilen markierten Abschnitt des Lesetextes und entscheiden, um welche Textsorte es sich handelt.
2. Fragen Sie die TN, welche Wörter oder Sätze ihnen bei der Zuordnung geholfen haben. *Lösung:* Ein Kriminalroman.

E2 Leseverstehen 1: Den Inhalt global verstehen
1. Die TN lesen zuerst die Fragen und dann den Text bis zum Ende.
2. Die TN kreuzen ihre Lösungen an und vergleichen sie mit ihrer Partnerin / ihrem Partner. Wer früher fertig ist als die anderen, unterstreicht im Text die Stellen, die Hinweise zur Beantwortung der Fragen gegeben haben.
3. Abschlusskontrolle im Plenum. Gehen Sie dabei auch auf die Frage ein, welche Schlüsselstellen für die Beantwortung der Fragen wichtig waren. Geben Sie auch Gelegenheit zu Wortschatzfragen.
   Lösung: a) Am Tatort. b) Jemand hat ein Bild gestohlen.

E3 Leseverstehen 2: Wichtige Details verstehen
1. Die TN sehen sich die Skizze im Buch an und lesen dann den Text noch einmal.
2. Die TN lösen die Aufgabe in Partnerarbeit. Wer früher fertig ist als die anderen, markiert die relevanten Stellen im Text.
3. Abschlusskontrolle im Plenum. Gehen Sie dabei auch darauf ein, welche Textstellen die Informationen für die Lösung der Aufgabe enthalten.
   Lösung: 1 niemand; 2 der Mann; 3 Kramer; 4 der Kriminalbeamte

E4 Rätsel
1. Die TN sehen sich die Zeichnung im Buch an und beraten zusammen mit ihrer Partnerin / ihrem Partner, woher Kramer weiß, dass der Mann lügt.
2. Die TN äußern ihre Vermutungen.
   Lösung: Die Sonne geht im Westen unter, der Vollmond steht aber im Osten. Das Fenster, aus dem Kramer den Sonnenuntergang beobachtet, zeigt nach Westen. Der Vollmond konnte also, anders als der Mann behauptet, den Raum nicht erleuchtet haben.

E5 Aktivität im Kurs: Titelsuche
1. Die TN lesen die Stichwörter im Schüttelkasten. Klären Sie an dieser Stelle ggf. unbekannten Wortschatz.
2. Die TN finden sich zu Kleingruppen von 3–4 TN zusammen und denken sich einen Titel für das Buch aus. Sie sollen dazu mindestens zwei der angegebenen Stichwörter verwenden.
3. Die Gruppen stellen ihre Titel im Plenum vor. Wenn die TN vorab eine Jury wählen, die später den schönsten Titel prämiert, oder die TN für jeden Titel Punkte (0 = okay; 1 = passt gut; 2 = passt sehr gut) vergeben können, wird die Präsentation der Buchtitel zum Wettbewerb und so für alle noch einmal spannend. In diesem Fall sollten Sie für die Gewinner eine kleine Prämie bereithalten, die Sie am Ende verteilen können.

Arbeitsbuch 38–39: im Kurs: Wenn Ihre TN gern authentische, aber einfache deutsche Texte lesen möchten, können Sie mit ihnen den vollständigen Krimi lesen. Das Leseheft sowie weitere Krimis mit Carsten Tsara sind beim Hueber Verlag, Ismaning, erschienen.

LANDESKUNDE Die TN sollten wissen, dass es für Lernende aufbereitete oder vereinfachte Lektüren und zweisprachige Ausgaben gibt. Sie wissen über den Service von öffentlichen Bibliotheken Bescheid. Bitten Sie sie ggf., in der örtlichen Bibliothek zu recherchieren, ob es dort spezielle Lektüren für DaZ/DaF gibt.

Einen Test zu Lektion 2 finden Sie auf den Seiten 122–123. Weisen Sie die TN auf die interaktiven Übungen auf ihrer Arbeitsbuch-CD hin. Die TN können mit diesen Übungen den Stoff der Lektion selbstständig wiederholen und sich ggf. auch auf den Test vorbereiten. Wenn Sie mit den TN den Stoff von Lektion 1 und Lektion 2 wiederholen möchten, verteilen Sie je einen Kartensatz der Kopiervorlage „Wiederholung zu Lektion 1 und 2" (Seiten 114–115) an Kleingruppen von 4–5 TN. Die Kärtchen liegen verdeckt auf dem Tisch. Die TN ziehen reihum ein Kärtchen und ergänzen den Satz sinnvoll.

LEKTION 2

Materialien
2–3 Kopiervorlage „Zwischenspiel zu Lektion 2"

Zwischenspiel 2
Tausendmal gehört ... Mein Lieblingssong
Ein Lied singen und über Lieblingslieder sprechen

1   **Vor dem Hören: Vermutungen anstellen**
1. Die TN sehen sich die Fotos im Buch an und überlegen, aus welcher Zeit sie stammen und wie alt die Personen auf den Fotos sind. Sie können ggf. auch erzählen, wer die Personen sind, was sie machen und wo (z.B. Freunde/Studenten, die zusammen Urlaub in den Bergen machen).
2. Erwähnen Sie, dass die Fotos auf einem Küchentisch liegen. Die TN spekulieren darüber, warum sie dort liegen und wer sie wem zeigt.

2   **Hörverstehen: Ein Gespräch verstehen**
1. Erklären Sie, was ein „Remix" ist (neuer Rhythmus oder Neu-Organisation von musikalischen Elementen von einem Musikstück, das es bereits gibt).
2. Die TN hören das Gespräch einmal durchgehend und achten darauf, wer spricht und worüber. Es geht hier nur darum, das Thema zu erfassen, nicht um Details.
3. Abschlusskontrolle im Plenum. *Lösung:* Mutter und Tochter sprechen über (Lieblings-)Lieder.
4. *fakultativ:* Wenn Sie das Hörverstehen mit einer weiteren Übung überprüfen möchten, verteilen Sie die Kopiervorlage „Zwischenspiel zu Lektion 2" an die TN. Sie lösen Übung 1 der Kopiervorlage, indem sie das Gespräch noch einmal hören und ihre Lösungen ankreuzen.
Lösung: a) falsch; b) richtig; c) richtig; d) falsch; e) richtig; f) richtig; g) richtig; h) falsch

3   **Ein Lied singen**
1. Spielen Sie das Lied vor. Die TN lesen und singen mit, wenn sie mögen.
2. *fakultativ:* Die TN bearbeiten die Übung 2 der Kopiervorlage „Zwischenspiel zu Lektion 2". Spielen Sie dann das Lied noch einmal vor.
Lösung: a) Du wolltest einfach irgendetwas am Abend unternehmen – ohne ein besonderes Ziel. b) Ich habe auf keinen Fall daran geglaubt. c) Wir haben überhaupt nichts verstanden. d) Wir können kein Paar werden, weil wir uns zu lange und zu gut kennen.
3. Sprechen Sie mit den TN über das Lied: Wie gefällt es ihnen? Was ist passiert? Wer ist „du"?

4   **Über Lieblingssongs sprechen**
1. Die TN sprechen in Kleingruppen von 4–5 Personen über ihre persönlichen Lieblingssongs und darüber, was sie damit verbinden.
2. *fakultativ:* Wenn Sie mit den TN das freie Schreiben üben wollen, bitten Sie sie, als Hausaufgabe einen kurzen Text über ihren Lieblingssong und die Zeit, die Personen oder die Erlebnisse, die sie damit verbinden, zu schreiben. Sammeln Sie die Texte zur Korrektur ein.

Fokus Alltag 2
Sich über Einkaufsmöglichkeiten austauschen

Die TN können sich über bestimmte Einkaufsmöglichkeiten austauschen, z.B. über den Preisvergleich zwischen dem Kauf in Geschäften und im Internet sowie Vor- und Nachteile bei Ratenzahlung.

Materialien
Projekt: Werbeprospekte mit günstigen Finanzierungsangeboten

1 Leseverstehen: Vor- und Nachteile von Einkaufsmöglichkeiten verstehen
1. Die TN lesen zuerst die beiden Aussagen. Geben Sie Gelegenheit zu Wortschatzfragen, wenn nötig.
2. Die TN lesen die beiden Texte und ordnen sie den Aussagen zu.
3. Abschlusskontrolle im Plenum. *Lösung:* A Bei manchen Einkäufen …; B Beim Kauf im Internet …
4. Teilen Sie den Kurs in zwei Gruppen auf: Ungeübtere TN suchen zu zweit in Text A nach den Vor- und Nachteilen des Ratenkaufs, geübte TN bearbeiten Text B.
5. Abschlusskontrolle im Plenum. *Lösungsvorschlag:* Ratenkauf: Vorteile: sich Wünsche sofort erfüllen; heute kaufen, morgen bezahlen; Nachteile: Angebot zeitlich befristet; Im Internet einkaufen: Vorteile: große Auswahl; einfache Bestellung; schnelle Lieferung; Nachteile: Gekauftes kann man nicht immer zurückgeben; Überweisungen können gefährlich sein; eventuell Zollgebühren; eventuell keine Umtauschmöglichkeit für Waren aus dem Ausland

2 Hörverstehen: Über Einkaufsmöglichkeiten sprechen
1. Fragen Sie die TN, wer spricht und was wie gekauft wurde. Die TN hören das Gespräch einmal.
   Lösungsvorschlag: Zwei Freundinnen (Gunda und Petra); Gunda hat eine Spülmaschine per Ratenzahlung gekauft.
2. Die TN hören das Gespräch so oft wie nötig und ergänzen die Tabelle aus Aufgabe 1.
3. Abschlusskontrolle im Plenum.
   Lösungsvorschlag: Ratenkauf: Nachteile: Zinsen; kein Überblick darüber, wie viel und was man gekauft hat und wie viel man dafür bezahlt hat; Im Internet einkaufen: Vorteile: keine Parkplatzprobleme, keine Warteschlange, keine Ladenschlusszeiten; man spart Zeit; Nachteile: Versandporto; eventuell selbst bei der Post abholen müssen; man kann sich das Produkt nicht ansehen; keine Barzahlung möglich
4. Die TN sprechen in Partnerarbeit über ihre eigenen Erfahrungen mit Ratenkauf oder Online-Shopping. Wenn sie dabei weitere Vor- oder Nachteile finden, ergänzen sie diese in der Tabelle.
5. Lassen Sie einige TN exemplarisch im Plenum über ihre Erfahrungen zum Thema berichten und ggf. weitere Vor- und Nachteile sammeln.

PROJEKT
1. Die TN sammeln als Hausaufgabe Werbeprospekte, die mit tollen Finanzierungsangeboten locken. Geben Sie dafür ca. 2 bis 3 Wochen Zeit, denn häufig erhält man solche Angebote als Hauswurfsendung und die TN sollten ausreichend Gelegenheit haben, ihre Post nach solchen Angeboten durchzusehen.
2. An einem dafür vorgesehenen Unterrichtstag bringen die TN ihre Prospekte mit. Sie werden in der Kleingruppe von 3–4 TN gelesen. Die Gruppen erstellen eine Tabelle nach folgenden Kriterien: Was wird angeboten? Zu welchem Preis? Wie lange ist das Angebot gültig? Was sind die Finanzierungskonditionen? Gibt es Sonderwünsche, -zubehör, das vom Angebot ausgeschlossen ist? Gibt es sonst noch einen „Haken"? Am Ende bewertet die Gruppe ihre Angebote: Ist es ein echtes Schnäppchen oder doch mehr ein Lockangebot, bei dem man am Ende mehr bezahlt?

Materialien
2 ggf. Folie

GESUND BLEIBEN
Folge 3: *Bandscheiben*
Einstieg in das Thema: Gesundheit

1 **Vor dem Hören: Neue Wörter klären**
1. Die TN sehen sich die Zeichnungen im Buch an und ordnen auch mithilfe ihrer Wörterbücher die Begriffe zu.
2. Abschlusskontrolle im Plenum.
   Lösung (von oben nach unten): die Schultern; der Oberkörper; die Wirbelsäule; der Po; der Oberschenkel; die Bandscheibe
3. Es bietet sich an, an dieser Stelle die Körperteile mit einem kleinen Spiel zu wiederholen. Die neuen Wörter können Sie zur Festigung direkt einbeziehen. Die TN stellen sich im Kreis auf. Beginnen Sie, indem Sie auf ihren Bauch zeigen und sagen: „Der Kopf tut mir weh." Der TN, der links von Ihnen steht, muss nun auf seinen Kopf zeigen und gleichzeitig ein anderes Körperteil nennen, das wehtut. Der nächste TN zeigt auf dieses Körperteil und nennt ein weiteres, das wehtut etc. Achten Sie auf einen zügigen Verlauf des Spiels, denn das Tempo erhöht den Schwierigkeitsgrad.
   Variante: Sie können zum Einstieg auch zuerst die Körperteile mit dem Spiel wiederholen und erst danach die Aufgabe im Buch machen.

2 **Vor dem Hören: Vorüberlegungen zur Geschichte**
1. Die TN bearbeiten in Partnerarbeit die Aufgabe wie angegeben. Geben Sie die richtigen Lösungen aber erst nach dem Hören der Geschichte bekannt.
   Lösung: 1 Rückenschmerzen; 2 Krankengymnastin; 3 Küchentisch; 4 Oberkörper; 5 Telefongespräch
2. *fakultativ:* Schreiben Sie mit den TN ein Kursdiktat. Inhalt ist der mögliche Ablauf der Foto-Hörgeschichte. Geben Sie den ersten Satz vor. Dann sagt ein TN den nächsten Satz. Alle TN überlegen, ob der Satz korrekt ist. Erst wenn der Satz ganz richtig ist, schreiben die TN ihn auf. Sammeln Sie die Diktate ein und korrigieren Sie sie, oder lassen Sie einen TN auf eine Folie schreiben, die sie gemeinsam im Plenum Satz für Satz korrigieren. Anhand dieser Folie korrigieren die TN ihre Diktate selbst (s.a. „Praktische Tipps", ab Seite 12).

3 **Beim ersten Hören**
1. Die TN hören die Geschichte und achten auf die Unterschiede zu ihren eigenen Geschichten bzw. zum Diktat. Sie vergleichen mit ihren Vermutungen aus Aufgabe 2.
2. Regen Sie ein kurzes Kursgespräch über diese Unterschiede an.

4 **Nach dem ersten Hören: Die Geschichte rekonstruieren**
1. Die TN lesen die Sätze im Buch und entscheiden sich für eine Reihenfolge der Inhaltsangabe. Geübte TN schreiben eine eigene Zusammenfassung der Geschichte.
2. Abschlusskontrolle im Plenum. Geübte TN vergleichen mit ihrer Zusammenfassung. *Lösung*: 1 Nasser will eine Pizza zu Frau Bollmann bringen ... 2 Sie glaubt, dass es die Bandscheiben sind ... 3 Nasser soll sich auf den Bauch legen ... 4 Das Handy klingelt ...

5 **Nach dem Hören: Kursgespräch über Nasseers Verhalten**
Die TN diskutieren die Frage im Plenum. Gehen Sie auch auf Kulturunterschiede ein. Wäre das im Heimatland der TN möglich, erlaubt, vielleicht unschicklich? Wie würden die TN sich an Nasseers Stelle verhalten? Warum?

41 LEKTION 3

3 A Hören Sie auf den Rat **einer Spezialistin**.

Genitiv
Lernziel: Die TN können Entspannungsübungen beschreiben und Beschreibungen verstehen.

Materialien
A1 auf Folie; vorbereitete Karten mit Nomen

A1 Präsentation des Genitivs

1. Sprechen Sie mit den TN darüber, was sie regelmäßig zur Entspannung tun. Das Wort „Entspannung" haben die TN in der Foto-Hörgeschichte schon gehört.
2. Die TN sehen sich die Fotos an und lesen die Gesundheitstipps. Klären Sie ggf. unbekannten Wortschatz.
3. Die TN ordnen die Gesundheitstipps dem jeweils passenden Foto zu.
4. Abschlusskontrolle im Plenum. *Lösung (von oben nach unten):* A; C; B
5. Legen Sie eine Folie von A1 auf. Die TN versuchen, die Genitivformen in den Tipps zu finden und zu nennen. Markieren Sie sie auf der Folie. In Stillarbeit ergänzen die TN dann die Grammatikspots.
6. Abschlusskontrolle im Plenum. *Lösung:* des Rückens; des Gesichts; der Haut; eines Fachmanns; einer Spezialistin
7. Erklären Sie die Funktion des Genitivs: Er beschreibt, zu wem oder was etwas gehört. Die Entspannung des Gesichts ist „die Entspannung vom Gesicht". Diese Umschreibung des Genitivs ist den TN bereits bekannt. Weisen Sie die TN darauf hin, dass maskuline und neutrale Nomen im Genitiv Singular zusätzlich die Endung „-s" oder „-es" bekommen. Aus *Schritte plus 3*, Lektion 1, ist den TN der Genitiv bei Vornamen bereits bekannt. Wenn nötig, erinnern Sie die TN daran (Sabine*s* Nacken). Bei Namen steht der Genitiv vor dem Nomen, während er sonst dahintersteht.
8. Bereiten Sie zu Hause nummerierte Karten vor, auf denen Sie Begriffe, die als „Besitzer" fungieren können, wie „die Lehrerin", „der Kursteilnehmer", „der Mann", „die Schule" etc. notieren. Diese Karten hängen Sie im Kursraum an Gegenstände, die den TN bekannt sind. Kleben Sie z.B. die Karte „der Kursteilnehmer" an ein Wörterbuch. Die TN gehen mit Papier und Stift herum und notieren zunächst die Nummer der Karte, dann (für unser Beispiel): „Das ist das Wörterbuch des Kursteilnehmers". Die TN müssen also immer den Gegenstand notieren und den Besitzer, der auf der Karte steht. Schreiben Sie auch ein oder zwei Vornamen auf die Karten.

Arbeitsbuch 1–2: in Stillarbeit; **3:** im Kurs: Besprechen Sie mit den TN die verschiedenen Möglichkeiten, wie der Genitiv in Wörterbüchern verzeichnet sein kann. Gehen Sie dabei auch auf die Wörterbücher der TN ein.

A2 Anwendungsaufgabe zum Genitiv

1. Die TN lösen die Aufgabe in Stillarbeit. Anstatt unbekannten Wortschatz zu erklären, machen Sie mit den TN die Gymnastikübungen. Viele Fragen klären sich dann von selbst oder die TN können selbst eine Erklärung versuchen.
2. Abschlusskontrolle im Plenum.
Lösung: B … zur Dehnung der Brust: – die Hand gegen die Hand des Partners drücken; D … zur Entspannung des Gesichts; A … zur Dehnung des Oberschenkelmuskels; C … zur Entspannung der Augen

Arbeitsbuch 4–6: als Hausaufgabe

A3 Aktivität im Kurs: Anweisungen zu Entspannungsübungen verstehen und geben

1. Die TN schreiben und zeichnen paarweise eine Anleitung für eine Fitness- oder Entspannungsübung.
2. Die TN tauschen ihre Anleitung mit einem oder mehreren Paaren und probieren sie aus.

Arbeitsbuch 7–9: in Stillarbeit oder als Hausaufgabe

TIPP
> Manchmal lässt die Aufmerksamkeit der TN spürbar nach, weil sie zu lange gesessen haben. Solche Phasen sind insbesondere in Intensivkursen und am Abend völlig normal. Geben Sie den TN dann doch einmal mit Bewegung wieder Lust und Kraft für den Unterricht. Öffnen Sie die Fenster und bitten Sie die TN, sich im Kreis aufzustellen. Machen Sie eine kleine Übung vor, gehen Sie z.B. einen großen Schritt nach vorn, klatschen Sie einmal in die Hände und gehen Sie wieder zurück. Fordern Sie die TN auf, mitzumachen. Diese Übung wiederholen Sie dreimal. Dann zeigt der TN rechts neben Ihnen eine Übung etc.

LEKTION 3

Materialien
B1 Plakat, bunte Zettel, Tesafilm
B4 *Variante:* Plakate

Und was würden Sie mir empfehlen?
Raten und empfehlen
Lernziel: Die TN können Ratschläge und Empfehlungen geben.

B   **3**

B1 Sprechen: Empfehlungen geben
1. Bereiten Sie zu Hause ein Plakat vor, auf dem „Gesundheitliche Beschwerden" steht. Verteilen Sie kleine Zettel. Die TN sollen leichte Krankheiten und Beschwerden aufschreiben, mit denen man trotzdem noch arbeiten oder zur Schule gehen kann. Pro Zettel notieren die TN eine „Krankheit" und heften ihre Zettel auf das Plakat.
2. Sprechen Sie mit den TN über diese Beschwerden. Stellen Sie sicher, dass alle Begriffe bekannt sind.
3. Die TN hören den Gesprächsausschnitt aus der Foto-Hörgeschichte und schreiben ihn in Partnerarbeit zu Ende. Es muss nicht das tatsächliche Ende der Foto-Hörgeschichte sein, die TN sollten ihrer Fantasie freien Lauf lassen. Besprechen Sie anschließend einige Beispiele im Plenum.
   Hinweis: Weisen Sie die TN darauf hin, dass gesundheitliche Probleme ein beliebtes Konversationsthema in Deutschland sind. Es gilt als freundlich und aufmerksam, sich nach dem Befinden zu erkundigen oder nach der Ursache zu fragen, wenn jemand schlecht aussieht, krumm geht o.Ä. Natürlich kann man sich auch bei wirklich schweren Krankheiten nach dem Befinden erkundigen, aber dazu braucht man Fingerspitzengefühl, denn es ist nicht immer passend, und nicht immer möchte der Betroffene darauf angesprochen werden.
4. Die TN sehen sich das Gespräch B und C und den Kasten mit den Beispielen an. Geben Sie Gelegenheit zu Wortschatzfragen. Je zwei TN sprechen Beispielgespräche im Plenum.
5. Erarbeiten Sie mit den TN aus den Mustergesprächen im Buch eine Tabelle mit Redemitteln für ein Gespräch über gesundheitliche Probleme:

Einstieg ins Gespräch	Bitte um Rat	Rat geben	Dank und Ausstieg
Oje, dein … tut weh?	Was kannst du mir empfehlen?		

Variante: Geben Sie bei geübten TN nur die Tabelle vor. Die TN füllen in Partnerarbeit die Tabelle aus. Ermuntern Sie die TN, eigene Formulierungen zu finden bzw. Formulierungen zu notieren, die sie vielleicht schon einmal gehört haben.
6. Zusammentragen der Ergebnisse im Plenum.
7. Lösen Sie die Zettel mit den Beschwerden vom Plakat und verteilen Sie an die Hälfte der TN je einen Zettel mit einer Krankheit. Die TN ohne Zettel suchen sich einen TN mit Zettel und eröffnen das Gespräch. Dabei sollten die TN möglichst frei sprechen. Ermuntern Sie die TN, ihre Krankheiten auch zu spielen, zu husten, sich die Stirn zu halten etc. Nachdem die gesunde Partnerin / der gesunde Partner eine Empfehlung gegeben hat, erhält sie/er den Zettel. Beide suchen sich neue Partner.

Arbeitsbuch 10–11: in Stillarbeit

B2 Hörverstehen 1: Das Thema erfassen
1. Die TN lesen die Überschrift „Gesundheitssprechstunde". Fragen Sie, was das ist, und was Hörer in einer Radiosendung mit diesem Namen wohl hören werden.
2. Die TN lesen die Aussagen zu Aufgabe a) und hören den Anfang des Gesprächs.
3. Abschlusskontrolle im Plenum. *Lösung:* Rückenschmerzen
4. Die TN lesen die Fragen zu Aufgabe b). Erklären Sie das Wort „Hexenschuss" nicht! Es sollte durch den Hörtext klar werden. Die TN hören den zweiten Teil des Gesprächs.
5. Abschlusskontrolle im Plenum. *Lösung:* 1 53 Jahre; 2 Sachbearbeiterin; 3 Seit dem Wochenende; 4 Durch eine falsche Bewegung
6. Besprechen Sie kurz den Begriff „Hexenschuss" und fragen Sie die TN, ob sie schon einmal einen Hexenschuss hatten. Zur Vorentlastung von B3 können Sie auch fragen, was die TN dagegen unternommen haben.

B3 Hörverstehen 2: Ratschläge verstehen
1. Die TN lesen die Aussagen und überlegen, was richtig sein könnte. Bitten Sie auch um eine Begründung der Vermutungen.
2. Die TN hören die Radiosendung so oft wie nötig und kreuzen ihre Lösungen an.
3. Abschlusskontrolle im Plenum. *Lösung:* a) einen Besuch beim Orthopäden, Krankengymnastik; b) Ja, aber nur einen Teil; c) eine spezielle Untersuchung; d) eine knappe halbe Stunde; e) regelmäßige Pausen, spezielle Übungen; f) bei der Krankenkasse, beim Arzt

Arbeitsbuch 12: als Hausaufgabe

43 LEKTION 3

3 B Und was würden Sie mir empfehlen?

Raten und empfehlen
Lernziel: Die TN können Ratschläge und Empfehlungen geben.

Materialien
B4 *Variante:* Plakate

B4 **Aktivität im Kurs: Partnergespräch über Hausmittel**
Die TN finden sich paarweise zusammen und sprechen über sogenannte „Hausmittel", die sie kennen.
Variante: Die TN finden sich in Kleingruppen von 4–5 TN zusammen und erstellen Plakate, auf denen sie Krankheiten und die passenden Hausmittel notieren. Die Plakate werden anschließend im Kursraum aufgehängt.

Arbeitsbuch 13: als Hausaufgabe: Ungeübte TN bearbeiten die Übungen a, b und c, die geübten TN die Übungen a, b und d. Die TN schreiben c bzw. d auf einen Zettel. Sammeln Sie sie ein und korrigieren Sie sie. Besprechen Sie typische Fehler im Kurs.

LERN
TAGEBUCH

Arbeitsbuch 14: im Kurs: Mind Maps sind nicht nur eine Hilfe beim Brainstorming, sondern auch um Netzwerke für Wortschatz zu bilden. Durch das Vernetzen kann der Wortschatz leichter behalten werden. Gehen Sie vor, wie im Arbeitsbuch beschrieben. Die TN können ihre Mind Maps im Kursraum aufhängen und mit den anderen Mind Maps vergleichen. Wer möchte, ergänzt noch fehlende Wörter auf seiner eigenen Mind Map.

LEKTION 3

Materialien
C6 *Variante:* Folie der Aufgabe, Hustenbonbons; Kopiervorlage L3/C6, Spielfiguren, Würfel

... und am Ende **werden** Sie dann trotzdem **operiert**.

Wiederholung: Passiv Präsens; Passiv mit Modalverben
Lernziel: Die TN können über Untersuchungen beim Arzt sprechen.

C 3

C1 Wiederholung des Passiv Präsens
1. Die TN ergänzen in Stillarbeit die Lücken.
2. Abschlusskontrolle im Plenum.
   Lösung: B Warten Sie bitte einen Augenblick, Sie werden gleich gerufen. C So, nun wird Ihr Arm geröntgt. D So, und jetzt wird ein Allergietest gemacht.
3. Notieren Sie einen Beispielsatz an der Tafel und markieren Sie die Verbteile. Das Passiv Präsens kennen die TN bereits aus *Schritte plus* 4, Lektion 10. Für das Passiv ist typisch, dass der Akteur der Handlung nicht genannt wird, obwohl er mit „von" durchaus genannt werden kann: Sie werden vom Chefarzt operiert.

Arbeitsbuch 15–16: als Hausaufgabe

C2 Präsentation des Wortfelds „Allergien"
1. Klären Sie mit den TN den Begriff „Allergie". Zeigen Sie dazu auch auf die Zeichnungen im Buch.
2. Die TN ordnen die Zeichnungen den passenden Allergien zu. Klären Sie unbekannten Wortschatz.
3. Abschlusskontrolle im Plenum. *Lösung:* A Pollen … ; B Tierhaare … ; C Staub … ; D bestimmte Nahrungsmittel …
4. Fragen Sie die TN, ob sie selbst oder Familienangehörige/Freunde allergisch sind und wenn ja, gegen welche Stoffe sie allergisch sind.

Arbeitsbuch 17: in Stillarbeit oder als Hausaufgabe

C3 Lesestrategie: Bestimmte Informationen in einem Text finden
1. Die TN lesen den Text und unterstreichen die Informationen zum Prick-Test und zu Allergenen farbig.
2. Abschlusskontrolle im Plenum.
   Lösung: Was ist ein Prick-Test? „Durch diesen Test kann heutzutage festgestellt werden, auf welche Stoffe Sie allergisch reagieren."
   Was sind Allergene? „ … auf welche Stoffe Sie allergisch reagieren. Diese Stoffe werden Allergene genannt. Das können z.B. Gräser, Blütenpollen, Staub, Tierhaare oder Nahrungsmittel sein."
   Was wird bei einem Prick-Test gemacht? „Bei dem Prick-Test werden die Allergene auf Ihre Haut gebracht. Wenn Sie allergisch sind, wird Ihre Haut an dieser Stelle rot und juckt."

C4 Präsentation des Passivs mit Modalverb

1. Die TN ergänzen die Lücken mithilfe des Textes in C3. Wer fertig ist, sucht zehn Wörter zum Thema „Gesundheit".
2. Abschlusskontrolle im Plenum.
   Lösung: a) können … nachgewiesen werden; b) kann … festgestellt werden; c) werden … genannt. d) werden … gebracht; e) muss … nachgedacht werden
3. Notieren Sie Beispiel a) an der Tafel und markieren Sie die Verben. Erläutern Sie die Form des Passivs mit Modalverb: Das Modalverb steht an zweiter Stelle und das Partizip II + „werden" am Ende. Erstellen Sie zur Erinnerung eine Liste mit den Modalverben. Wenn nötig, verfahren Sie mit weiteren Beispielen aus C4 ebenso.

4. Um die neue Form zu üben, erstellen Sie mit den ungeübten TN eine Liste an der Tafel zum Thema „Sie hatten einen Unfall und kommen ins Krankenhaus. Ihr Freund kommt sofort und macht eine Liste. Was muss für Sie gemacht werden?"
   Geübte TN erstellen eine solche Liste in Partnerarbeit. Die Paare tauschen die Listen und korrigieren sie gegenseitig.

LANDES KUNDE In diesem Zusammenhang können Sie auch als landeskundlichen Input erklären, dass man in Deutschland vor Operationen eine Einverständniserklärung unterschreiben muss, in der man bescheinigt, dass man über Risiken informiert wurde.

C5 Variation: Ein Gespräch beim Arzt
Die TN hören das Mini-Gespräch und sprechen mithilfe der Varianten weitere Gespräche in Partnerarbeit. Gehen Sie herum und helfen Sie bei Schwierigkeiten.

Arbeitsbuch 18–21: in Stillarbeit oder als Hausaufgabe

45 LEKTION 3

3 C ... und am Ende **werden** Sie dann trotzdem **operiert**.

Wiederholung: Passiv Präsens; Passiv mit Modalverben
Lernziel: Die TN können über Untersuchungen beim Arzt sprechen.

Materialien
C6 *Variante:* Folie der Aufgabe, Hustenbonbons; Kopiervorlage L3/C6, Spielfiguren, Würfel

C6 Anwendungsaufgabe zum Passiv mit Modalverben

1. Die TN notieren, was in der Arztpraxis noch alles gemacht werden muss. Schnelle TN überlegen sich weitere Situationen.
   Variante: Kopieren Sie die Aufgabe auf eine Folie und legen Sie diese auf. Bilden Sie Gruppen von vier TN. Geben Sie eine bestimmte Zeit vor, etwa zehn Minuten. Die Gruppen sollen so viele Sätze wie möglich zu der Zeichnung notieren. Die Sätze müssen sich auf das Bild beziehen. Für jeden grammatisch korrekten Satz gibt es einen Punkt. Die Gruppe mit den meisten Punkten hat gewonnen. Als Preis sind Hustenbonbons zu empfehlen.
2. *fakultativ:* Die TN sitzen in Kleingruppen von drei Personen zusammen. Verteilen Sie an jede Gruppe die Kopiervorlage L3/C6, Spielfiguren und einen Würfel. Die TN spielen das Spiel nach den Regeln auf dem Spielplan. Sie können das Spiel auch zu einem späteren Zeitpunkt als Wiederholung einsetzen.

PHONETIK **Arbeitsbuch 22–24:** im Kurs: Sicher haben die TN im Lauf der Deutschkurse ein Gefühl für den Wortakzent deutscher Wörter entwickelt. Die Systematik weicht bei Fremdwörtern oft ab, da zum Beispiel aus dem Französischen übernommene Wörter auch hinten betont werden (alle Wörter auf „-(t)ion"). Die TN lesen die Wörter in Übung 22 und versuchen selbstständig eine Aussprache. Fragen Sie auch, wie die Wörter in der Muttersprache der TN heißen, damit sie vergleichen können. Spielen Sie dann die CD vor, die TN hören die „deutsche" Aussprache der Wörter. Sie hören noch einmal und markieren den Wortakzent. Sie sprechen die Wörter nach.

Erklären Sie, dass Wörter auf „-ieren" im Allgemeinen aus den romanischen Sprachen übernommen sind. Die TN hören die Beispiele und sprechen sie nach. Sie hören noch einmal und klopfen den Rhythmus mit. Fragen Sie, wo die Betonung bei diesen Verben liegt (*Lösung:* Auf der Endung „-ieren"). Kennen die TN andere Wörter mit dieser Endung? Sammeln Sie im Kurs. Wer Lust hat, kann versuchen, ein kleines Gedicht mit diesen Verben zu schreiben. Jede Zeile endet auf eins der Verben.

LEKTION 3

Materialien
D5 Kopiervorlage L3/D5

Vorsorge
Über eine Statistik sprechen
Lernziel: Die TN können Vorsorge-Angebote von Ärzten und Krankenkassen lesen und verstehen.

D **3**

D1 Leseverstehen: Verschiedene Vorsorge-Angebote
1. Erstellen Sie zu Hause eine Liste mit unbekannten Wörtern aus den Texten A bis D. Beschränken Sie sich dabei auf für das Verständnis notwendige Wörter. Auch sollten es nicht mehr als acht sein (z.B. Hypnose, alltagstauglich, dauerhaft, Sucht, Impfung, Kräftigungsübungen, Genuss). Die TN bilden Dreiergruppen, lesen die Texte und unterstreichen in den Texten die Wörter auf der Liste. Dabei klären sie die Bedeutung der Wörter. Wörterbücher dürfen benutzt werden, aber achten Sie darauf, dass die TN auch untereinander eine Erklärung auf Deutsch versuchen. Geübte TN beschränken sich nicht auf die mündliche Erklärung, sondern schreiben eine Definition auf.
2. Besprechen Sie die Ergebnisse im Plenum.
3. Die TN lesen die Texte ein zweites Mal. In den Kleingruppen schreiben die TN zu jedem Text eine Überschrift.
4. Abschlusskontrolle im Plenum. *Lösungsvorschlag:* A Endlich Nichtraucher; B Jetzt gegen Grippe impfen lassen; C Rückenschmerzen? – Das muss nicht sein; D Dauerhaft dünn ohne Hunger

D2 Hörverstehen: Vorsorge-Angebote
1. Die TN hören die Texte und markieren ihre Lösung.
2. Abschlusskontrolle im Plenum. *Lösung:* 1 A; 2 B; 3 D; 4 C
3. *fakultativ:* Wenn Sie genug Zeit haben, lassen Sie von den TN in Partnerarbeit ähnliche Monologe wie in den Hörtexten erstellen. Die TN tragen sie der Reihe nach vor, die anderen notieren die passende Lösung.

PRÜFUNG **Arbeitsbuch 25:** Mit dieser Übung können Sie die TN auf die Prüfung *Deutsch-Test für Zuwanderer* (Lesen, Teil 2) oder *Zertifikat Deutsch* (Leseverstehen, Teil 1) vorbereiten.

D3 Aktivität im Kurs: Partnerinterview
1. Die TN füllen den Fragebogen über Vorsorgemaßnahmen zunächst für sich selbst aus.
2. Die TN sprechen mit einer Partnerin / einem Partner über das eigene Verhalten und das der Partnerin / des Partners. Regen Sie die TN auch zu Nachfragen an.

D4 Aktivität im Kurs: Eine Kursstatistik erstellen
1. Erstellen Sie ein Tafelbild, wie in D4 gezeigt, und notieren Sie in der linken Spalte noch einmal die Fragen aus D3. Befragen Sie den Kurs und notieren Sie die Ergebnisse. Sie können auch noch nach „männlich" und „weiblich" differenzieren.
2. Weisen Sie die TN auf den Infospot hin. Die TN schreiben einen kleinen Text über die Kursstatistik an der Tafel. Die Beispiele für statistische Beschreibungen im Buch helfen ihnen dabei.
3. Besprechen Sie einige Texte im Plenum. Sammeln Sie die anderen ein und korrigieren Sie sie.
Variante: Erstellen Sie aus den besten Texten einen Lückentext für die nächste Stunde. So können Sie einerseits ein gutes Beispiel vorführen und andererseits den Wortschatz trainieren.

Arbeitsbuch 26: in Stillarbeit oder als Hausaufgabe

D5 Aktivität im Kurs: Über eigene Vorsorgemaßnahmen berichten
1. Regen Sie ein Gespräch im Plenum an. Gehen Sie auch auf landestypisches Verhalten bei der Gesundheitsvorsorge ein. Gibt es etwas, was für die TN typisch deutsch ist oder typisch für ihre Heimatländer?
2. *fakultativ:* Verteilen Sie die Kärtchen der Kopiervorlage L3/D5 an Kleingruppen von vier TN. Die Gruppen legen diese Thesen zur Gesundheit verdeckt auf den Tisch. Reihum ziehen die TN ein Kärtchen und sprechen darüber, ob sie die These für wahr oder falsch halten. Die anderen Gruppenmitglieder reagieren darauf, sodass sich kurze Diskussionen ergeben (können).

PROJEKT **Arbeitsbuch 27:** a) Bilden Sie Kleingruppen von TN, die in derselben Krankenkasse sind. Gemeinsam besuchen die TN die Geschäftsstelle ihrer Krankenkasse und lassen sich Info-Broschüren geben oder fragen nach Veranstaltungen und machen sich Notizen. Ist ein persönlicher Besuch nicht möglich, weil es keine Geschäftsstelle am Ort gibt, bereiten die TN im Kurs ein Telefongespräch vor und erkundigen sich telefonisch. Im Plenum berichten die TN, welche Kurse es gibt. b) Die TN berichten über Vorsorgemaßnahmen oder Fitnessprogramme, an denen sie schon teilgenommen haben. Wer noch keinen solchen Kurs besucht hat, wählt aus den gesammelten Info-Broschüren eine Veranstaltung aus, die sie/ihn interessiert, und begründet, warum sie/er diesen Kurs gern machen würde.

47 LEKTION 3

3 E Hilfe für Ihre Gesundheit

Packungsbeilagen verstehen.
Lernziel: Die TN können wesentliche Informationen auf Packungsbeilagen verstehen.

Materialien
Test zu Lektion 3

E1 Präsentation des Wortfelds „Fachärzte"
1. Fragen Sie die TN, zu welchen Ärzten sie (regelmäßig) gehen, und notieren Sie alle Bezeichnungen für Ärzte, die die TN nennen, an der Tafel.
2. Die TN öffnen ihr Buch und lesen die Begriffe in der linken Spalte. Stellen Sie sicher, dass sie alle Wörter verstehen.
3. Die TN ordnen die Beschwerden dem passenden Arzt zu. Ärzte, die in der vorbereitenden Übung noch nicht genannt wurden, können die TN jetzt durch das Ausschlussverfahren vermutlich zuordnen. Gehen Sie herum und helfen Sie bei Schwierigkeiten.
4. Abschlusskontrolle im Plenum. *Lösung:* 2 d); 3 b); 4 a); 5 f); 6 e); 7 g)

E2 Präsentation des Wortfelds „Packungsbeilage"
1. Die TN lesen die Begriffe und ordnen sie in Partnerarbeit zu.
   Variante: Die TN decken die rechte Spalte zu und lesen nur die Begriffe in der linken Spalte. Sie versuchen eine eigenständige Worterklärung. Dann überprüfen die TN ihre Vorschläge anhand der Aufgabe im Buch. Dieses Vorgehen bietet sich in Kursen mit überwiegend geübten TN an.
2. Abschlusskontrolle im Plenum. *Lösung:* a) 5; b) 7; c) 4; d) 3; f) 1; g) 2
3. Die TN lesen die Packungsbeilage und ergänzen die passenden Begriffe. Achten Sie darauf, dass die TN möglichst kein Wörterbuch verwenden. Es genügt, wenn die TN den Inhalt global verstehen.
4. Abschlusskontrolle im Plenum. *Lösung:* Art der Anwendung; Dauer der Anwendung; Gegenreaktionen; Nebenwirkungen; Aufbewahrung; Wirkungsweise
5. Geben Sie nun Gelegenheit zu Wortschatzfragen.
6. Die TN lesen die Aussagen in Aufgabe c) und dann den Text noch einmal. Sie kreuzen ihre Lösungen an.
7. Abschlusskontrolle im Plenum. *Lösung:* 1 falsch; 2 richtig; 3 falsch; 4 richtig; 5 richtig; 6 richtig

Arbeitsbuch 28: als Hausaufgabe

E3 Aktivität im Kurs: Behandlungsmethoden gegen Nackenschmerzen
1. Fragen Sie, wer im Kurs schon einmal Nackenschmerzen hatte oder regelmäßig darunter leidet. Sollten die TN mit Nackenschmerzen keine Erfahrungen haben, finden Sie ein anderes gesundheitliches Problem, zu dem einige oder alle etwas sagen können, z.B. Kopfschmerzen, Bluthochdruck etc.
2. Die TN berichten über Behandlungsmethoden, die sie kennen.

LANDESKUNDE Die TN sollten wissen, dass es ein breites Spektrum an alternativen Heilverfahren gibt, die jedoch von den Krankenkassen oft nicht übernommen werden. Weisen Sie die TN darauf hin, wenn nötig, und sammeln Sie gemeinsam einige dieser Heilmethoden. Demgegenüber bieten die Krankenkassen aber auch kostenfreie Kurse und Aktivitäten an, z.B. Yoga, die Heilungsprozesse unterstützen oder Krankheiten vorbeugen.

Arbeitsbuch 29: als Hausaufgabe

PRÜFUNG **Arbeitsbuch 30:** Diese Übung entspricht dem Prüfungsteil Hören, Teil 1, des *Deutsch-Tests für Zuwanderer*. Auch auf die Prüfung *Zertifikat Deutsch* ist diese Übung eine gute Vorbereitungsmöglichkeit.

Einen Test zu Lektion 3 finden Sie auf den Seiten 124–125. Weisen Sie die TN auf die interaktiven Übungen auf ihrer Arbeitsbuch-CD hin. Die TN können mit diesen Übungen den Stoff der Lektion selbstständig wiederholen und sich ggf. auch auf den Test vorbereiten.

Materialien
1–2 Kopiervorlage „Zwischenspiel zu Lektion 3"
2 ein großes Plakat, Klebepunkte

Zwischenspiel 3
Lachen ist gesund
Witze

1   **Leseverstehen 1: Einen kurzen Informationstext verstehen**
1. Sagen Sie „Lachen ist gesund" und bitten Sie die TN, per Handzeichen abzustimmen, ob sie dieser These zustimmen oder nicht.
2. Verteilen Sie die Kopiervorlage „Zwischenspiel zu Lektion 3". Die TN öffnen ihr Buch, lesen die Informationstexte auf der linken Seite des Kursbuchs und kreuzen auf der Kopiervorlage, Übung 1, an, was richtig ist.
3. Abschlusskontrolle im Plenum. *Lösung:* a, c, e, f
4. Fragen Sie die TN nach Informationen, die für sie neu oder überraschend waren. Kennen sie noch mehr Argumente für die These, dass Lachen gesund ist? Gibt es vielleicht eine ähnliche Wendung oder ein Sprichwort in der Muttersprache der TN?
5. Die TN sprechen in Kleingruppen von 5–6 TN über alles, worüber sie lachen können, und erzählen auch von Situationen, die sie sehr lustig fanden. Gehen Sie herum und regen Sie die anderen Gruppenmitglieder jeweils zu Nachfragen an bzw. helfen Sie bei Bedarf, die Gespräche in Gang zu bringen.

2   **Leseverstehen 2: Witze lesen**
1. *fakultativ:* Witze sind nur dann lustig, wenn sie auch verstanden werden. Die TN bearbeiten daher bei Bedarf die Übung 2 der Kopiervorlage „Zwischenspiel zu Lektion 3".
2. *fakultativ:* Abschlusskontrolle im Plenum. *Lösung:* A der Elefant; B der Löwe; C die Telefonzelle; D die Kuh; E das Spiegelei; F die Erbsen
3. Die TN lesen die Witze in ihrem Kursbuch.
4. Schreiben Sie in der Zwischenzeit kurze Titel zu den Witzen auf ein großes Plakat. Verteilen Sie an die TN jeweils drei Klebepunkte.
5. Erklären Sie, dass die TN ihre Punkte für den besten Witz vergeben können: maximal drei Punkte an einen Witz oder die Punkte aufgeteilt auf bis zu drei „Lieblingswitze". Welcher Witz ist der Favorit der TN?
6. Die TN erzählen selbst Witze.
Variante: Vielleicht möchten die TN einen Witz aus ihrem Heimatland präsentieren, den sie auf die Schnelle nicht ins Deutsche übertragen können. Bitten Sie die TN, als Hausaufgabe einen Witz aus ihrem Heimatland aufzuschreiben. In der nächsten Unterrichtsstunde werden die Witze an eine Pinnwand gehängt. Die TN gehen herum und lesen die Witze. Wenn die TN mögen, können Sie die Bewertung mit Klebepunkten wiederholen.

Fokus Beruf 3
Sich telefonisch krankmelden und Aufgaben verteilen

Die TN können sich telefonisch krankmelden, mitteilen, welche Arbeiten sie nicht erledigen können, und erklären, was zu tun ist.

Da dieser Fokus möglicherweise nur für einen Teil der TN von Interesse ist, können die Übungen auch als Hausaufgabe gegeben werden.

1 **Hörverstehen 1: Das Thema erfassen**
1. Die TN lesen die Aussagen und hören das Gespräch. Sie kreuzen ihre Lösungen an.
2. Abschlusskontrolle im Plenum. *Lösung:* a) in einem Büro; b) freundlich und hilfsbereit

2 **Hörverstehen 2: Arbeitsaufträge verstehen**
1. Die TN lesen die Aussagen. Geübte TN können ggf. bereits einige Lösungen ankreuzen. Spielen Sie das Gespräch so oft wie nötig vor. Die TN vergleichen ihre Lösungen bzw. kreuzen an.
2. Abschlusskontrolle im Plenum. *Lösung (von oben nach unten):* Frau Berger; Frau Tokic; Frau Berger; Frau Tokic; Frau Berger; Frau Tokic; Frau Tokic

3 **Rollenspiel: Arbeitsaufträge geben**
1. Berufstätige TN erzählen kurz, was an ihrem Arbeitsplatz gemacht werden muss, wenn sie krank sind, und wer die Aufgaben dann übernimmt. Bei Fabrikarbeit kann es z.B. sein, dass die TN Aufgaben nicht explizit umverteilen müssen, sondern dass dies automatisch durch einen Vorgesetzten geschieht.
2. Die TN lesen die Redemittel und ergänzen sie ggf. durch eigene Vorschläge. Sammeln Sie diese an der Tafel. Spielen Sie auch das Gespräch noch einmal vor. Die TN notieren Redemittel daraus.
3. Die TN finden sich paarweise zusammen und wählen eine der Situationen im Buch oder aus ihrem eigenen Berufsleben. Sie entwickeln ein Gespräch dazu. Dann werden die Rollen getauscht und ein zweites Gespräch wird gespielt.
4. Bitten Sie TN, an deren Arbeitsplatz die Situation eintreffen kann, dass sie Kollegen um die Erledigung von Aufgaben bitten müssen, ihr Gespräch im Plenum vorzuspielen.

LEKTION 3   50

Materialien
1 Stadtpläne; Folie

SPRACHEN

Folge 4: *Göhreschdase?*
Einstieg in das Thema: Sprache verstehen

1   Vor dem Hören: Über Straßennamen sprechen

1. Bringen Sie Stadtpläne – finden Sie auch im Internet – von deutschen Großstädten oder von Ihrem Kursort mit in den Kurs. Sprechen Sie mit den TN über die Straßennamen. Zu welchen Themenbereichen gibt es Straßennamen (z.B. Blumen, berühmte Personen ...)?
2. Diktieren Sie den TN zur Übung verschiedene Straßennamen. Ein geübter TN schreibt auf eine Folie. Die anderen TN kontrollieren ihre Diktate anschließend anhand der Folie.
3. Fragen Sie die TN, welche Planeten sie kennen.
4. Die TN öffnen ihr Buch und lösen die Aufgabe wie angegeben. Klären Sie auch die Bedeutung der Straßennamen, die nichts mit Planeten zu tun haben. *Lösung:* Jupiterstraße; Merkurstraße; Marsstraße; Venusstraße

LANDESKUNDE   Vor allem in neueren Wohngebieten kommen die Straßennamen häufig aus demselben Bereich. Manchmal wird sogar das Viertel nach dem Bereich benannt, z.B. Dichterviertel, Vogelviertel etc. Alte wichtige Straßen tragen häufig den Namen der Stadt, in deren Richtung sie führen, z.B. Wetzlarer Straße.
Sprechen Sie mit den TN auch über die Schreibung von Straßennamen. Grundsätzlich wird das erste Wort eines Straßennamens großgeschrieben, ebenso wie alle zum Namen gehörenden Zahlwörter und Adjektive, z.B. Zum Schwarzen Wasser, Zu den Drei Eichen. Namen mit der Endung „-er", die sich auf eine Stadt oder Landschaft beziehen, werden groß- und getrennt geschrieben, z.B. Kölner Straße, aber Kölnstraße. Straßennamen, die sich aus mehrteiligen Namen zusammensetzen, werden mit Bindestrichen geschrieben, z.B. Karl-Maria-von-Weber-Straße, aber Weberstraße. Weitere Regeln finden Sie im Duden zur deutschen Rechtschreibung.

2   Vor dem Hören: Vermutungen äußern

1. Die TN sehen sich die ersten beiden Fotos an und sprechen über Nasseers Problem.
2. Die TN sehen sich die Fotos 3 und 4 an und machen sich zu zweit Notizen für ein Gespräch zur Wegbeschreibung.
3. Einige TN spielen ihre Gespräche im Plenum vor.
4. Sammeln Sie mit den TN an der Tafel die Redemittel, die die TN in ihren Gesprächen zum Thema „Nach dem Weg fragen" benutzt haben. Fragen Sie auch nach weiteren Redemitteln. Wegbeschreibungen haben die TN schon in *Schritte plus 2* und *4* geübt.

3   Beim ersten Hören

1. Die TN äußern Vermutungen darüber, warum der Mann zu Nasseer in das Auto steigt. Wenn Sie mit den TN über das Verhalten des Mannes intensiver diskutieren möchten, fragen Sie die TN, ob sie auch mal eben schnell bei jemandem einsteigen würden, um den Weg zu zeigen. Wie würden die TN es empfinden, wenn jemand zu ihnen ins Auto steigen würde?
2. Die TN hören die Foto-Hörgeschichte.
3. Abschlussgespräch im Plenum. *Lösungsvorschlag:* Der Mann steigt zu Nasseer ins Auto, weil er auch in die Marsstraße muss und ihm so den Weg direkt zeigen kann.

4   Nach dem ersten Hören: Die Kernaussagen der Geschichte zusammenfassen

1. Die TN lesen die angefangenen Sätze im Buch und ergänzen sie selbstständig.
2. Abschlusskontrolle im Plenum.
   Lösungsvorschlag: a) ... genau dort ein Loch in seinem Stadtplan ist. b) ... einen Mann nach der Marsstraße. c) ... dieser stark erkältet ist und nicht richtig sprechen kann. d) ... alle Straßennamen in der Gegend nach Planeten heißen. e) ... er dort zur Marsapotheke möchte.
3. *fakultativ:* Sammeln Sie in Kursen mit überwiegend geübten TN an der Tafel Nebensatz-Konjunktionen, die die TN bereits kennen. Zu zweit schreiben die TN mit jeder Konjunktion einen Satz zur Foto-Hörgeschichte. Danach schreiben sie auf einen neuen Zettel nur ihre Satzanfänge und die Konjunktion wie in Aufgabe 4. Die Paare tauschen diese Zettel und ergänzen die Sätze auf dem neuen Zettel. Anschließend besprechen sie die Lösung mit dem Paar, das den Zettel geschrieben hat.

5   Nach dem Hören: Über Verständigungsschwierigkeiten sprechen

Regen Sie im Kurs ein Gespräch darüber an, in welchen Situationen die TN selbst jemanden nicht verstanden haben.

4 A Wenn Sie etwas deutlicher sprechen würden, ...

Irreale Bedingungssätze
Lernziel: Die TN können über Irreales sprechen.

Materialien
A2 Kopien mit den Wenn-Sätzen von A2
A3 Kopiervorlage L4/A3
A4 Plakate, dicke Filzstifte

A1 Präsentation der irrealen Bedingungssätze

1. Die TN sehen sich die Beispielsätze im Buch an und versuchen eine Zuordnung. Da die Beispiele vom Wortschatz her einfach und eindeutig sind, werden die TN damit keine Schwierigkeiten haben.
2. Abschlusskontrolle im Plenum.
   Lösung: b) Wenn mein Stadtplan nicht kaputt wäre, müsste ich Sie nicht nach dem Weg fragen. c) Wenn Sie nicht so erkältet wären, dann könnte ich mich mit Ihnen unterhalten. d) Wenn ich Halstabletten dabei hätte, würde ich Sie Ihnen schenken.
3. Schreiben Sie Beispiel d) an die Tafel. Anhand der Position der Verben im Satz erkennen die TN den Haupt- und den Nebensatz. Der Konjunktiv II ist den TN bereits aus *Schritte plus 4*, Lektion 8, bekannt. Rufen Sie den TN in Erinnerung, dass der Konjunktiv II für Wünsche, Träume und für alles, was (noch) nicht real ist, benutzt wird.
4. Die TN lösen Übung 1 im Arbeitsbuch.
5. Fragen Sie die TN, was die wirkliche Situation von Nasseer ist, und schreiben Sie diese (= Er hat keine Halstabletten) an die Tafel. Erklären Sie: Im Nebensatz mit „wenn" wird eine Bedingung genannt, die zurzeit nicht erfüllt ist. Im Hauptsatz folgt dann, was passieren würde, wenn die Bedingung erfüllt wäre. Weisen Sie die TN darauf hin, dass der Hauptsatz auch mit „dann" eingeleitet werden kann. Am Sinn ändert das nichts. Wenn nötig, besprechen Sie weitere Beispiele.

> *Wirklichkeit: Ich habe keine Halstabletten, ich kann sie Ihnen also nicht schenken.*
>
> <u>Wenn</u> ich Halstabletten hätte , (dann) würde ich sie Ihnen schenken .
>
> *Nebensatz*   *Hauptsatz*
> *Bedingung, nicht erfüllt*   *das würde passieren*

A2 Anwendungsaufgabe zu den irrealen Bedingungssätzen

1. Die TN sehen sich die Beispiele an und notieren ihre Lösungen.
2. Abschlusskontrolle im Plenum.
   Lösung: A Wenn ich nicht erkältet wäre, könnte ich mich jetzt mit ihm unterhalten. B Wenn ich seinen Job hätte, würde ich den ganzen Tag Pizza essen. C Wenn ich mit ihm reden könnte, würde ich mit ihm über sein Heimatland sprechen. D Wenn ich sein Auto hätte, würde ich damit in den Urlaub fahren und darin übernachten.
3. Überlegen Sie mit den TN, was Herr Böhmke noch denken könnte. Notieren Sie einen Bedingungssatz an der Tafel. Die TN nennen Alternativen für den Hauptsatz.
4. Bereiten Sie zu Hause Kopien vor, auf denen jeweils der Bedingungssatz von B, C oder D steht. Die TN bilden Dreiergruppen und erhalten je Gruppe eine Kopie mit einem Bedingungssatz. Die Gruppen sollen zehn Möglichkeiten notieren, wie der Bedingungssatz sinnvoll weitergehen kann. Die Gruppe, die zuerst zehn Sätze gefunden hat, ruft „Stopp" und beendet das Spiel. Sie liest ihre Sätze vor, die anderen TN hören zu und kontrollieren, ob die Sätze korrekt und sinnvoll sind. Danach können noch andere Gruppen ihre Ergebnisse vorstellen.

Arbeitsbuch 2–4: in Stillarbeit oder als Hausaufgabe

A3 Anwendungsaufgabe zu den irrealen Bedingungssätzen

1. Die TN lesen die Beispiele im Buch. Stellen Sie einem TN eine der Fragen. Dieser antwortet frei und stellt einem anderen TN die nächste Frage. Verfahren Sie so mit allen Beispielen aus dem Buch.
2. *fakultativ:* Geben Sie jedem TN ein Kärtchen von Kopiervorlage L4/A3. Die TN suchen sich eine Partnerin / einen Partner und stellen sich eine Frage mit „wenn", wie sie durch das Kärtchen impliziert wird. Die Partnerin / Der Partner antwortet frei, dann tauschen die TN ihre Kärtchen und suchen sich neue Partner.
3. Die TN notieren in Partnerarbeit eigene Fragen rund um das Thema „Sprachen" und „Sprache lernen". Gehen Sie herum und helfen Sie bei Schwierigkeiten.
4. Die TN stellen ihre Fragen einem anderen Paar.

Arbeitsbuch 5–7: in Stillarbeit oder als Hausaufgabe

PHONETIK **Arbeitsbuch 8–10:** im Kurs: Die Konjunktiv-Formen sind bei den Modalverben, „haben", „sein" und „werden" den Präteritum-Formen sehr ähnlich. Das kann Probleme bei der Lautdiskriminierung verursachen. Sie brauchen die Übungen aber nur zu machen, wenn Sie TN unterrichten, die mit der Diskriminierung von „u" und „ü", „o" und „ö" oder der Aussprache dieser Laute Schwierigkeiten haben. Gehen Sie vor, wie im Arbeitsbuch beschrieben.

LEKTION 4   52

Materialien
A2 Kopien mit den Wenn-Sätzen von A2
A3 Kopiervorlage L4/A3
A4 Plakate, dicke Filzstifte

Wenn Sie etwas deutlicher sprechen würden, ...

Irreale Bedingungssätze
Lernziel: Die TN können über Irreales sprechen.

A 4

A4 Aktivität im Kurs: Einen Text über Irreales schreiben

1. Die Bücher sind zunächst geschlossen. Notieren Sie „Wenn Lehrer Schüler wären, ..." an der Tafel. Fordern Sie die TN auf, den Satz fortzuführen, und notieren Sie den Vorschlag der TN. Schreiben Sie aus diesem Vorschlag einen neuen Bedingungssatz und warten Sie wiederum auf eine Fortführung aus dem Plenum. Machen Sie ggf. so lange damit weiter, bis die TN das Prinzip der Aufgabe verstanden haben.
2. Die TN sitzen in Kleingruppen von vier TN zusammen. Sie sehen sich die Beispiele im Buch an. Die Kleingruppen suchen sich einen der Übungsvorschläge aus oder denken sich eine eigene „Was wäre, wenn"-Bedingung aus und schreiben einen Text. Wenn Sie an die Kleingruppen Plakate und Filzstifte verteilen, können Sie die Texte später im Kursraum aufhängen.

4 B Meinen Sie damit, dass ich ...

Nachfragen
Lernziel: Die TN können nachfragen, wenn Sie etwas nicht verstehen.

Materialien
B1 auf Folie
B3 *Variante:* Kopiervorlage L4/B3

B1 Präsentation von Redemitteln zur Verständnissicherung

1. Erinnern Sie die TN an die Verständnisschwierigkeiten, die Nasseer mit dem erkälteten Mann hatte. Eine Situation, die alltäglich ist und die jedem jederzeit passieren kann. Man muss dazu nicht Ausländer sein und wenig Deutsch sprechen. Ein einfaches Beispiel für Verständnisschwierigkeiten auch unter Einheimischen sind zum Beispiel Dialekte oder eine regional geprägte ungenaue Aussprache, die sich von der Standardsprache, die die TN lernen, unterscheidet.
2. Die TN ergänzen die Gespräche. Dann hören sie die Gesprächsausschnitte aus der Foto-Hörgeschichte und kontrollieren ihre Lösungen.
   Lösung: a) ... können Sie mir sagen, wo hier die Marsstraße ist? ... Wie bitte? ... Ach so! b) Ach! Goethestraße! ... Meinen Sie damit ...?
3. Bereiten Sie vorab eine Folie der Aufgabe vor, auf der Sie die Lösungen bereits eingetragen haben. Legen Sie die Folie auf. Sprechen Sie mit den TN darüber, wie Nasseer sein Nicht-Verstehen deutlich macht.
   Lösungsvorschlag: In Gespräch b) wiederholt er, was er verstanden hat. In a) fragt er „Wie bitte?" Beides führt dazu, dass der Mann seine Worte wiederholt.
4. Sprechen Sie mit den TN auch darüber, wie Nasseer überprüft, ob er richtig verstanden hat.
   Lösungsvorschlag: In Gespräch b) sagt Nasseer „Meinen Sie damit, dass ...", in a) sagt er „Ach so!" und hängt an, was er verstanden hat. Den TN sollte deutlich werden, dass Nasseer verschiedene Herangehensweisen benutzt, um sein Verständnis zu sichern.

B2 Hörverstehen: Den Inhalt global verstehen

1. Die TN lesen vor dem Hören die Aufgabe a).
2. Sie hören die Gespräche und kreuzen ihre Lösung an.
3. Abschlusskontrolle im Plenum.
   Lösung a): 1 Die Frau versteht ein kompliziertes Wort nicht. Der Beamte versteht das Problem nicht. 2 Die beiden wollen einen Termin vereinbaren. Das ist schwierig, aber es klappt am Ende doch.
4. Übertragen Sie die Tabelle aus dem Buch an die Tafel. Die TN nennen zunächst aus dem Gedächtnis Redemittel, die sie in den Gesprächen gehört haben. Tragen Sie diese Redemittel in der passenden Spalte ein.
5. Die TN hören die Gespräche noch einmal und vervollständigen die Tabelle an der Tafel.
6. Abschlusskontrolle im Plenum.
   Lösung b):

etwas nicht oder nicht ganz verstanden haben	um Wiederholung bitten	zurückfragen, ob man richtig verstanden hat
Das letzte Wort habe ich nicht verstanden.	*Sie sprechen so schnell. Könnten Sie das bitte noch mal langsamer sagen?*	*Bedeutet das, dass ich das jetzt alles bezahlen muss?*
Tut mir leid, aber ich kann Sie so schlecht verstehen.	*Könnten Sie die Termine bitte noch einmal wiederholen?*	*Entschuldigung, meinten Sie jetzt, ich kann morgen kommen?*
Tut mir leid, aber ich verstehe Sie immer noch nicht.		*Das heißt also, ich kann doch schon morgen kommen?*
Was soll das heißen? *Was meinen Sie damit?*		
Können Sie mir das nicht mit einem einfacheren Wort erklären?		

7. Ergänzen Sie auf Zuruf Redemittel, die die TN sonst noch kennen. Sprechen Sie mit den TN auch über die Intonation dieser Rückfragen. Je nachdem, wie man sie ausspricht, können sie freundlich oder sehr unfreundlich wirken.
8. Die TN spielen zu zweit einige Gespräche, wie in c) vorgeschlagen, und überlegen sich auch eigene Situationen.
   Variante: Lassen Sie die TN jeweils eine freundliche und eine unfreundliche Variante der Gespräche spielen, damit die TN ein Gefühl für die Bedeutung der Intonation bekommen.

Arbeitsbuch 11–13: in Stillarbeit oder als Hausaufgabe

Materialien	**Meinen Sie damit, dass ich ...**	B		4
B1 auf Folie	Nachfragen			
B3 *Variante:* Kopiervorlage L4/B3	**Lernziel:** Die TN können nachfragen, wenn Sie etwas nicht verstehen.			

B3 **Landeskunde: Gesten**
1. Die TN sehen sich die Fotos an und ordnen ihnen die Ausrufe zu.
   Variante: Machen Sie von der Kopiervorlage L4/B3 so viele Kopien, wie Sie TN haben. Verteilen Sie die Kopien. Die TN schneiden die Streifen aus. Machen Sie eine Geste vor. Die TN halten den zu dieser Geste passenden Satz hoch. Fahren Sie so mit den Gesten fort. Wenn Sie wollen, können Sie auch noch andere in Deutschland übliche Gesten hinzufügen.
2. Abschlusskontrolle im Plenum. *Lösung:* B 6; C 2; D 4; E 1; F 5

3. Die TN schreiben in Partnerarbeit ein kurzes Gespräch, in dem eine der Gesten vorkommt. Wer es sich zutraut, versucht in Partnerarbeit, ein Gespräch zu schreiben, in dem alle sechs Gesten vorkommen. Wer Lust hat, kann sein Gespräch mit Gesten vorspielen.
4. Fragen Sie die TN, welche „deutschen" Gesten sie noch kennen.

B4 **Aktivität im Kurs: Pantomime**
1. Geben Sie den TN Zeit, die Aufgabenstellung zu lesen und sich eine Geste zu überlegen.
2. Die TN spielen ihre Gesten im Plenum vor, die anderen überlegen, was sie bedeuten könnten.

Darum denke ich mir, dass die Marsstraße hier irgendwo sein muss.

Konjunktionen *darum, deswegen*
Lernziel: Die TN können etwas begründen.

Materialien
C1 Folie mit Beispielsätzen
C3 Plakate und Filzstifte
C4 Kopiervorlage L4/C4
C5 Plakate
C6 Plakate und Zettel; Kopiervorlage L4/C6

C1 **Präsentation der Konjunktion *darum***
1. Die Konjunktionen „deshalb" und „trotzdem" wurden bereits in Lektion 2 wiederholt. Wenn Sie mit den TN noch weiter üben möchten, bereiten Sie zu Hause eine Folie vor, auf der Sie etwa zehn einfache Sätze wie „Morgen komme ich nicht zum Deutschkurs." oder „Gestern war ich nicht einkaufen." vorgeben. Teilen Sie den Kurs in zwei Hälften, eine „Trotzdem"-Hälfte und eine „Deshalb"-Hälfte. Präsentieren Sie den ersten Satz der Folie. Jeweils ein TN aus jeder Gruppe nennt einen passenden Satz mit der Konjunktion der eigenen Gruppe. Gehen Sie so nacheinander die Sätze durch. Ermuntern Sie die TN, auch die Satzstellung zu verändern.
Hinweis: Wenn Sie die Satzstellung steuern möchten, notieren Sie jeweils eine Eins oder eine Drei hinter den Sätzen, sodass die TN die Konjunktion gezielt an die erste oder die dritte Position stellen müssen.
2. Die TN lösen die Aufgabe im Buch.
3. Abschlusskontrolle im Plenum. *Lösung:* Deshalb denke ich, …
4. Erklären Sie den TN, dass „deshalb" und „darum" bedeutungsgleich sind. Es sind zwei Möglichkeiten, eine Folge auszudrücken. Auch „darum" kann auf die Position 3 wandern. Achtung: Bei reflexiven Verben steht die Konjunktion hinter dem Reflexivpronomen: Ich denke mir darum, …
5. *fakultativ:* Um die neue Konjunktion einzuschleifen, legen Sie noch einmal die Folie mit Ihren Beispielsätzen auf. Die TN machen mündlich oder schriftlich Beispiele mit „darum".

C2 **Hörverstehen: Eine Umfrage verstehen**
1. Die TN lesen vor dem Hören die Aufgabe a).
Hinweis: Versuchen Sie, die TN daran zu gewöhnen, die Aufgabentexte selbstständig und allein vor dem Hören zu lesen. Das ist eine wichtige Strategie für Prüfungen.
2. Die TN hören die Anmoderation der Sendung und kreuzen ihre Lösung an.
3. Abschlusskontrolle im Plenum. *Lösung:* Fremdsprachen lernen – warum?
4. Die TN lesen die Aufgabe b) und hören die Interviews einmal durchgehend.
5. Abschlusskontrolle im Plenum. *Lösung:* A Spanisch; B Deutsch; C Arabisch; D Türkisch
6. Die TN lesen die komplette Aufgabe c). Erst dann hören sie die Interviews ein zweites Mal.
7. Abschlusskontrolle im Plenum. *Lösung:* B; A; C; D
8. Bitten Sie die TN, in den Beispielsätzen alle Sätze zu unterstreichen, die einen Grund nennen: Deswegen besuche ich diesen Kurs. Wegen meines Freundes. Daher lerne ich diese Sprache. Auch aus diesem Grund sind wir mit dem Kurs zufrieden.
9. Zeigen Sie auf den Infospot und weisen Sie die TN darauf hin, dass diese Wörter beliebig ausgetauscht werden können.
10. Lenken Sie die Aufmerksamkeit der TN auf den Satz „Wegen meines Freundes …" und notieren Sie ihn an der Tafel. Fragen Sie die TN, wie man das anders formulieren kann. Die TN sollten erkennen, dass „wegen" einen Grund angibt. Die Präposition „wegen" steht mit dem Genitiv.

Arbeitsbuch 14–17: in Stillarbeit oder als Hausaufgabe; **18:** im Kurs

C3 **Sprechen: Über die eigenen Fremdsprachenkenntnisse berichten**
1. Bringen Sie leere Plakate mit in den Kurs. Auf ein Plakat schreiben Sie oben mit einem dicken Filzstift „Deutsch". Fragen Sie die TN, welche Fremdsprachen Sie sonst noch gelernt haben oder gern lernen würden. Erstellen Sie für jede von den TN genannte Fremdsprache ein Plakat. Hängen Sie die Plakate im Raum auf und verteilen Sie Filzstifte an die TN.
2. Die TN gehen herum und notieren auf den für sie relevanten Plakaten in Stichworten die Gründe, warum sie diese Sprache gelernt haben oder gern lernen würden. Hinter diese Stichpunkte schreiben sie in Klammern ihren Namen. Auch Sie können sich beteiligen und Ihre Sprachlernerfahrungen einbringen.
3. Wählen Sie ein beliebiges Plakat aus und bitten Sie die TN, deren Namen dort stehen, von den Gründen zu erzählen. Heben Sie sich das Deutsch-Plakat für den Schluss auf. Hier können Sie die TN gezielt zuerst zu Wort kommen lassen, die noch nicht viel erzählt haben, weil sie keine weiteren Fremdsprachen gelernt haben oder lernen wollen.

C4 **Leseverstehen: Ein Quiz über das Fremdsprachenlernen lösen**
1. Die Bücher sind geschlossen. Vergrößern Sie vorab Kopiervorlage L4/C4 auf DIN A3 oder ziehen Sie eine Folie davon und präsentieren Sie diese den TN. Die TN überlegen, worum es in diesem Text gehen könnte. Fragen Sie die TN, was die Bildchen mit Sprachenlernen zu tun haben: Was machen die Leute, um Deutsch zu lernen?
2. Die TN öffnen ihr Buch, lesen den Text und lösen das Quiz.
3. Abschlusskontrolle im Plenum. *Lösung:* Kursbuch, Seite 53

LEKTION 4   56

Materialien
C1 Folie mit Beispielsätzen
C3 Plakate und Filzstifte
C4 Kopiervorlage L4/C4
C5 Plakate
C6 Plakate und Zettel; Kopiervorlage L4/C6

Darum denke ich mir, dass die Marsstraße hier irgendwo sein muss.

Konjunktionen *darum, deswegen*
Lernziel: Die TN können etwas begründen.

C 4

C5 Über das eigene Lernen sprechen

1. Bereiten Sie zu Hause zu jedem der fünf Lerntypen aus C4 ein Plakat vor und kleben Sie das jeweils passende Bild aus C4 darauf. Hängen Sie die Plakate auf. Die TN gehen herum und notieren auf dem Plakat, das ihrem Lerntyp entspricht, ihren Namen. Selbstverständlich können die TN ihren Namen auf verschiedenen Plakaten notieren, wenn mehrere Beschreibungen auf sie zutreffen. Durch die Bilder und die Aktivität des Schreibens haben die Lerner einen haptischeren Zugang zum Thema, als wenn sie sich theoretisch und reflektierend damit befassen würden. Die Auseinandersetzung mit dem eigenen Lernen wird „be-greif-barer".
2. Die TN bleiben bei „ihrem" Plakat stehen und sprechen im Plenum über ihre Selbsteinschätzung. Fragen Sie auch, wie und wo die TN am liebsten lernen und welche Dinge sie dazu brauchen.

C6 Aktivität im Kurs: Lerntipps

1. Hängen Sie ein Plakat mit dem Titel „Lerntipps" an die Wand. Verteilen Sie Zettel an die TN, auf denen sie ihre persönlichen Lerntipps notieren können.
2. Der erste TN klebt seinen Tipp auf das Plakat und stellt ihn vor. Sie/Er sollte auch über eigene Erfahrungen damit berichten. Dann klebt der zweite TN seinen Tipp auf und berichtet etc.
3. *fakultativ:* Die TN sitzen in Vierergruppen zusammen. Kopieren Sie die Kopiervorlage L4/C6 für jede Gruppe einmal auf DIN A3. Die TN ergänzen zunächst weitere Stichpunkte auf der Vorlage. Geben Sie eine Bearbeitungszeit von circa zehn Minuten vor. Die Gruppen einigen sich auf zehn Stichpunkte, die für sie die wichtigsten sind, und nummerieren sie auf ihrer Kopiervorlage. Die Gruppen stellen ihre Ergebnisse im Plenum vor. Überlegen Sie gemeinsam, welche Wünsche zukünftig in diesem Kurs berücksichtigt werden sollen.

PROJEKT **Arbeitsbuch 19:** im Kurs: Die TN finden sich in sprachhomogenen Gruppen zusammen, soweit möglich, und bearbeiten die Aufgabe, wie im Arbeitsbuch angegeben. Sie präsentieren ihre Ergebnisse dem Plenum.

57 LEKTION 4

In zwei Sprachen leben

Buchauszug: Erfahrungen einer Migrantin
Lernziel: Die TN können über Zweisprachigkeit sprechen.

D1 Über die Bedeutung von Sprache sprechen
1. Die TN lesen die Zitate. Fragen Sie sie, was mit den einzelnen Zitaten ausgedrückt wird. Die TN versuchen eine Paraphrasierung in eigenen Worten.
2. Die TN sprechen darüber, welches Zitat ihnen gefällt und warum. Haken Sie ggf. mit Fragen nach, um ein möglichst interessantes Kursgespräch in Gang zu bringen: Warum verbinden sie Sprache mit Heimat? Was bedeutet für sie „Seele"? etc.

D2 Leseverstehen: Einen Buchauszug lesen
1. Die TN lesen die Informationen zur Autorin. Geben Sie diese Informationen zum Buchtitel: Hans war früher ein typisch deutscher Männername, dadurch kennzeichnet die Autorin schon, dass es in ihrem Buch auch um das typisch Deutsche geht. Natürlich kann man keinen Hans bestellen, sondern es handelt sich um eine Verfremdung von „Einmal Currywurst mit scharfer Soße". Auch die Currywurst wird ja als typisch deutscher Imbiss sehr stark mit Deutschland in Verbindung gebracht (vgl. *Schritte plus 3*, Lektion 3).
2. Die TN lesen die Fragen zum Text und dann den Text. Sie lösen die Fragen in Stillarbeit. Wer fertig ist, ergänzt die Sätze der Rubrik „Schon fertig?".
3. Abschlusskontrolle im Plenum.
   Lösung: a) findet es ganz normal, dass sie sehr gut Deutsch spricht. b) fast kein Deutsch. c) eine Mischung aus Deutsch und Türkisch.
4. Sprechen Sie mit den TN über das Thema Einwanderung. Was wissen die TN in Bezug auf die deutschsprachigen Länder zu diesem Thema und den Problemen? Gibt es in ihrem Land auch Einwanderer? Aus welchen Ländern? In welcher Sprache kommunizieren sie mit den Einheimischen?

D3 Kursgespräch über Mehrsprachigkeit
1. Die TN lesen die Wörter im Stichwortkasten und das Beispiel. Sie übersetzen die Wörter aus dem Kasten in ihre Muttersprache und berichten anschließend im Kurs über die Wörter, die interessante Ähnlichkeiten oder Unterschiede zu den deutschen Wörtern zeigen. Die eigene Sprache wird in vielen Sprachen als „Muttersprache" bezeichnet. Lassen Sie die TN ggf. darüber spekulieren, warum das so ist oder woher diese Bezeichnung rührt.
2. Die TN finden sich paarweise zusammen und machen ein Interview, wie im Kursbuch angegeben. Geübte TN können weitere Fragen formulieren und ihrer Partnerin / ihrem Partner stellen.
3. Bilden Sie mit den TN einen Kreis. Die TN stellen die Sprachkenntnisse der Partnerin / des Partners vor.

Arbeitsbuch 20–21: im Kurs: Diese Übungen beziehen sich auf einen Wettbewerb aus dem Jahr 2004. Gesucht wurde das schönste deutsche Wort. Sieger war das Wort „Habseligkeiten". **22:** in Stillarbeit oder als Hausaufgabe

LERN TAGEBUCH
Arbeitsbuch 23: im Kurs: Geben Sie den TN Zeit, die Fragen für sich zu beantworten. Das kann auch als Hausaufgabe geschehen. Die TN gehen im Kursraum mit ihren Notizen umher und tauschen sich über eigene Schwierigkeiten beim Deutschlernen sowie Tipps zum Deutschlernen aus.

PRÜFUNG
Arbeitsbuch 24–26: im Kurs: Die TN bearbeiten die Übungen 24 und 25 als Vorbereitung, bevor sie in Übung 26 die eigentliche Prüfungsaufgabe bearbeiten. Weisen Sie ausdrücklich darauf hin, dass die TN zu allen Leitfragen der Aufgabe etwas schreiben müssen.

LEKTION 4

Materialien
Test zu Lektion 4
Wiederholung zu Lektion 3 und Lektion 4,
Spielfiguren, Würfel

Kinder lernen Deutsch

Landeskunde: Mehrsprachigkeit bei Kindern
Lernziel: Die TN können über die Wichtigkeit von Sprachkenntnissen sprechen.

E1 **Sprechen: Vermutungen über eine Radiosendung äußern**
1. Die TN lesen den Titel der Sendung und entscheiden sich für eine Lösung.
2. Die TN hören den Anfang der Sendung (bis „ … wenn sie in die Schule kommen.") und kontrollieren ihre Lösung.
   Lösung: ein Sprachkurs für Kinder
3. Die TN spekulieren darüber, was für ein Projekt „Deutsch aus dem Zaubersack" sein könnte. Welche Rolle spielt der Sack dabei? Erinnern Sie die TN ggf. an die eingepackten Glücksbringer aus Lektion 1.

E2 **Hörverstehen 1: Die Kernaussagen verstehen**
1. Bevor die TN die Sendung hören, lesen sie die Aufgabe. Sie hören die Radiosendung und kreuzen ihre Lösungen an.
2. Abschlusskontrolle im Plenum. *Lösung:* a) nur ausländische Kinder; b) Deutsch; c) sie zwei oder mehrere Sprachen können.

E3 **Hörverstehen 2: Wichtige Details verstehen**
1. Vor dem Hören lesen die TN die Aussagen im Buch und unterstreichen pro Satz zwei wichtige Wörter, die ihnen die schnelle Entscheidung beim Hören erleichtern. Besprechen Sie ggf. mit den TN gemeinsam, welche Wörter man unterstreichen könnte.
2. Die TN hören die Radiosendung ein zweites Mal und kreuzen ihre Lösungen an.
3. Abschlusskontrolle im Plenum. *Lösung:* a) falsch; b) richtig; c) richtig; d) richtig; e) richtig; f) falsch; g) richtig
4. Diskutieren Sie mit den TN über die Sprachkenntnisse und -probleme der eigenen Kinder: Wo gibt es Probleme? Was ist positiv/negativ an dieser Situation?

E4 **Leseverstehen: Brieffreundschaften**
1. Ein wichtiges Element, um Sprachen zu lernen, sind Brieffreundschaften in einer fremden Sprache. Fragen Sie die TN nach ihren Erfahrungen mit Brieffreundschaften. Haben/Hatten sie welche? Was finden sie interessant, gut und wichtig daran?
2. Die TN lesen die Briefe und notieren die Antworten.
3. Abschlusskontrolle im Plenum.
   Lösung: Elias spricht Spanisch und lernt Englisch und Deutsch; Julia spricht Rumänisch und Deutsch und lernt Englisch und Französisch.
4. Diskutieren Sie mit den TN über ihre Meinung zu Aufgabe b).

Einen Test zu Lektion 4 finden Sie auf den Seiten 126–127. Wenn Sie mit den TN den Stoff von Lektion 3 und Lektion 4 wiederholen möchten, verteilen Sie die Kopiervorlage „Wiederholung zu Lektion 3 und 4" (Seiten 116–117).

4 Zwischenspiel 4
Wortspielspaß
Kreativ mit Wörtern umgehen

Materialien
1–2 Kopiervorlage „Zwischenspiel zu Lektion 4"

1 Leseverstehen 1: Einen kurzen Informationstext verstehen
1. Schreiben Sie „Wortspielspaß" an die Tafel und bitten Sie die TN, das Wort in seine Bestandteile zu zerlegen und darüber zu spekulieren, was es bedeutet. Lassen Sie dabei durchaus eigene und kreative Wortdefinitionen zu.
2. Die TN öffnen ihr Buch und lesen die Einleitung.
3. *fakultativ:* Zur Verständniskontrolle können Sie die Kopiervorlage „Zwischenspiel zu Lektion 4" verteilen. Die TN bearbeiten Übung 1. Abschlusskontrolle im Plenum. *Lösungsvorschlag:* a) Wenn sie spielen. b) Sie spielen zu wenig. c) Man sollte spielen, wenn man kreativ und geistig fit bleiben will.
4. Die TN schreiben einen Satz auf, der den Inhalt der Einleitung wiedergibt, und vergleichen mit ihrer Partnerin / ihrem Partner. Lassen Sie einige Beispiele im Plenum vorlesen.
5. *fakultativ:* Mit folgender Übung können die TN üben, ein Thema zu benennen: Sagen Sie ihnen, dass sie eine Zusammenfassung aus genau 13 Wörtern schreiben sollen. Dann sollen sie aus ihrem Satz drei Wörter streichen, die vielleicht nicht ganz so wichtig sind wie die anderen (z.B. ein beschreibendes Adjektiv). Einige TN lesen ihren verkürzten Satz vor. Bitten Sie die TN dann, drei weitere Wörter zu streichen, und führen Sie das so lange fort, bis alle TN nur noch ein einziges Wort übrig haben. Sie vergleichen im Plenum, welches Wort das ist.

2 Leseverstehen 2: Wortspiele spielen
1. Die TN lesen die Zungenbrecher. Lassen Sie Ulm auf der Deutschlandkarte in der vorderen Umschlagseite zeigen und zeigen Sie selbst Oberammergau und Unterammergau (am bayerischen Alpenrand, südlich von München).
2. *fakultativ:* Die TN bearbeiten zur Verständnissicherung die Übungen 2 und 3 der Kopiervorlage „Zwischenspiel zu Lektion 4". Abschlusskontrolle im Plenum. *Lösung:* 2 a) richtig; b) falsch; c) richtig; 3 A Brautkleid; B Graubrot; C Blaukraut
3. Die TN lesen die anderen Wortspiele. Fragen Sie, ob allen klar ist, wie die Spiele funktionieren.
4. Die TN bilden Gruppen von 4–5 TN. Sie wählen eines der Spiele und probieren es aus. Gehen Sie herum und horchen Sie in die Gruppen hinein. Loben Sie die „Zungenbrecher" für ihre gute Aussprache und helfen Sie bei der Wortbildung des längsten Wortes, wenn nötig.
5. Die Gruppen präsentieren ihre Ergebnisse, das heißt: Zungenbrecher werden vorgetragen, die gefundenen Wörter aus einem längeren Wort werden präsentiert und im Plenum vielleicht sogar noch um weitere Vorschläge ergänzt, Namen werden rückwärts gesprochen und die Zeichnungen möglichst langer zusammengesetzter Wörter interpretiert.

TIPP
Zungenbrecher eignen sich gut, um die Aussprache zu üben. Sie können TN, die mit der Intonation oder mit bestimmten Lautmustern Schwierigkeiten haben, auch gezielt Zungenbrecher zum Üben geben. Der Text über Hans und Lies' sowie der Ulm-Zungenbrecher eignen sich beispielsweise gut, um den Vokalneueinsatz zu üben, und ist damit für Lernende mit romanischer Muttersprache gut geeignet. Insbesondere für französische Muttersprachler eignet sich der Essig-Zungenbrecher, um das offene „e" zu üben. Für TN aus China, die mit der Artikulation von „r" und „l" Schwierigkeiten haben, passt der Blaukraut-Zungenbrecher. Hier weitere Beispiele:
st – sp: Mein Spitzer spitzt Stifte spielend spitz. Spitz spitzt mein Spitzer spielend Stifte.
Z: Den winzigen Zwerg Zimpelpum zwickt seine Zipfelmütze. Er zupft, er zieht und zerrt zuletzt voll Zorn sie in die Pfütze.
S – ß: Zwei kleine Ameisen beißen Meisen in Meißen.
Wenn es TN im Kurs gibt, die gern zeichnen, können Sie nette Illustrationen zu solchen Zungenbrechern anfertigen lassen, mit der absurden Situation vor Augen macht das Üben noch mal so viel Spaß.
Wortbildungsmuster und das Verstehen von längeren Komposita lassen sich trainieren, indem die Wörter von hinten her aufgedröselt werden: Eine Anleitung, genauer gesagt, eine Bedienungsanleitung, aber eine Bedienungsanleitung wofür? Für Maschinen? Was für Maschinen? Putzmaschinen. Also eine Putzmaschinenbedienungsanleitung. … Diese Strategie hilft übrigens auch bei der Bildung eigener Wortkreationen (vgl. Wortspiel 4). Raten Sie den Gruppen, die sich für dieses Spiel entschieden haben, mit einem Wort hinten zu beginnen und dieses durch immer genauere Definition zu verlängern.

3 Wortspiele in der Muttersprache
Die TN überlegen, ob sie derartige Wortspiele in ihrer Muttersprache kennen, und stellen diese ggf. vor.

LEKTION 4

Materialien
Projekt: Stellengesuche aus dem Internet und aus Tageszeitungen

Fokus Beruf 4
Ein Stellengesuch in einer Zeitung oder im Internet aufgeben

Die TN können ein Stellengesuch verstehen und für sich schreiben und dabei ihre Fähigkeiten und ihr Profil beschreiben.

Da dieser Fokus möglicherweise nur für einen Teil der TN von Interesse ist, können die Übungen auch als Hausaufgabe gegeben werden.

1 Leseverstehen: Den wesentlichen Inhalt verstehen
1. Die TN lesen die Anzeige von Yusuf. Lösen Sie mit den TN gemeinsam die Abkürzungen auf.
2. Fragen Sie die TN, wie Yusuf sich beschreibt und was für eine Stelle er wo sucht. Die TN antworten in eigenen Worten.
3. Die TN lesen das Profil von Yusuf. Geben Sie Gelegenheit zu Wortschatzfragen.
4. Die TN ergänzen allein oder zu zweit die Lücken.
5. Abschlusskontrolle im Plenum. *Lösung (von oben nach unten):* Friseurmeister; Herausforderungen; Berufserfahrung; großen; Fortbildungen; fließend; sofort; Herausforderung; modernen, kreativen, internationalen; Köln; Vollzeit; fortzubilden; nur unbefristete Beschäftigung; Vollzeit

2 Ein Stellengesuch schreiben

1. Die TN markieren in drei Fragen die Charaktereigenschaften, die Kenntnisse und die beruflichen Ziele von Yusuf.
2. *fakultativ:* Insbesondere in Kursen mit überwiegend ungeübten TN kann es hilfreich sein, wenn die TN die markierten Wörter und Sätze auch in eine Tabelle schreiben (vgl. Übung b).
3. Sammeln Sie mit den TN an der Tafel weitere typische Eigenschaften, die gern zur Beschreibung der eigenen Person in Stellengesuchen benutzt werden. Fragen Sie auch nach besonderen Kenntnissen, die bei Arbeitgebern erwünscht sind.
4. Die TN schreiben in Stillarbeit eine Anzeige für sich. Gehen Sie herum und helfen Sie bei Schwierigkeiten.
5. *fakultativ:* Die TN tauschen die Anzeigen mit einer Partnerin / einem Partner und schreiben einen Profiltext für die Partnerin / den Partner.
6. Sammeln Sie die Texte der TN zur Korrektur ein.

PROJEKT TN mit Internetzugang suchen als Hausaufgabe auf Jobportalen nach Profiltexten. TN ohne Internetzugang bringen Stellengesuche aus Tageszeitungen mit. Im Kurs werden die Stellengesuche in Kleingruppen gelesen und die Tabelle (Wie bin ich? Was kann ich gut? Was suche ich?) wird ergänzt.
Hinweis: Das Projekt eignet sich auch als Zwischenschritt zu Übung 2, bevor die TN selbst Stellengesuche und Profiltexte schreiben, da sie durch die „realen" Beispiele ihren Wortschatz erweitern und Anregungen für ihre eigenen Formulierungen bekommen. Auch werden sie feststellen, dass sich vieles wiederholt. Diese wiederkehrenden Wörter, Formeln und Floskeln können sie sich zunutze machen.

LANDES KUNDE Informieren Sie die TN darüber, dass Initiativbewerbungen in Deutschland erlaubt und sogar erwünscht sind.

5 EINE ARBEIT FINDEN

Folge 5: *Pizza Mafioso*
Einstieg in das Thema: Beruf und Arbeit

Materialien
1 Folie, Folie von Foto 1

1 Vor dem Hören: Eine Person beschreiben
1. Die Bücher sind geschlossen. Es bietet sich an, zunächst Adjektive zur Personenbeschreibung zu wiederholen: Diktieren Sie den TN die Überschrift „Personen beschreiben". Dann zeichnen die TN eine Tabelle mit drei Spalten in ihr Heft, die erste Spalte für „positive Eigenschaften", die zweite für „negative Eigenschaften" und die dritte für „Aussehen". Erklären Sie, dass Sie nun Wörter diktieren werden, die die TN selbstständig in die passende Spalte eintragen sollen. Beginnen Sie mit bekannten Wörtern, z.B. freundlich, sympathisch, groß, blond etc. Fragen Sie dann die TN nach weiteren Beispielen, die in die Tabelle eingetragen werden. Für die Kontrolle können Sie einen TN auf eine Folie schreiben lassen, die Sie abschließend im Plenum besprechen.
2. Legen Sie eine Folie von Foto 1 auf. Die TN sitzen in Kleingruppen von vier TN zusammen und beschreiben den Mann. Sie diskutieren über seinen Beruf.
3. Eine Gruppe stellt ihr Ergebnis im Plenum vor. Regen Sie die anderen TN dazu an, ihre Ergebnisse und ihre Meinungen einzubringen.

2 Vor dem Hören: Vermutungen äußern
Die TN öffnen ihr Buch und sehen sich die Fotos 6–8 an. Sie stellen Vermutungen über das Päckchen an und überlegen, was damit passiert bzw. passieren soll.

3 Beim ersten Hören
1. Bitten Sie die TN, sich beim Hören auf die Frage zu konzentrieren, ob ihre Vermutungen über den „Beruf" des Mannes richtig waren.
2. Die TN hören die Foto-Hörgeschichte.
3. Kurzes Gespräch im Plenum über Herrn Bohnemanns Beruf. *Lösungsvorschlag:* Herr Bohnemann ist bei der Mafia. / Herr Bohnemann handelt mit Drogen.

4 Nach dem ersten Hören: Fragen zur Geschichte beantworten
1. Die TN lesen die Fragen im Buch und machen sich in Partnerarbeit Notizen dazu.
2. Einzelne TN stellen ihre Ergebnisse im Plenum vor. Regen Sie ein Gespräch an.
Lösungsvorschlag: a) Sehr bestimmt, er will sich durchsetzen. b) Zuerst: Er denkt, dass Nasseer etwas verkaufen will, und macht die Tür vor Nasseers Nase zu. Danach: Sehr freundlich. c) Er soll ein Päckchen zu einer bestimmten Adresse bringen. d) 200 Euro; e) Zuerst: Er nimmt das Päckchen und will zu der Adresse fahren. Dann: Er klingelt bei Herrn Bohnemann und gibt das Päckchen und das Wechselgeld zurück.

5 Nach dem Hören: Kernaussagen verstehen
1. Die TN lesen die Fragen und ordnen ihnen die jeweils passende Antwort zu.
2. Die TN hören die Foto-Hörgeschichte noch einmal und kontrollieren ihre Ergebnisse.
3. Abschlusskontrolle im Plenum.
Lösung: b) Na ja, es geht. c) Manche Leute verdienen weniger als ich, aber das sind bestimmt nicht viele. d) Ich verdiene nicht einmal halb so viel. e) Na ja, manchmal denke ich: Es wäre schon toll, etwas mehr zu verdienen.

6 Nach dem Hören: Freie Diskussion über die Geschichte
1. Die TN diskutieren in Kleingruppen von vier TN über Nasseers Job. Sammeln Sie dazu mit den TN Redemittel über Vor- und Nachteile an der Tafel (Einerseits … , andererseits … etc.).
2. Fragen Sie die TN, wie eine Pizza Mafioso wohl schmeckt, wie sie belegt ist und warum sie diesen Namen hat. Warum passt sie gut zu Herrn Bohnemann, der sich genau diese Pizza bestellt hat? Das internationale Wort „Mafia" kennen die TN sicher und haben auch Assoziationen dazu, die sie ins Gespräch einbringen können. Die TN können auch weiter spekulieren und überlegen, was in dem geheimnisvollen Päckchen ist und wer der Empfänger ist.
3. *fakultativ:* Wenn die TN sehr interessiert an der Geschichte sind, können sie sich selbst eine Fortsetzung ausdenken, aus der hervorgeht, was im Päckchen ist und was für eine Funktion Herr Bohnemann hat. Die TN schreiben die Geschichte allein oder zu zweit. Hängen Sie sie nach der Korrektur zur Ansicht für alle im Kursraum auf.

LEKTION 5

Materialien
A1 Kopiervorlage L5/A1
A2 kleine Zettel
A6 Zettel mit Nummern, Folie von A6; Kopiervorlage L5/A6

Ich **habe** keine **Lust**, Ärger **zu** bekommen.

Infinitiv mit *zu*
Lernziel: Die TN können über Typen sprechen.

A 5

A1   Präsentation des Infinitivs mit *zu*
1. Die TN hören den Ausschnitt aus der Foto-Hörgeschichte und ergänzen die Lücken.
2. Abschlusskontrolle im Plenum.
   Lösung: a) Also hör endlich auf, Probleme zu machen. b) Ist das nicht ziemlich stressig, den ganzen Tag quer durch die Stadt zu fahren?
3. Schreiben Sie den ersten Satz an die Tafel und markieren Sie wie im Tafelbild unten. Erklären Sie den TN, dass bei Satzerweiterungen mit einem zweiten Verb dieses am Ende des Satzes und mit „zu" steht. Notieren Sie weitere Beispiele für Infinitivkonstruktionen an der Tafel. Außer bei Modalverben und einigen wenigen Ausnahmen stehen Ergänzungen mit Verb im Deutschen mit „zu" + Infinitiv.

Weisen Sie die TN auch auf den Grammatikspot im Buch hin, in dem noch eine Reihe anderer Ausdrücke und Verben mit Infinitiv mit „zu" genannt werden. Machen Sie mit den TN für jeden Ausdruck einen Beispielsatz. Zeigen Sie dabei, dass die Erweiterung mit „zu" und Verb mit einem Komma steht. Falls im Unterricht ein trennbares Verb auftaucht, erklären Sie den TN, dass bei diesen Verben „zu" zwischen der Vorsilbe und der Stammform des Verbs steht. Diese Verben werden trotzdem zusammengeschrieben: fernzusehen, anzufangen ...

4. Kopieren Sie den oberen Teil der Kopiervorlage L5/A1 einmal auf Folie, sodass Sie ihn bis zum Beispielsatz auf den Tageslichtprojektor legen können. Die TN sitzen in Vierergruppen zusammen und erhalten je Gruppe einen Satz mit Kärtchen der Kopiervorlage L5/A1. Der erste TN einer Gruppe zieht eine Karte, sucht sich einen passenden Satzanfang aus und bildet einen Satz wie im Beispiel. Dann ist der nächste TN an der Reihe.

Arbeitsbuch 1–2: in Stillarbeit: Mit Übung 1 und 2 haben die TN die Möglichkeit, sich selbstentdeckend mit dem Infinitiv mit „zu" auseinanderzusetzen.

A2   Anwendungsaufgabe: Partnerinterview
1. Die Bücher sind geschlossen. Verteilen Sie als Vorübung Zettel an die TN. Jeder TN soll einen Beruf, den er interessant findet, notieren. Sammeln Sie die Zettel ein und mischen Sie sie. Die TN sitzen in Kleingruppen von 3–4 TN zusammen und erhalten pro Gruppe vier Zettel. Malen Sie an die Tafel eine Tabelle:

Beruf	Tätigkeiten	Arbeitsort	Arbeitszeiten	Besondere Fähigkeiten

Die Gruppen übertragen die Tabelle auf ein Blatt Papier und füllen die Tabelle für ihre vier Berufe aus.
2. Die Gruppen stellen ihre Ergebnisse einer anderen Gruppe vor
3. Die TN öffnen ihr Buch und füllen für sich den Fragebogen aus.
4. Die TN befragen die Partnerin / den Partner und machen sich Notizen. Regen Sie die TN dazu an, nicht nur mit Ja oder Nein zu antworten, sondern ihre Entscheidungen auch zu begründen.

A3   Aktivität im Kurs: Empfehlungen für einen Beruf
1. Jedes Paar, das sich gegenseitig in A2 befragt hat, findet sich mit zwei anderen Paaren zusammen. Jeder TN stellt der Gruppe die Antworten seiner Partnerin / seines Partners aus A2 vor.
2. Alle überlegen gemeinsam, welche Berufe zu diesen Interessen passen könnten. Dabei helfen ihnen die Informationen, die sie mithilfe der Tabelle zu verschiedenen Berufen bereits zusammengetragen haben.

Arbeitsbuch 3–5: in Stillarbeit oder als Hausaufgabe

LEKTION 5

5 A Ich **hab**e keine **Lust**, Ärger **zu** bekommen.

Infinitiv mit *zu*
Lernziel: Die TN können über Typen sprechen.

Materialien
A6 Zettel mit Nummern, Folie von A6; Kopiervorlage zu L5/A6

A4 **Leseverstehen 1: Sich einen Text mit Leitfragen erschließen**
1. Fragen Sie die TN, ob sie schon einmal beim Arbeitsamt – heute Agentur für Arbeit – waren. Sprechen Sie mit den TN darüber, was die Agentur für Arbeit ihren Kunden bietet, wo und wie man sich informieren kann (Berufsberatung: persönliches Gespräch; Berufsinformationszentrum: Computerprogramme, Bücher, Zeitschriften).
2. Die TN lesen die Aufgabe und anschließend den Text. Sie tragen ihre Lösungen ein.
3. Abschlusskontrolle im Plenum.
Lösung: Wie können Sie sich vorbereiten?: Abschnitt 3; Wer sind wir?: Abschnitt 1; Was bieten wir Ihnen an?: Abschnitt 2

A5 **Leseverstehen 2: Den wesentlichen Inhalt verstehen**
1. Zeichnen Sie einen Wortigel wie im Buch an die Tafel und schreiben Sie die Fragewörter um den Wortigel herum. Die TN nennen Stichworte zu den Fragen.
Lösung: Wen? ... junge Erwachsene; Was? Berufliche Möglichkeiten aufzeigen, Ausbildungsstellen und Praktika vermitteln, Kontakte für eine Weiterbildung, Firmenkontakte, Umschulungsprogramme; Wie? In Einzelgesprächen
2. Sprechen Sie mit den TN über die Unterschiede zwischen Praktikum und Ausbildung bzw. Umschulung und Weiterbildung.

A6 **Aktivität im Kurs: Rollenspiel**
1. Die Bücher sind geschlossen. Sammeln Sie mit den TN an der Tafel Fragen, die ein Berufsberater stellen könnte. Fragen Sie die TN auch nach möglichen Antworten.
2. Die TN öffnen ihr Buch und lesen noch einmal die Fragen in Abschnitt 3 des Textes aus A4 und ergänzen das Tafelbild.
3. Bereiten Sie zu Hause Zettel mit Nummern vor. Sie brauchen halb so viele Nummern, wie Sie TN im Kurs haben, aber jede Nummer zweimal. Bilden Sie zwei Gruppen. Eine Gruppe spielt die Berufsberater. Teilen Sie jedem Berufsberater eine Nummer zu. In der anderen Gruppe sind die Ratsuchenden. Sie ziehen eine Nummer und gehen zu dem Berufsberater mit der passenden Nummer.
4. Legen Sie eine Folie mit dem Dialoggerüst aus A6 auf. Die TN spielen zu zweit Gespräche bei der Berufsberatung. Anschließend tauschen die Partner ihre Rollen. Wenn die TN nicht über ihre eigene Situation sprechen möchten oder Tipps für ihre Rolle als Ratsuchender benötigen, verteilen Sie die Kopiervorlage L5/A6. Die TN suchen sich eine Rolle aus.
5. *fakultativ:* Die TN schreiben einen Brief über ihren Besuch beim Berufsberater. Welche Interessen, Wünsche, Erfahrungen haben sie? Was hat der Berufsberater ihnen geraten? Was werden sie jetzt tun? Bereiten Sie zu Hause einen Brief mit zwei Anfangssätzen vor, dann ist der Einstieg für die TN leichter.

Arbeitsbuch 6: als Hausaufgabe

Materialien
B3 Kopiervorlage L5/B3, Spielfiguren, Würfel

Sie **brauchen** gar **nicht** weiter*zu*reden.
nicht/nur brauchen + Infinitiv mit *zu*
Lernziel: Die TN können über Geschäftsideen sprechen.

B **5**

B1   Präsentation von *brauchen* + Infinitiv mit *zu*
1. Die TN lesen die Zitate aus der Foto-Hörgeschichte und ergänzen die Lücken.
2. Die TN hören die Zitate und kontrollieren sich selbstständig.
3. Abschlusskontrolle im Plenum. *Lösung:* weiterzureden; hinzubringen; abzugeben
4. Schreiben Sie die Beispiele mit „brauchen" an die Tafel. Markieren Sie zunächst nur „zu" in den beiden trennbaren Verben.

! Sollten Sie „zu" bei trennbaren Verben noch nicht thematisiert haben, weisen Sie die TN an dieser Stelle darauf hin, dass „zu" bei trennbaren Verben zwischen die Vorsilbe und die Stammform des Verbs rutscht. Das Verb wird weiterhin zusammengeschrieben.

5. Unterstreichen Sie dann „brauchen nicht" und „brauchen nur" in den Beispielsätzen. Erklären Sie den TN, dass „brauchen" hier die Bedeutung von „müssen" hat: Im Unterschied zu „müssen" wird „brauchen" mit „zu" + Infinitiv benutzt.
   Hinweis: Oft benutzt man auch die Form „Ich muss heute nicht einkaufen gehen." Das ist grammatikalisch korrekt, aber die Form mit „brauchen" („Ich brauche heute nicht einkaufen zu gehen.") klingt in deutschen Ohren eleganter. Weisen Sie auch darauf hin, dass in der Umgangssprache „zu" oft wegfällt. Erklären Sie den TN außerdem, dass man „brauchen" auch als Vollverb benutzen kann, z.B. „Ich brauche Geld." Hier hat es die Bedeutung von „Ich möchte oder muss Geld haben."

Arbeitsbuch 7: in Stillarbeit

B2   Anwendungsaufgabe zu *brauchen* + Infinitiv mit *zu*

1. Die TN machen in Partnerarbeit Sätze mithilfe der Beispiele im Kasten.
   Geübte TN versuchen zusätzlich, eigene Beispiele zu finden, und notieren sie als Stichworte wie im Kasten. Lassen Sie diese TN ihre eigenen Beispiele im Kurs vorlesen. Die anderen TN bilden daraus Sätze wie in B2.
2. *fakultativ:* Als Hausaufgabe oder, wenn Sie genug Zeit haben, in Stillarbeit schreiben die TN einen Brief an ihre Eltern. Geben Sie den Briefbeginn an der Tafel vor: „Liebe Eltern, es hat geklappt. Ich habe meinen eigenen kleinen Friseurladen. Ich bin selbstständig. Jetzt ..." Die TN sollen ihre neue berufliche Situation beschreiben. Dabei können sie auf die Beispiele aus B2 zurückgreifen.

Arbeitsbuch 8–10: in Stillarbeit oder als Hausaufgabe

B3   Aktivität im Kurs: Über eine Geschäftsidee sprechen

1. Die TN entscheiden sich mit ihrer Partnerin / ihrem Partner für eine Geschäftsidee und erstellen eine Liste nach dem Beispiel im Kursbuch.
2. Ohne die Geschäftsidee zu nennen, stellen die Paare vor, was sie brauchen und was sie nicht brauchen. Die anderen raten, welches Geschäft diese TN eröffnen möchten.
3. Stimmen Sie im Kurs darüber ab, welche Geschäftsidee den TN am besten gefällt. Diskutieren Sie mit den TN darüber, wie realistisch die Idee ist, ob man davon leben können wird, ob es genug Kunden geben wird etc.
4. Verteilen Sie die Kopiervorlage L5/B3, Spielfiguren und Würfel. Die TN spielen zu viert und bilden Sätze. Das Spiel ist zu Ende, wenn alle TN im Ziel angelangt sind.

Arbeitsbuch 11: als Hausaufgabe

PHONETIK   **Arbeitsbuch 12–13:** Die Auslautverhärtung, also die Artikulation von „b", „d", „g" als „p", „t" bzw. „k" am Silben- und Wortende ist für viele TN ein Problem, da das Schriftbild sie irritiert: Sie sprechen die Konsonanten so aus, wie sie sie als Buchstaben sehen, nämlich als weiche Konsonanten. Oder es gibt Schwierigkeiten bei der Rechtschreibung, da die TN einen harten Laut hören und deshalb einen harten Laut schreiben. Mit diesen Übungen können die TN die Besonderheit der Auslautverhärtung entdecken. Spielen Sie die Übungen, wie im Arbeitsbuch vorgegeben, so oft wie nötig vor und lassen Sie die TN die Regeln möglichst selbstständig finden. Sie sollten auch erkennen, dass die Konsonanten „b", „d", „g" durchaus weich realisiert werden, sobald sie an einen Silbenanfang rutschen. Wer Lust hat, lernt das Gedicht auswendig und versucht, es möglichst gut – was die Auslautverhärtung angeht – vorzutragen.

65   LEKTION 5

Smalltalk: Von der Arbeit erzählen

C1 **Hörverstehen: Smalltalk über die Arbeit**
1. Die TN sehen sich die drei Fotos an. Fragen Sie zu Foto 1, wo die beiden Frauen sind, worüber sie sprechen und wie es ihnen gerade geht. Spielen Sie dann das Gespräch vor. Die TN beantworten die Fragen.
2. Verfahren Sie mit Gespräch 2 und Gespräch 3 ebenso.
3. Die TN lesen die Aufgabenstellung a). Sie hören die drei Gespräche noch einmal so oft wie nötig und ordnen zu.
4. Abschlusskontrolle im Plenum. *Lösung:* neue Leute kennenlernen: 2, positiv; abwechslungsreiche Aufgaben: 3, positiv; keine Aufträge: 1, negativ; viele Überstunden: 1, negativ; Angst, Fehler zu machen: 3, negativ; zu viel Arbeit: 1, negativ; Schicht arbeiten: 2, positiv
5. Die TN ergänzen in Partnerarbeit die Redemittel.
6. Die TN hören die Gespräche noch einmal und korrigieren sich selbstständig. *Lösung:* Ist das nicht stressig, dauernd nachts zu arbeiten? Noch immer so viel Arbeit? Was machst du jetzt eigentlich genau? Wie bist du an den neuen Job gekommen? Wie ist denn deine neue Stelle? Hast du noch nie daran gedacht, die Stelle zu wechseln? / dich selbstständig zu machen? Ich muss jetzt leider los. Mein Bus kommt. Es war schön, dich mal wiederzusehen. Schade, ich muss jetzt leider dringend meine Tochter abholen.

Arbeitsbuch 14: als Hausaufgabe

C2 **Aktivität im Kurs: Rollenspiel**
1. Die TN lesen die Rollenkarten. Sammeln Sie mit den TN ggf. weitere Ideen für Situationen. Die TN spielen in Partnerarbeit ein Gespräch.
2. Wer mag, kann sein Gespräch im Plenum vortragen.
3. *fakultativ:* Sprechen Sie mit den TN über das Smalltalk-Thema Beruf: Ist es für die TN ein Thema, über das sie sich häufig unterhalten? Ist es in ihrem Kulturkreis ein übliches Thema? Sprechen sie über die eigene Arbeit eher positiv oder eher negativ?

Arbeitsbuch 15: im Kurs oder als Hausaufgabe

PHONETIK **Arbeitsbuch 16:** im Kurs: Die Übung vertieft das Thema Auslautverhärtung: Zwischen zwei Vokalen und am Silbenanfang, werden „b", „d", „g" weich gesprochen, im Auslaut hart.

Materialien
D4 Stellenangebote aus Tageszeitungen und dem Internet

Sich schriftlich bewerben
Bewerbungen I
Lernziel: Die TN können sich schriftlich bewerben.

D **5**

D1 Leseverstehen 1: Stellenanzeigen lesen
1. Die Bücher sind geschlossen. Sprechen Sie mit den TN kurz darüber, wie sie selbst Arbeit gefunden haben, was sie getan haben oder tun würden, um Arbeit zu finden. Die TN sammeln die Möglichkeiten, die es gibt, eine Stelle zu finden (Stellenanzeigen in Tageszeitungen und Internet, persönliche Kontakte ...).
2. Erklären Sie den Begriff „Branche", indem Sie als Beispiel „Handwerk" an die Tafel schreiben, und die TN nach Berufen in dieser Branche fragen. Notieren Sie die genannten Berufe. Fragen Sie dann weiter nach Handel. Nehmen Sie bei Bedarf auch Branchen hinzu, die im Buch nicht erwähnt sind wie Textil-, Druckbranche, Landwirtschaft und vor allem Industrie.
3. Die TN öffnen ihr Buch, lesen die Stellenanzeigen und ordnen sie den Branchen zu.
4. Abschlusskontrolle im Plenum. *Lösung:* Hotel, Gastronomie: H; Handel: D; Handwerk: C; Minijobs, Nebentätigkeit: E, G; Pflege: F; Andere: A, B

D2 Leseverstehen 2: Stellenanzeigen auswerten
1. Die TN lesen die Stellenanzeigen noch einmal und unterstreichen in zwei verschiedenen Farben die geforderten beruflichen Qualifikationen und persönlichen Fähigkeiten. Gehen Sie herum und helfen Sie bei Schwierigkeiten.
2. Abschlusskontrolle im Plenum.
   Lösung: B 20 – 35 Jahre, berufstätig; C Berufserfahrung als Elektroinstallateur/Elektroanlageninstallateur, gute Deutschkenntnisse, schwindelfrei, zuverlässig, selbstständig; Führerscheinklasse B; D freundlich, zuverlässig; E deutschsprachig, Referenzen; F Kenntnisse/Erfahrung im hauswirtschaftlichen Bereich, Pkw-Führerschein; G gute Deutschkenntnisse; H erfahren
3. Die TN berichten, auf welche Anzeigen sie sich bewerben würden, auf welche nicht. Fragen Sie nach den Gründen.

LANDES KUNDE Weisen Sie die TN darauf hin, dass Stellenangebote ohne genauere Angaben über die Tätigkeit oder die Firma meistens unseriös sind. Als Beispiel können die Anzeigen A und B dienen. Auch sollte man bei solchen Anzeigen auf die Telefonnummer achten, denn häufig sind hier gebührenpflichtige Servicenummern angegeben. Ein Anruf kann teuer werden!

D3 Leseverstehen 2: Ein Bewerbungsschreiben verstehen
1. Die TN lesen das Bewerbungsschreiben – ohne Wörterbücher. Die Bewerbung soll zunächst nur global verstanden werden.
2. Fragen Sie die TN, auf welche Stelle aus D1 sich Dario bewirbt. *Lösung:* Elektroinstallateur/Elektroanlageninstallateur
3. Die TN lesen das Bewerbungsschreiben noch einmal und unterstreichen die beruflichen und persönlichen Fähigkeiten, die er nennt. Sie schreiben die dazu passenden Fähigkeiten aus der Anzeige auf die Schreibzeilen neben dem Schreiben. Schnelle TN können zusätzlich wichtige Wörter aus der Bewerbung in ihr Heft oder auf ihre Vokabelkärtchen schreiben.
4. *Lösung:* schwindelfrei; gute Deutschkenntnisse; selbstständig; zuverlässig; Führerscheinklasse B

D4 Einen Bewerbungsbrief schreiben
1. Die TN lösen die Übungen 17, 18 und 19 a) des Arbeitsbuches in Stillarbeit.
2. Die TN wählen aus den Stellenanzeigen in D1 ein Angebot aus oder bringen eigene Stellenangebote aus Tageszeitungen und dem Internet mit und suchen sich daraus etwas aus, was zu ihren Fähigkeiten passt.
3. Die TN machen sich Notizen zu folgenden Fragen: Welche Fähigkeiten werden verlangt? Welche Fähigkeiten habe ich selbst, die für diese Arbeit wichtig sind? Warum möchte ich diese Arbeit machen?
4. Die TN schreiben mithilfe der Satzanfänge im Kasten einen Bewerbungsbrief.
5. *fakultativ:* Die TN sitzen in Kleingruppen von vier TN zusammen und erhalten vier Anschreiben, möglichst nicht die eigenen. Sie lesen die Briefe und notieren zu jedem Brief, was sie positiv daran finden und wo sie noch Verbesserungsvorschläge haben. Sie begründen ihre Entscheidungen. Am Ende erhält jeder seinen Brief mit den Kommentaren der anderen zurück und versucht, die Verbesserungsvorschläge einzuarbeiten.

LANDES KUNDE Eine Bewerbungsmappe besteht in Deutschland üblicherweise aus dem Anschreiben, in dem die eigenen Fähigkeiten und Berufserfahrungen dargelegt werden, einem Lebenslauf, der heute meistens mit dem aktuellen Status beginnt und die Lebensstationen nach rückwärts chronologisch beschreibt, und den wichtigsten Arbeitszeugnissen. Bei Berufsanfängern gehört auch das Schulabschlusszeugnis dazu. Immer mehr Firmen wünschen eine Online-Bewerbung: Die Bewerber füllen vorgegebene Felder aus. Wenn Firmen eine „Kurzbewerbung" fordern, genügen Anschreiben und Lebenslauf.

Arbeitsbuch 19 b)–21: in Stillarbeit

LERN TAGEBUCH **Arbeitsbuch 22:** a) Die TN sehen sich die Lektion 5 noch einmal an und notieren alle Wörter zum Thema „Ausbildung und Beruf", die sie neu gelernt haben. Sprechen Sie im Plenum noch einmal über die Bedeutung der Wörter, indem Sie einzelne TN bitten, ein Wort zu erklären. b) Die TN notieren weitere Wörter, die sie zu diesem Thema kennen. c) Die TN schlagen in ihren Wörterbüchern bereits bekannte Wörter zum Thema nach, sehen sich an, welche Wörter davor und danach stehen, lesen die Erklärungen und versuchen dabei, weitere passende Wörter und Wendungen zum Thema zu finden.

67 LEKTION 5

5 E Sich telefonisch vorstellen

Bewerbungen II
Lernziel: Die TN können sich telefonisch bewerben.

Materialien
E2 eine Folie
Test zu Lektion 5

E1 Hörverstehen: Sich telefonisch vorstellen

1. Die Bücher sind geschlossen. Fragen Sie die TN, ob sie sich schon einmal telefonisch irgendwo beworben haben. Welche Fragen sind Ihnen gestellt worden? Notieren Sie einige Beispiele dazu an der Tafel und bitten Sie die TN, in Partnerarbeit weitere mögliche Fragen zu notieren.
2. Besprechen Sie die Fragen im Plenum.
3. Die TN sehen sich die beiden Stellenanzeigen im Buch an und hören die Gespräche. Sie ordnen zu, welches Gespräch zu welcher Anzeige gehört.
4. Abschlusskontrolle im Plenum. *Lösung:* 1 Altenbetreuerin; 2 Servicemitarbeiter/in
5. Die TN übertragen die Tabelle von Aufgabe b) in ihr Heft. Sie hören die Gespräche noch einmal und machen sich Notizen.
6. Abschlusskontrolle im Plenum.
   Lösung: 1 Aufgaben: Hilfe im Haushalt (putzen, einkaufen, kochen, Hilfe beim Baden, zum Arzt begleiten); Arbeitszeit: 30 Stunden im Monat; Bezahlung: 400 Euro pro Monat; 2 Aufgaben: Frühstücksbüffet (vorbereiten, Gäste bedienen, Büffet nachfüllen, abräumen, Geschirr in die Spülmaschine stellen); Arbeitszeit: unter der Woche 6 bis 11 Uhr, Wochenende 7 bis 12 Uhr; Bezahlung: 1200 Euro pro Monat
7. Erinnern Sie die TN daran, dass in einem Bewerbungsgespräch nicht nur Informationen über den Arbeitsplatz gegeben werden, sondern die Firma auch wissen will, ob der Bewerber geeignet ist. Die TN konzentrieren sich beim Weiterhören der Gespräche auf die Fragen und ordnen sie in Aufgabe d) zu. Spielen Sie die Gespräche so oft wie nötig vor.
8. Abschlusskontrolle im Plenum. *Lösung (von oben nach unten):* 2; 1; (1); 2; 1; 2; 1; 2; 2
9. Die TN hören die Gespräche ein weiteres Mal und notieren die Antworten der Bewerber auf die Fragen.
10. Abschlusskontrolle im Plenum. *Lösung (von oben nach unten):* Ich komme aus Polen, aber ich lebe schon seit vier Jahren in Deutschland. / Ja, natürlich, das ist kein Problem. / Sie haben ja geschrieben, dass Sie auch Hausfrauen suchen … / Ja, ja, schon seit zwei Jahren. / Führerschein habe ich auch. / Nein, die habe ich leider nicht. / Gern. Wann würde es Ihnen denn passen? / Leider habe ich gerade keine Arbeit. / Ich habe schon ganz verschiedene Sachen gemacht: …

LANDESKUNDE Besprechen Sie mit den TN Fragen, die in Bewerbungsgesprächen nicht zulässig sind, wie z.B. die Frage nach einer Schwangerschaft oder nach der Familienplanung. Die Fragen müssen von Bewerbern nicht ehrlich beantwortet werden.

E2 Aktivität im Kurs: Rollenspiel

1. Die Bücher sind geschlossen. Bitten Sie die TN, in ihrem Heft eine Tabelle mit drei Spalten anzulegen. Diktieren Sie als Überschriften für die Spalten „ein Gespräch beginnen", „darauf reagieren" und „ein Gespräch beenden und einen Termin vereinbaren". Diktieren Sie den TN Wendungen aus E2 und vervollständigen Sie die Sätze dabei exemplarisch. Die TN schreiben die Sätze in die richtige Rubrik. Beschränken Sie sich auf etwa acht Sätze, sonst dauert die Übung zu lange. Lassen Sie einen TN auf eine Folie schreiben, sodass Sie eine Vorlage für die Kontrolle im Plenum haben.
2. Abschlusskontrolle im Plenum. Korrigieren Sie auf der Folie auch Rechtschreib- und Grammatikfehler.
3. Die TN öffnen ihr Buch und lesen die Rollenbeschreibungen. In Partnerarbeit einigen sich die TN auf ihre Rollen und spielen ein Gespräch. Anschließend wechseln sie die Rollen.

Arbeitsbuch 23–24: im Kurs

PROJEKT **Arbeitsbuch 25:** Besuchen Sie mit Ihrem Kurs das Berufsinformationszentrum bei der Agentur für Arbeit. Vereinbaren Sie vorher einen Termin, damit Ihnen ein Mitarbeiter der Agentur das BIZ (Berufsinformationszentrum) erklären kann. Nach der offiziellen Einführung suchen die TN Informationen zu ihrem Beruf. Das können die berufskundlichen Blätter sein oder auch Informationen aus dem Internet. Die TN machen sich Notizen darüber, welche Fähigkeiten, Kenntnisse und welchen Schulabschluss sie in Deutschland für ihren Beruf brauchen. Eventuell können die TN hier auch Informationen bekommen, wie und wo sie ihre Ausbildung, die sie im Heimatland gemacht haben, anerkennen lassen können bzw. welche Möglichkeiten der Anerkennung und Weiterbildung es gibt. Die TN berichten im Kurs über ihre Recherchen.

Arbeitsbuch 26: Diese Aufgabe bereitet auf den Prüfungsteil Hören, Teil 2, des *Zertifikat Deutsch* vor. In diesem Teil geht es um das Detailverstehen. Wenn Sie Ihre Teilnehmer auf das *Zertifikat Deutsch* vorbereiten wollen, dann nehmen Sie sich Zeit für diese Übung und besprechen Sie mit den TN, welche Strategien und Tipps zum Lösen dieser Übung besonders wichtig sind. Weisen Sie z.B. die TN darauf hin, dass sie vor dem Hören die Aufgabenstellung und die vorgegebenen Aussagen genau lesen und Schlüsselwörter markieren sollen. Die TN hören das Gespräch zweimal hintereinander und notieren ihre Lösungen.

Einen Test zu Lektion 5 finden Sie auf den Seiten 128–129. Weisen Sie die TN auf die interaktiven Übungen auf ihrer Arbeitsbuch-CD hin. Die TN können mit diesen Übungen den Stoff der Lektion selbstständig wiederholen und sich ggf. auch auf den Test vorbereiten.

Materialien
1–2 Kopiervorlage „Zwischenspiel zu Lektion 5"

Zwischenspiel 5
Lust, mitzusingen?
Landeskunde: Umgang mit Druck am Arbeitsplatz

1 **Vor dem Hören: Assoziationen sammeln**
1. Die TN betrachten das Foto im Kursbuch. Sie überlegen allein oder in Partnerarbeit, was die Personen jeweils denken könnten, und schreiben für jede Person eine Gedankenblase. TN, die sehr kognitiv orientiert sind und Dinge lieber beschreiben und reflektieren, unterhalten sich mithilfe von Übung 1 der Kopiervorlage „Zwischenspiel zu Lektion 5" über die Personen. Gehen Sie herum und helfen Sie bei Wortschatzfragen.
2. Einige TN stellen exemplarisch ihre Sprechblasen vor. Regen Sie einen Meinungsaustausch an: Sind die anderen einverstanden? Hatten sie andere Vorstellungen über die Gedanken der Person? Insbesondere TN, die sich über die Wirkung der Personen unterhalten haben, können hier sicher zur Vertiefung beitragen.
Variante: Sie können die TN auch bitten, die in Übung 1 der Kopiervorlage vorgegebenen Adjektive den Sprechblasen zuzuordnen, als Zusammenfassung in einem Wort oder als Überschrift.

2 **Hörverstehen: Ein Lied**
1. Spielen Sie das Lied einmal vor. Die TN hören zu und lesen den Text mit.
2. Beim zweiten Hören können die TN mitsingen oder mitklatschen.
3. Der Liedtext enthält viele Wendungen, die den TN vielleicht noch nicht bekannt sind. Sie lesen die Wendungen in Übung 2 der Kopiervorlage und versuchen mithilfe der Stichwörter eine Bedeutungserklärung. Eine Übersetzungshilfe zu geben, anderen ein Wort oder einen Ausdruck zu erklären, ist übrigens ein Lernziel nach dem Europäischen Referenzrahmen. Hier können die TN mithilfe der vorgegebenen Redemittel üben.
Lösungsvorschlag: a) Ihr denkt, sagt, macht immer wieder das Gleiche und kommt trotzdem zu keinem Ergebnis. b) Euch sollte nicht mehr alles egal sein. c) Seid nicht mehr so langweilig. d) Probiert doch mal etwas Neues aus. e) Habt ihr kein Problem damit zu tun, was andere sagen? f) Ihr solltet am besten sofort damit anfangen.
4. Die TN finden in Übung 3 der Kopiervorlage die passenden Ausdrücke aus Übung 2. Diese Übung kann auch als Hausaufgabe gemacht werden.
5. Abschlusskontrolle im Plenum.
Lösung: b) Ihr solltet keine Zeit verlieren c) Ihr dreht euch dauernd nur im Kreis d) Macht's euch denn nichts aus, immer nur zu funktionieren
6. Das Lied trifft Aussagen über das Verhalten vieler Menschen im Berufsleben – aus einer deutschen Perspektive und deshalb über deutsche Personen. Daher kann das Lied in Ihrem Kurs Anlass zur Diskussion geben: Vielleicht können die TN ja aus ihrer Kultur ein so lethargisches Verhalten nicht nachvollziehen, weil Eigeninitiative immer gern gesehen ist, oder – umgekehrt – der Aufruf zu mehr Kreativität und dem Verlassen ausgetretener Pfade führt zu Unverständnis, weil die TN so etwas aus der eigenen Kultur nicht so kennen. Ermuntern Sie die TN in einem freien Gespräch zur Auseinandersetzung mit dem Inhalt des Liedes.

3 **Eigene Änderungsvorschläge**
1. Die TN finden in Partnerarbeit selbst Änderungsvorschläge für ihren Job, ihr Zuhause oder den Deutschunterricht. Die Vorschläge werden schriftlich festgehalten.
2. Jedes Paar liest seine Sätze einem anderen Paar vor. Die beiden Paare diskutieren, inwiefern die Vorschläge reine Wunschträume sind oder ob sie realisierbar sind und wie.

Fokus Beruf 5
Ein Bewerbungsgespräch gut bewältigen

Lernziel: Die TN können im Bewerbungsgespräch ihre Vorstellungen zur Bezahlung äußern, begründen und ggf. einen Kompromiss schließen.

Da dieser Fokus möglicherweise nur für einen Teil der TN von Interesse ist, können die Übungen auch als Hausaufgabe gegeben werden.

1 Leseverstehen: Den wesentlichen Inhalt verstehen
1. Sprechen Sie mit den TN frei und ungezwungen über Gehaltsverhandlungen: Wissen die TN, dass das Gehalt auch ausgehandelt werden kann, dass sie eigene Vorstellungen einbringen können, etc.? Welche Erfahrungen haben die TN bereits mit Gesprächen zum Gehalt?
2. Die TN lesen die Einleitung zur Übung und sehen sich die drei Karten an. Fragen Sie die TN, was die einzelnen Karten bedeuten können, also: Wie soll man sich vorbereiten? Was bringt wohl Pluspunkte? Wie findet man in Gehaltsverhandlungen einen Kompromiss?
3. Die TN lesen die Aussagen in Übung 1 und dann die Texte zu den Karten. Sie kreuzen an.
4. Abschlusskontrolle im Plenum. *Lösung:* 1 Pluspunktkarte; 2 Kompromisskarte; 3 Vorbereitungskarte; 4 Pluspunktkarte

2 Hörverstehen: Ein Bewerbungsgespräch verstehen
1. Die TN hören das Gespräch abschnittsweise so oft wie nötig und kreuzen ihre Lösungen an.
2. Abschlusskontrolle im Plenum. *Lösung:* 1 a) das Gehalt; b) Vollzeitstelle; 2 a) viel mehr Verantwortung; b) vier Jahre Berufserfahrung; c) öfter weitergebildet; d) sehr zufrieden; 3 a) schlägt einen Kompromiss vor; b) vielleicht

3 Spiel: Gute Karten
1. Die TN schreiben je einen Satz für eine Vorbereitungs-, eine Pluspunkt- und eine Kompromisskarte auf. Regen Sie die TN dazu an, ihre realen Kenntnisse und Erfahrungen einzubringen.
2. Die TN lesen ihre Sätze dem Plenum – oder in großen Kursen einer Gruppe von 6–8 TN – vor. Die anderen sagen, zu welcher Karte der Satz passt.

LEKTION 5

Materialien
1 kleine Zettel

KUNDENWÜNSCHE
Folge 6: *Kundenkontakt*
Einstieg in das Thema: Kundenberatung, Kundengespräche

1 Vor dem Hören: Vermutungen äußern
1. Die Bücher sind geschlossen. Bitten Sie die TN, sich vorzustellen, sie seien beim Friseur. Fragen Sie die TN, worüber sie sich beim Friseur unterhalten. Notieren Sie die Themen in Stichpunkten an der Tafel (z.B. Wetter, Politik, Kinder, Beruf, Mode, Kosmetik, Gesundheit …). Diskutieren Sie mit den TN die folgenden Fragen: Gibt es typische Männer- und Frauenthemen? Worüber sprechen die TN selbst gern / nicht gern? Sprechen Sie überhaupt?
2. Üben Sie mit den TN solche Smalltalk-Situationen, indem Sie die Themen von der Tafel auf kleine Zettel übertragen, pro Thema einen Zettel. Sie brauchen halb so viele Zettel, wie Sie TN haben. Stellen Sie für die Hälfte der TN Stühle in einer Reihe auf. Die Hälfte des Kurses spielt Friseurkunden und nimmt auf den Stühlen Platz, die andere Hälfte ist Friseur / Friseurin. Je ein Friseur / eine Friseurin stellt sich zu einem Kunden. Die Paare ziehen einen Zettel mit einem Thema. Auf Ihr Zeichen hin unterhalten sich die Paare zwei Minuten lang über dieses Thema. Anschließend tauschen die TN ihre Rollen und ihre Partnerin / ihren Partner. Verteilen Sie erneut die Themen.
3. Die TN öffnen ihr Buch und sehen sich die Fotos an. Sie spekulieren darüber, worüber sich Nasseer und die anderen Personen unterhalten.
Variante: Die TN sehen sich zuerst die Fotos im Buch an, überlegen, worüber sich Nasseer und die anderen Personen unterhalten, und berichten im Anschluss, worüber sie sich selbst beim Friseur unterhalten.

2 Vor dem Hören: Schlüsselwörter verstehen
1. Klären Sie mit den TN den Begriff „Pharma-", indem Sie auf die Worterklärung verweisen. Sprechen Sie darüber, was ein Pharmavertreter macht. Auch die Bedeutung von „Marketing" sollten Sie ggf. erläutern.
2. Die TN lesen die Aufgabe im Buch und tragen ihre Lösungen ein.
3. Abschlusskontrolle im Plenum.
Lösung: Frau Walther: Schnitt/Shampoo; Herr Kugler: Pharmabranche/Marketing; Nasseer: Gastronomiebranche/Spezialitäten

3 Beim ersten Hören
1. Die TN konzentrieren sich beim Hören darauf, welche Gemeinsamkeiten Nasseers und Herrn Kuglers Berufe haben.
2. Die TN hören die Foto-Hörgeschichte.
3. Kurzes Gespräch im Plenum über die Gemeinsamkeiten.
Lösungsvorschlag: Beide müssen viel Auto fahren. Beide haben viel Kontakt mit Kunden.

4 Nach dem ersten Hören: Meinungen über das Verhalten der Protagonisten äußern
1. Die TN sitzen in Kleingruppen von vier Personen zusammen und lesen die Aufgaben. In der Gruppe äußern die TN ihre Meinung zu den Fragen. Geben Sie den TN dafür fünf Minuten Zeit.
2. Abschlussgespräch im Plenum.
Lösung: a) seine Arbeit, die Wirtschaft, Leute, die seiner Meinung nach nicht genug arbeiten, seine Kundenkontakte; c) Indem sie bei allgemeinen Begriffen bleibt. Sie sagt nichts Konkretes. Sie tut das, weil sie findet, dass Herr Kugler ein Angeber ist. d) Frau Walther findet Herrn Kugler unsympathisch. Sie hält ihn für einen Angeber.
3. *fakultativ:* Wenn die TN Spaß daran haben, lassen Sie sie doch einmal nach dem abstrakten Prinzip von Frau Walther einen Metzger/Fleischer und einen Tierarzt vergleichen. Natürlich können die TN auch andere Berufe für einen solchen Vergleich wählen.
Lösungsvorschlag: Beide arbeiten mit Tieren. Beide müssen sehr präzise schneiden können. Beide haben Kundenkontakt. Beide verdienen mit Tieren ihr Geld. …

5 Nach dem Hören: Offenes Kursgespräch über Erfahrungen als Kunde
1. Sprechen Sie mit den TN über die Bedeutung des Sprichwortes „Der Kunde ist König!" und fragen Sie, ob es diesen oder einen ähnlichen Spruch in ihrer Muttersprache auch gibt.
2. Diskutieren Sie mit den TN darüber, ob dieser Satz stimmt. Welche Erfahrungen haben die TN als Kunden in Deutschland gemacht?

71   LEKTION 6

6 A Man muss heute direkt zum Kunden gehen, **um** Erfolg **zu** haben.

Finalsätze
Lernziel: Die TN können über eine Statistik sprechen.

Materialien
A3 *Variante:* Kopiervorlage L6/A3

A1 Präsentation der Konjunktion *damit* und des Infinitivs mit *um ... zu*
1. Die TN hören die Gespräche und markieren ihre Lösungen.
2. Abschlusskontrolle im Plenum.
   Lösung: a) ..., um Erfolg zu haben. b) ..., damit seine Kinder die Großeltern sehen können.
3. Notieren Sie die Lösungssätze aus A1 an der Tafel. Fragen Sie die TN, welches Fragewort man braucht, um „um Erfolg zu haben" als Antwort zu bekommen. Schreiben Sie die Lösung „Warum?" an die Tafel. Erklären Sie den TN, dass „um ... zu" einen Zweck nennt. Diese Konstruktion wird immer mit dem Infinitiv benutzt. Erläutern Sie den TN, dass auch „damit" einen Zweck nennt. Machen Sie den TN mithilfe des Tafelbilds deutlich, dass beide Konstruktionen dieselbe Bedeutung haben, man aber „damit" benutzen muss, wenn Hauptsatz und Nebensatz unterschiedliche handelnde Personen (= Subjekte) haben. Bitten Sie die TN, zur Veranschaulichung den ersten Beispielsatz mit „damit" umzuformen, und schreiben Sie ihn ebenfalls an die Tafel.

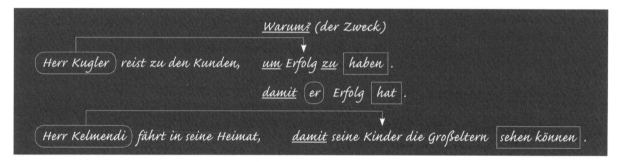

Arbeitsbuch 1–3: in Stillarbeit

A2 Anwendungsaufgabe zu *damit* und *um ... zu*

Die TN lesen die Aufgabenstellung und sprechen die Sätze abwechselnd in Partnerarbeit. Geübte TN überlegen sich weitere Beispiele und formulieren die Sätze.
Lösung: ..., um den Kontakt nicht zu verlieren. ..., damit meine Frau sich erholen kann. ..., um meine ganze Familie zu sehen / damit ich meine ganze Familie sehe.

Arbeitsbuch 4–7: als Hausaufgabe

A3 Aktivität im Kurs: Über eine Statistik sprechen
1. Die Bücher sind geschlossen. Fragen Sie die TN, wie sie am liebsten ihren Urlaub verbringen und was für sie im Urlaub am wichtigsten ist. Erstellen Sie an der Tafel eine Liste der Antworten. Stimmen Sie im Plenum über diese Stichpunkte ab – Wie viele TN finden was am wichtigsten? – und notieren Sie die Ergebnisse.
2. Nennen Sie den TN eine Zahl, z.B. zehn. Fragen Sie einen TN, was doppelt so viel ist. Fragen Sie weiter, wie viel von der neuen Zahl jeder Zweite ist. Verfahren Sie so auch mit weiteren Redemitteln zum Thema Statistik.
3. Kommen Sie dann auf die Umfrage an der Tafel zurück. Sprechen Sie mit den TN mithilfe der neuen Redemittel im Plenum über die Kursstatistik. Eine ähnliche Aufgabe haben die TN schon in Lektion 3, Seite 39, bewältigt. Erinnern Sie die TN ggf. an die dort aufgeführten Redemittel.
4. Die TN öffnen ihr Buch und ergänzen die Statistik in a).
5. Abschlusskontrolle im Plenum: *Lösung:* 1 Etwas weniger als zwei Drittel; 2 Genauso viele; 3 Fast doppelt so viele; 4 Jeder Zehnte
6. Die TN sehen sich die Statistik in b) an und sprechen in Partnerarbeit darüber. Begrenzen Sie die Sprechzeit auf fünf Minuten.
   Variante: Wenn Sie das Sprechen über eine Statistik spielerisch vorbereiten möchten oder den TN eine Hilfestellung geben möchten, verteilen Sie die Kärtchen von Kopiervorlage L6/A3 an je zwei TN.

Arbeitsbuch 8: in Partnerarbeit

PRÜFUNG **Arbeitsbuch 9–11:** in Stillarbeit: Mit Übung **11 b)** können sich die TN auf den *Deutsch-Test für Zuwanderer* vorbereiten.

LEKTION 6

Materialien
B3 Kopiervorlage L6/B3
B4 Plakate und Filzstifte

Man muss was tun, **statt** nur **zu** reden.

Infinitiv mit *statt ... zu* und *ohne ... zu*
Lernziel: Die TN können über gute Vorsätze sprechen.

B   **6**

B1 Präsentation des Infinitivs mit *statt ... zu*
1. Schreiben Sie Beispiel a) an die Tafel. Ziehen Sie Pfeile wie im Tafelbild.

> *Man muss was tun. Aber man redet nur!*   *Man muss was tun, statt nur zu reden.*

2. Die TN sehen sich im Buch Beispiel b) an und versuchen eine Lösung. Notieren Sie die Lösung an der Tafel.
3. Die TN sehen sich Beispiel c) an und notieren ihre Lösung im Buch.
4. Abschlusskontrolle im Plenum.
   Lösung: b) Man sollte immer wieder Pausen machen, statt die ganze Zeit zu arbeiten. c) Man sollte sich gesund ernähren, statt dauernd Kaffee zu trinken.
5. Markieren Sie in den Beispielen an der Tafel die Infinitivkonstruktion „statt ... zu" farbig. Erklären Sie den TN, dass wie bei „um ... zu" die handelnde Person (= Subjekt) im Haupt- und im Nebensatz gleich ist. Mit „statt ... zu" passiert etwas anderes, als man erwartet (hat). Haupt- und Nebensatz bilden einen Gegensatz.

Arbeitsbuch 12–13: in Stillarbeit

B2 Präsentation des Infinitivs mit *ohne ... zu*
1. Die TN sehen sich zunächst nur die Zeichnung an und beschreiben die Situation. Sprechen Sie über Probleme, die es zwischen der Chefin und ihrer Sekretärin geben könnte.
2. Die TN schreiben in Partnerarbeit ein Gespräch zu dem Bild. Damit die TN leichter einen Einstieg finden, geben Sie zwei Anfänge vor (z.B. Chefin: Ach, Frau Müller, ich weiß, Sie haben gleich Feierabend, aber könnten Sie noch schnell ... / Chefin: Also, Frau Müller, ich habe Ihnen schon hundertmal gesagt, dass ...). Die Partner einigen sich auf einen Gesprächsanfang.
3. Im Plenum spielen die TN ihr Gespräch frei vor.
4. Die TN lesen die Aussagen im Buch. Sie hören das Gespräch und markieren ihre Lösungen.
5. Abschlusskontrolle im Plenum.
   Lösung: a) ... eine Dienstreise nicht gut vorbereitet hat. b) ... eine Hotelreservierung nicht schriftlich bestätigt. ... ihrer Chefin eine wichtige Nachricht nicht mitgeteilt. ... einen falschen Rückflug gebucht. c) ... ohne sie vorher zu fragen. d) ... zu viele private Telefongespräche führt.
6. Schreiben Sie das Beispiel aus dem Grammatikspot an die Tafel. Markieren Sie „ohne" und „zu". „Ohne ... zu" zeigt, dass eine Erwartung nicht eintritt / eingetreten ist oder verwirklicht wird. Auch in diesem Infinitivsatz ist die handelnde Person im Hauptsatz und im Nebensatz gleich. Deshalb braucht das Subjekt im Nebensatz nicht extra genannt zu werden.

Arbeitsbuch 14–18: in Stillarbeit oder als Hausaufgabe

B3 Anwendungsaufgabe zum Infinitiv mit *ohne ... zu* und mit *statt ... zu*
1. Die TN ordnen die Sätze zu.
2. Abschlusskontrolle im Plenum. *Lösung:* 1 nur im Hotel anrufen; 2 die Nachricht nicht nur auf den Schreibtisch legen; 3 sie darüber nicht informieren; 5 einfach einen Flug buchen; 6 private Telefongespräche führen

3. Die TN sprechen die Beispiele in Partnerarbeit mit „ohne ... zu" oder „statt ... zu". In Kursen mit überwiegend ungeübten TN sollten die TN zuerst markieren, welche Sätze mit „ohne ... zu" und welche mit „statt ... zu" gebildet werden.
   Lösung: ohne ... zu: 3, 4, statt ... zu: 1, 2, 5, 6
4. Die TN finden sich paarweise zusammen. Jedes Paar erhält einen Kartensatz der Kopiervorlage L6/B3. Die Kärtchen liegen verdeckt auf dem Tisch. Erklären Sie den TN, dass Paul eine neue Arbeit hat. Der neue Chef ist sehr streng und erklärt ihm ganz genau, was er wie und warum machen muss. Die Paare entscheiden, wer Paul ist und wer den Chef spielt. Der TN, der den Chef spielt, zieht ein Kärtchen und gibt Paul Anweisungen, indem er den Satzanfang auf dem Kärtchen sinnvoll ergänzt. Der TN, der Paul spielt, wiederholt den Satz zum Zeichen, dass er verstanden hat. Spielen Sie ein Beispiel mit einem TN vor. Später tauschen die Partner ihre Rollen. Sie können auch neue Paare zusammenstellen.

B4 Aktivität im Kurs: Über gute Vorsätze sprechen
1. Die TN sitzen in Vierergruppen zusammen. Jede Gruppe erhält ein Plakat und einen Filzstift. Die TN notieren auf dem Plakat gute Vorsätze für die nächsten Wochen und Monate und erzählen, was sie dafür in Zukunft nicht mehr tun wollen.
2. Die Gruppen tauschen die Plakate aus. Sie lesen und korrigieren die neuen Plakate. Lassen Sie jedes Plakat von zwei oder drei Gruppen korrigieren. Denn erstens schleift sich durch das wiederholte Lesen die neue Struktur ein und zweitens diskutieren die TN so über die Struktur und die Gruppe wiederholt manche Regel ganz von selbst.
3. Die Plakate werden im Kursraum aufgehängt. Gehen Sie in der Pause oder während einer Stillarbeitsphase noch einmal herum und korrigieren Sie die Fehler, die die TN nicht gefunden oder falsch korrigiert haben.

73   LEKTION 6

6 C Haben Sie einen bestimmten Wunsch?

Verkaufsgespräche
Lernziel: Die TN können Verkaufsgespräche führen.

Materialien
C1 weicher Ball oder Tuch
C2 zwei Plakate; Kopiervorlage L6/C2
C3 Folie des Dialoggerüstes, Kärtchen, Zettel

C1 Hörverstehen: Kundengespräche verstehen

1. Die Bücher sind geschlossen. Die TN werfen sich einen weichen Ball oder ein Tuch zu. Wer den Ball bekommt, muss einen Beruf mit direktem Kundenkontakt nennen.
   Variante: Die TN erstellen in Kleingruppen von vier Personen eine Liste von Berufen mit direktem Kundenkontakt. Welche Gruppe hat zuerst zehn solcher Berufe gefunden?
2. Die TN öffnen ihr Buch und sehen sich die Fotos an. Fragen Sie die TN, wo die Personen gerade sind. Notieren Sie die Vorschläge an der Tafel und erstellen Sie mit den TN eine kleine Liste, was man in diesen Geschäften macht bzw. machen kann.
   Lösungsvorschlag: A Beim Optiker: eine Brille aussuchen, die Brille reparieren lassen; Beim Friseur: die Haare schneiden lassen, sich kämmen lassen; C Im Reisebüro: eine Reise buchen, sich nach Flugpreisen erkundigen
3. Die TN lesen die Aufgabenstellung zu a) und hören die Gespräche. Sie notieren ihre Lösungen.
4. Abschlusskontrolle im Plenum. *Lösung:* 1 D; 2 A; 3 B; 4 C
5. Die TN lesen die Aufgabenstellung zu b) und markieren die Schlüsselwörter in den vier Aussagen. Achten Sie darauf, dass es so wenig wie nötig sind. Erklären Sie den TN, dass das eine wichtige Strategie für Prüfungen ist. Beim Hören sollten sie sich nur auf die Informationen zu den Schlüsselwörtern konzentrieren.
6. Die TN markieren ihre Lösungen.
7. Abschlusskontrolle im Plenum. *Lösung:* 1 falsch; 2 richtig; 3 falsch; 4 falsch

C2 Redemittel für Kundengespräche

1. Bereiten Sie zu Hause zwei Plakate mit der Überschrift „Typische Fragen/Antworten im Geschäft: Was Kunden und Verkäufer oft sagen" vor. Notieren Sie in der oberen Hälfte „Verkäufer/Verkäuferinnen", in der unteren Hälfte „Kunden/Kundinnen". Die Bücher sind geschlossen. Teilen Sie den Kurs in zwei Gruppen. Jede Gruppe erhält ein Plakat und einen Stift. Die TN notieren typische Wendungen für Kundengespräche.
2. Die Gruppen stellen ihre Ergebnisse im Plenum vor.
3. Die TN öffnen ihr Buch. Sie ordnen die Redemittel den verschiedenen Kategorien zu. Zwei schnelle TN ergänzen, soweit nötig, die Plakate der beiden Gruppen (Punkt 1) mit den Redemitteln aus C2.
4. Abschlusskontrolle im Plenum.
   Lösung: <u>den Kunden ansprechen</u>: Sie wünschen? Haben Sie einen (bestimmten) Wunsch? <u>um Hilfe/Informationen bitten</u>: Dürfte ich Sie etwas fragen? Ist es möglich …? Ich hätte gern … <u>dem Kunden etwas anbieten</u>: Kann ich sonst noch etwas für Sie tun? Wie wär's mit …? <u>sich nicht entscheiden können</u>: Das muss ich mir noch überlegen. Es kommt darauf an, was es kostet. Ich kann mich noch nicht entscheiden. <u>das Gespräch beenden</u>: Das ist mir zu teuer / zu … Vielen Dank für Ihre Mühe/Hilfe.

5. Üben Sie diese Redemittel auf spielerische Art und Weise mithilfe von Kopiervorlage L6/C2. Die TN sitzen in Vierergruppen zusammen. Jede Gruppe erhält einen Satz Dominosteine und legt passende Steine aneinander. Ungeübte TN spielen Domino wie angegeben. Geübte TN antworten auf die Frage der Dominokarte, die sie gelegt haben.

Arbeitsbuch 19–20: als Hausaufgabe

C3 Aktivität im Kurs: Ein Kauf-/Verkaufsgespräch führen

1. Kopieren Sie das Dialoggerüst auf eine Folie und legen Sie die Folie auf. Entwerfen Sie eine Beispielsituation, z.B. im Friseurladen. Der Kunde möchte ein Shampoo gegen fettiges Haar. Erstellen Sie mit den TN einen Beispieldialog an der Tafel.
2. Kopieren Sie die Situationsvorschläge aus Aufgabe a) auf kleine Kärtchen. Sie brauchen für die Hälfte der TN je ein Kärtchen. Die anderen TN erhalten große Zettel mit den passenden Geschäftsnamen. Sie stellen sich hinter ihren Tischen auf, die jetzt Verkaufstische sind. Die TN mit den Kärtchen suchen einen TN mit dem passenden Laden aus und führen mit ihm ein Gespräch nach dem Muster des Dialoggerüstes. Anschließend tauschen Verkäufer und Kunde die Plätze. Verteilen Sie die „Ladenzettel" und die Kärtchen neu. Wieder führen die TN Verkaufsgespräche.
3. *fakultativ:* Die TN schreiben eigene Ladenschilder und kleine Zettel mit Gegenständen, die gekauft werden müssen.

Arbeitsbuch 21–23: in Stillarbeit oder als Hausaufgabe

LEKTION 6

Materialien
C1 weicher Ball oder Tuch
C2 zwei Plakate; Kopiervorlage L6/C2
C3 Folie des Dialoggerüstes, Kärtchen, Zettel

Haben Sie einen bestimmten Wunsch?

Verkaufsgespräche
Lernziel: Die TN können Verkaufsgespräche führen.

C **6**

C4 Aktivität im Kurs: Spiel
1. Die TN lesen die Aufgabenstellung und dann die Redemittel.
2. *fakultativ:* Lesen Sie die Redemittel mit viel Betonung vor und bitten Sie die TN nachzusprechen, um die Intonation bei Übertreibung und Unsicherheit zu üben.
3. Die TN bilden Gruppen von 4–6 TN. Ein TN beginnt und versucht, den anderen ein Produkt möglichst schmackhaft zu machen. Die anderen versuchen durch eine zunächst ablehnende Haltung, den „Verkäufer" möglichst zu weiterer Übertreibung anzuregen.

Arbeitsbuch 24: als Hausaufgabe

LERN
TAGEBUCH

Arbeitsbuch 25: als Hausaufgabe: Die TN lesen die Tipps und berichten in der nächsten Unterrichtstunde darüber, welche Tipps sie (regelmäßig) anwenden bzw. was sie gern einmal ausprobieren würden. Wer möchte, kann einen Tipp gezielt ausprobieren und darüber dann berichten.

PRÜFUNG

Arbeitsbuch 26: im Kurs: Durchsagen kommen sowohl im *Deutsch-Test für Zuwanderer* (Hören, Teil 1) als auch im *Zertifikat Deutsch* (Hörverstehen, Teil 3) vor.

75 LEKTION 6

Reisebroschüre zu Deutschland
Reisetipps
Lernziel: Die TN können eine Reisebroschüre verstehen.

Materialien
D3 Plakate und Filzstifte
D5 Plakate; Kopiervorlage L6/D5, Spielfiguren, Würfel

D1 Vor dem Lesen: Informationen sammeln
1. Die Bücher sind geschlossen. Schreiben Sie den Namen des Kursortes in einen Wortigel. Die TN sammeln, was sie Freunden aus ihrem Land in der Region um den Kursort zeigen würden.
2. Fragen Sie, wo in Deutschland die TN schon gewesen sind. Schreiben Sie „Deutschland" in einen Wortigel und lassen Sie sich von den TN Sehenswertes nennen.

D2 Leseverstehen 1: Eine Informationsbroschüre verstehen
1. Die TN überfliegen den Text zunächst nur, um die Überschriften zu den einzelnen Abschnitten zuordnen zu können. Genaues Lesen ist dafür nicht erforderlich. Beschränken Sie die Lesezeit ggf. auf 1–2 Minuten.
2. Abschlusskontrolle im Plenum.
   Lösung (von oben nach unten): B Deutschland – ein Magnet für Touristen aus der ganzen Welt. C Wie ist das Wetter in Deutschland? D Was für Spezialitäten gibt es? A Was kann ich in Deutschland erleben?
3. Geben Sie Gelegenheit zu Wortschatzfragen, gehen Sie aber nicht zu detailliert auf Einzelheiten des Textes ein.
4. Verweisen Sie auf die Grammatikspots und erläutern Sie, dass „es" hier eine rein grammatische Funktion hat, weil ein deutscher Satz ein Subjekt braucht. Veranschaulichen lässt sich dies gut bei dem Verb „regnen". Die Frage „Wer oder Was regnet?" ergibt keinen Sinn und kann nicht sinnvoll beantwortet werden. Aber der Satz braucht ein Subjekt, um vollständig zu sein. Zum Vergleich schreiben Sie einen Satz mit Personalpronomen an die Tafel: „Ein tolles Radio! Ich muss es mir unbedingt kaufen." Hier ist „es" Personalpronomen und steht für „Radio". In den anderen Beispielen füllt „es" hingegen nur einen leeren Platz.
5. *fakultativ:* Die TN suchen alle Verbindungen mit „es" im Text und markieren sie farblich, um sich einen Überblick über die Häufigkeit bestimmter Wendungen zu verschaffen.

Arbeitsbuch 27: im Kurs; **28:** in Stillarbeit; **29:** als Hausaufgabe

D3 Leseverstehen 2: Relevante Informationen verstehen
1. Die TN machen sich in Partnerarbeit Notizen zum deutschen Klima und kulinarischen Spezialitäten.
   Variante: Wenn wenig Zeit ist, können Sie den Kurs auch in zwei Gruppen aufteilen. Jede Gruppe bearbeitet ein Thema.
2. Abschlusskontrolle im Plenum. *Lösung:* Klima: Frühling kühl und feucht; Sommer mäßig warm; Herbst: viel Sonne, milde Temperaturen; Winter kalt mit Temperaturen unter 0 Grad, Schnee; Essen: Spezialitäten: Matjes, Thüringer Bratwurst, Dresdner Christstollen, Pfälzer Saumagen, Schweinebraten mit Sauerkraut und Knödel, Münchener Weißwürste, Spätzle(variationen), Kartoffelsalat; Getränke: Bier
3. Teilen Sie den Kurs in drei Gruppen nach Interessen: Naturliebhaber, Kulturinteressierte und Sportbegeisterte. Die Gruppen schreiben auf Plakate die Tipps zu ihrer Kategorie aus dem Text und ergänzen sie durch eigene Tipps.
4. Jede Gruppe stellt ihre Ergebnisse kurz im Plenum vor.

D4 Partnergespräch über das „Lieblingswetter" und die „Lieblingslandschaft"
1. Die TN lesen die Fragen und die Beispiele. Sie sprechen in Partnerarbeit über ihr Lieblingswetter. Wenn Sie eine anregende Atmosphäre schaffen wollen, legen Sie eine CD mit der Sommermusik auf. Stoppen Sie nach kurzer Zeit die Musik, die TN suchen sich neue Partner und beginnen beim Start der Musik ein neues Gespräch.
2. Verfahren Sie mit Aufgabe b) genauso.

D5 Aktivität im Kurs: Ein Land/Reiseziel vorstellen
1. Die TN suchen sich mehrere Partner aus, die sich für dasselbe Land interessieren wie sie selbst. Die Gruppen erstellen ein Plakat, auf dem sie in Stichpunkten ihr Land beschreiben, das Klima, die Landschaft, die Sehenswürdigkeiten etc. Gruppen, die schon fertig sind, schreiben eine kleine Reisebroschüre über „ihr" Land.
2. Die Gruppen stellen ihr Land im Plenum vor.
3. Die TN sitzen zu viert zusammen. Verteilen Sie an jede Gruppe einen Spielplan der Kopiervorlage L6/D5, einen Würfel und Spielfiguren. Die TN spielen nach den Regeln auf dem Spielplan.

LEKTION 6

Materialien
Test zu Lektion 6
Wiederholung zu Lektion 5 und Lektion 6

Besuch in Wuppertal
Internetrecherche
Lernziel: Die TN können im Internet Informationen suchen und finden.

E1 **Leseverstehen: Einen Text nach Rubriken/Themen strukturieren**
1. Die Bücher sind geschlossen. Die TN suchen auf der Deutschlandkarte auf der vorderen, inneren Umschlagseite des Kursbuchs Wuppertal. Sammeln Sie ggf. an der Tafel, was die TN über Wuppertal wissen. Fragen Sie, ob einer der TN schon einmal in Wuppertal war.
Variante: Bitten Sie vorab einen TN oder eine Kleingruppe, sich im Internet über Wuppertal zu informieren und ein kleines Referat (nicht länger als fünf Minuten) vorzubereiten. Geben Sie dem TN / den TN Stichpunkte vor, z.B. Größe, Lage, Landschaft, Sehenswürdigkeiten, berühmte Personen etc.
2. Die TN öffnen ihr Buch. Sie sehen sich die „Internetseite" an und notieren ihre Lösungen. Erklären Sie den TN, dass es nicht sinnvoll ist, alles zu lesen. Anhand der Überschriften der „Internetseite" sollten sie möglichst schnell die Stelle finden, wo die gesuchte Information steht. Erinnern Sie die TN, wenn nötig, daran, dass sie das aus dem Alltag kennen, denn auch bei Fahrplänen, Wörterbüchern, Fernsehzeitungen etc. wird nach bestimmten Informationen gesucht. Man selektiert, was man liest, und lässt Unwichtiges weg.
3. Abschlusskontrolle im Plenum. *Lösung:* b) Unterkunft; c) Einkaufsführer; d) Sport; e) Anreise

E2 **Hörverstehen: Telefonische Auskunft bei der Touristeninformation**
1. Bitten Sie die TN, sich beim ersten Hören auf folgende Fragen zu konzentrieren: Ist die Mitarbeiterin erfahren? Warum (nicht)? Wie groß ist die Familie des Mannes? Was möchte der Mann wissen?
Lösungsvorschlag: Die Mitarbeiterin ist nicht erfahren, denn sie ist nur die Urlaubsvertretung. Der Mann hat zwei Kinder, die neun und sieben Jahre alt sind. Der Mann möchte Informationen über das Fuhlrott-Museum, die Schwebebahn und das Marionettentheater.
2. Die TN suchen die Informationen zum Fuhlrott-Museum, zur Schwebebahn und zum Marionettentheater auf der „Internetseite" im Buch. Sie tragen die Informationen in die Spalte „Internet" ein.
3. Die TN hören das Telefonat noch einmal und notieren, welche Informationen die Touristeninformation gibt. Abschließend vergleichen sie die Informationen und unterstreichen die falschen Informationen der Touristeninformation.
4. Abschlusskontrolle im Plenum.
Lösung:

	Internet	Touristeninformation
Fuhlrott-Museum, Öffnungszeiten	Di.-Do. 11-18 Uhr, Sa., So. 11-16 Uhr, Fr. 10-13 Uhr, Mo. geschlossen	tägl. 10-17 Uhr, kein Ruhetag
Schwebebahn, Abfahrtszeiten, Preise	Abfahrt: 11 Uhr, 15 Uhr, 17 Uhr, 18.50 Uhr Preise, nur für die Fahrt um 15 u. 17 Uhr: Erwachsene 14,50 €, Kinder 8,50 € mit Kaffee oder Kakao und Kuchen	Abfahrt: 11 Uhr, 15 Uhr, 17 Uhr, 18.50 Uhr Preise für alle Fahrten: 14,50 € Es gibt nichts extra (also keinen Kaffee, Kuchen ...)
Marionettentheater	Alles vom *Räuber Hotzenplotz* bis zu Grimms Märchen	Märchen für Kinder, keine genaueren Informationen vorhanden

Arbeitsbuch 30–31: in Stillarbeit

PROJEKT **Arbeitsbuch 32:** a) Die TN notieren, was sie an ihrer Lieblingsstadt mögen. b) Um das Kurzreferat im Plenum vorzubereiten, sollten die TN alle Informationen, die sie geben möchten, schriftlich vorformulieren. Die Vorgaben im Buch dienen als Hilfestellung. Geben Sie den TN ausreichend Zeit, um den Vortrag einzuüben, damit sie ihn anschließend frei und nur mithilfe ihrer Notizen halten können.

PRÜFUNG **Arbeitsbuch 33:** im Kurs: Diese Übung entspricht dem Prüfungsteil Lesen, Teil 3, des *Deutsch-Tests für Zuwanderer*.

Einen Test zu Lektion 6 finden Sie auf den Seiten 130–131. Weisen Sie die TN auf die interaktiven Übungen auf ihrer Arbeitsbuch-CD hin. Die TN können mit diesen Übungen den Stoff der Lektion selbstständig wiederholen und sich ggf. auch auf den Test vorbereiten. Wenn Sie mit den TN den Stoff von Lektion 5 und Lektion 6 wiederholen möchten, verteilen Sie die Kopiervorlage „Wiederholung zu Lektion 5 und Lektion 6" (Seiten 118–119).

6 Zwischenspiel 6
Schnell, schnell ...

Landeskunde: Umgang mit dem Thema „Zeit"

Materialien
2 Kopiervorlage „Zwischenspiel zu Lektion 6"

1 Hörverstehen 1: Assoziationen sammeln

1. Die TN betrachten das Bild mehrere Minuten. Sie besprechen zu zweit, wo sich die Situation abspielt, und überlegen, was die einzelnen Personen auf dem Bild denken, tun oder vorhaben. Die TN suchen sich dazu ein bis zwei Personen auf dem Bild aus, die sie interessieren, und schreiben ein kurzes Gespräch oder eine kleine Geschichte über sie.
2. Weisen Sie die TN darauf hin, dass sie zu vier Situationen/Personen im Bild ein Gespräch hören. Damit die Zuordnung leichter fällt, sollten die TN vorab die gelben Buchstaben im Bild gefunden haben. Achtung: Den Buchstaben A gibt es viermal, weil die Person sich an verschiedenen Orten aufhält, die alle im Hörtext vorkommen. Spielen Sie erst dann die Gespräche so oft wie nötig vor. Die TN hören zu und ordnen zu.
3. Abschlusskontrolle im Plenum. *Lösung:* 1 C; 2 D; 3 B; 4 A

TIPP
Sogenannte Wimmelbilder eignen sich gut für Sprech- und Schreibanlässe. Es gibt sehr viel Unterschiedliches auf dem Bild zu sehen, sodass die Fantasie der TN angeregt wird. Sie können sich völlig frei für eine Person entscheiden und eine Geschichte um die Person „basteln": Wie ist ihr Charakter? Woher kommt sie? Wohin geht sie? Was ist dieser Person vor kurzer Zeit widerfahren? Was passiert als Nächstes?
Wenn die TN noch nicht so geübt sind, können Sie die Sprech- oder Schreibanlässe auch gezielt provozieren, indem Sie konkrete Aufgaben stellen. Für dieses Wimmelbild zum Beispiel: „Was für ein Typ ist der Junge mit dem Kassettenrekorder am Bahnsteig? Was sind seine Hobbys? Wie denkt er über Schule / über Mädchen? Wohin will er wohl fahren? Erzählen Sie." Oder: „Wer ist der Mann mit dem Rucksack links im Bild? Woher kommt er und wohin fährt er? Schreiben Sie eine kurze Geschichte über seine Reise und seine Reiseerlebnisse."
Sie können diese Wimmelbilder immer wieder einsetzen, zum Beispiel auch, wenn Sie das Präteritum oder das Perfekt wiederholen möchten, oder später, um das Futur zu üben (Die Frage lautet dann: „Was wird die Person als Nächstes tun?").

2 Hörverstehen 2: Die Kernaussagen erfassen

1. Verteilen Sie die Kopiervorlage „Zwischenspiel zu Lektion 6". Die TN lesen die Fragen zu Hörtext 1. Spielen Sie das Gespräch noch einmal vor und besprechen Sie die Lösung im Plenum.
   Lösung: 1 Schnelleres Arbeiten bringt nicht mehr Zeit. / Die Menschen sollen nicht mehr so hektisch sein und sich Zeit lassen.
2. Jetzt lesen die TN die Aufgabe zu Hörtext 1 im Kursbuch und erfinden Ratschläge mit den vorgegebenen Satzanfängen. Natürlich können sich die TN auch selbstständig weitere passende Satzanfänge überlegen.
3. Gehen Sie mit Hörtext 2 bis 3 ebenso vor: Die TN hören und bearbeiten zur Verständniskontrolle die Übung der Kopiervorlage, anschließend gehen sie zur freieren Aufgabe des Kursbuchs über.
   Lösung: 2 Er hat sehr viel Arbeit und kann sich nicht ausruhen. / Er soll immer wieder die Anti-Stress-Maske tragen.
   3 Sein Zug fährt gleich ab. / Züge können nicht gehen und Menschen können nicht fahren.
4. Zu Hörtext 3 können die TN zusätzlich Übung 2 der Kopiervorlage im Kurs oder als Hausaufgabe bearbeiten.
5. Abschlusskontrolle im Plenum. *Lösung:* 1 a; 2 d; 3 e; 4 b; 5 c
6. Spielen Sie Hörtext 4 noch einmal vor und geben Sie den TN Gelegenheit zur Diskussion. Nutzen Sie zur Anregung die Leitfragen in Übung 3 der Kopiervorlage.
7. Erklären Sie, dass in der mündlichen Alltagssprache die Partikel „mal" oft vorkommt. Die TN kennen sie vermutlich schon in Verbindung mit „doch" und Imperativ: „Komm doch mal vorbei!", „Lass uns doch mal wieder ins Kino gehen!" Auch in Aufforderungen mit „schnell" und „kurz" wird gerne „mal" ergänzt, denn es macht die Aufforderung etwas weicher und höflicher. Bitten Sie die TN, Beispiele für solche Aufforderungen zu finden.
8. *fakultativ:* Zum Abschluss können die TN einen kurzen Text darüber schreiben, was Kurt an diesem Nachmittag so „mutterlos" noch unternimmt und wie es ihm dabei geht.

Fokus Beruf
Kundenwünsche

Die TN können Kunden Auskunft erteilen und bei Beschwerden Lösungsvorschläge machen.

Da dieser Fokus möglicherweise nur für einen Teil der TN von Interesse ist, können die Übungen auch als Hausaufgabe gegeben werden.

1 **Hörverstehen 1: Das Thema erfassen**
1. Die TN lesen die Aufgabe im Buch und hören das Gespräch so oft wie nötig. Sie kreuzen ihre Lösung an.
2. Abschlusskontrolle im Plenum. *Lösung:* Die Bäckerei hat eine falsche Hochzeitstorte geliefert.

2 **Hörverstehen 2: Einen Lösungsvorschlag verstehen**
1. Die TN lesen die Aufgabe und hören das Gespräch. Sie machen sich Notizen zu den beiden Fragen der Aufgabe.
2. Die TN machen aus ihren Notizen einen Satz, der das Wesentliche zusammenfasst.
3. Vergleich im Plenum. *Lösung:* Hans hat die Torten verwechselt und soll nun zur Bäckerei zurückkommen, um schnell eine neue Torte abzuholen.

3 **Hörverstehen 3: Einen Kompromiss schließen**
1. Fragen Sie die TN, wie Frau Borowski wohl auf Heikes Vorschlag reagieren wird. Wie würden sie selbst in so einer Situation reagieren?
2. Die TN lesen die Aufgabe und hören das Gespräch. Sie kreuzen an.
3. Abschlusskontrolle im Plenum. *Lösung:* Die Bäckerei liefert eine neue Torte. Anna Borowski muss dafür nichts bezahlen.

LANDES KUNDE Machen Sie die TN darauf aufmerksam, dass sie eine Ware, die sie nicht bestellt haben, nicht abnehmen müssen. Viele Firmen bieten bei Fehlern, die sie verschuldet haben, ein Kulanzangebot an. Es gilt aber immer genau hinzuhören und abzuwägen, ob die Firma sich nicht dennoch einen Vorteil erkaufen will. Andererseits sollte man kompromissbereit sein, wenn eine Firma einen Fehler auszubügeln versucht. Ein bisschen Gespür dafür, was für den Fehler / die Situation angemessen ist, sollte man haben.

4 **Rollenspiel: Einen Kompromiss finden**
1. Die TN bilden Dreiergruppen. Sie lesen die Situation und entscheiden sich für eine Rolle. Jedes Gruppenmitglied liest die Rollenkarten zu „seiner" Rolle.
2. Die TN spielen die Telefongespräche. Gehen Sie herum und hören Sie in die Gespräche hinein. Helfen Sie bei Schwierigkeiten.
3. *fakultativ:* Spielfreudige TN können ihr Gespräch im Plenum vorspielen.

RUND UMS WOHNEN

Folge 7: *Die Traumwohnung*
Einstieg in das Thema: Wohnen

Materialien
1 Zeitungen mit Wohnungsanzeigen
5 Kopiervorlage L7/5

1 Vor dem Hören: Wiederholung des Wortfeldes „Wohnung"

1. Zeichnen Sie einen Wortigel an die Tafel. Die TN nennen alle Wörter, die ihnen zum Thema „Wohnung" einfallen. Fragen Sie auch nach Wörtern, die wiederum zu den gesammelten Wörtern passen, und erstellen Sie so ein richtiges Wortnetz.
2. Die TN lesen die Wohnungsanzeige im Buch und sprechen über die Fragen. *Lösung:* 1 Zimmer; mit Möbeln; 445 Euro
3. *fakultativ:* Wenn Sie viele Quereinsteiger im Kurs haben oder wenn Sie das Lesen von Wohnungsanzeigen mit den TN wiederholen möchten, bringen Sie Zeitungen mit Wohnungsanzeigen mit und verteilen Sie die Zeitungen an die TN. Die TN wählen in Partnerarbeit 3–4 beliebige Anzeigen und notieren, welche Abkürzungen in „ihren" Anzeigen vorkommen (z.B. NK, KM, TG …). Sammeln Sie die Abkürzungen der TN abschließend an der Tafel und klären Sie ihre Bedeutung.

2 Vor dem Hören: Vermutungen äußern

1. Die TN sehen sich die Fotos 1–5 an und äußern ihre Meinung über das Gebäude. Helfen Sie ggf. mit gezielten Fragen: Handelt es sich um ein modernes, teures, billiges … Haus? Würden die TN gern dort wohnen? Warum (nicht)?
2. Bitten Sie die TN, sich dann auf die Fotos 6–8 zu konzentrieren und Vermutungen darüber anzustellen, was wohl passiert ist. Geben Sie keine Hilfen und bewerten Sie die Vorschläge der TN nicht! Die TN können beim anschließenden Hören ihre Vermutungen selbst überprüfen.

3 Beim ersten Hören

Die TN hören die Foto-Hörgeschichte einmal durchgehend und vergleichen die Geschichte mit ihren Vermutungen.
Lösungsvorschlag: Nasseer hat von dem wunderschönen Haus nur geträumt.

4 Nach dem ersten Hören: Die Geschichte nacherzählen

1. Schreiben Sie die Fragen aus dem Buch an die Tafel und bitten Sie die TN, zunächst nur die Fragen kurz zu beantworten.
2. Die TN erzählen Nasseers Traum gemeinsam nach: Ein TN beginnt, der TN rechts daneben setzt die Geschichte fort etc., bis die Geschichte zu Ende erzählt ist.
3. Spielen Sie die Foto-Hörgeschichte noch einmal vor. Die TN überprüfen, ob sie bei ihrer Nacherzählung alle wesentlichen Punkte berücksichtigt haben. Sie tragen ggf. noch fehlende Informationen nach.

5 Nach dem Hören: Über eine Traumwohnung oder ein Traumhaus sprechen

1. TN, die gerne zeichnen und viel Fantasie haben, fertigen ein Bild ihrer Traumwohnung oder ihres Traumhauses an. TN, die nicht gern zeichnen oder noch Hilfestellung bei freien Aufgaben benötigen, erhalten die Kopiervorlage L7/5 und suchen sich ein Bild aus.
2. Die TN stellen im Plenum ihre Traumwohnung oder ihr Traumhaus mithilfe ihrer Zeichnung oder eines Bildes von Kopiervorlage L7/5 vor. Hängen Sie die Zeichnungen im Kursraum auf.
Variante: Wenn Sie wenig Zeit im Kurs haben, lassen Sie die Zeichnungen als Hausaufgabe anfertigen. Im Kurs findet dann nur die Vorstellung der Traumwohnungen statt.

Arbeitsbuch 1: in Stillarbeit oder als Hausaufgabe

Materialien
A1 Zeichnungen der TN oder Kopiervorlage L7/5
A3 Kaffeegeschirr für vier Personen

Die Wohnung ist nämlich **nicht nur** sehr groß, **sondern auch** sehr billig.

A

7

Zweiteilige Konjunktionen
Lernziel: Die TN können übertreiben und Erstaunen ausdrücken.

A1 Präsentation der zweiteiligen Konjunktionen
1. Die TN hören die Zitate aus der Foto-Hörgeschichte und ergänzen die Lücken.
2. Nutzen Sie die Zeichnungen, die die TN für die Aufgabe 5 zur Foto-Hörgeschichte angefertigt haben, oder die Kopiervorlage L7/5, um die Bedeutung der zweiteiligen Konjunktion „nicht nur – sondern auch" deutlich zu machen: Gehen Sie zu den einzelnen Zeichnungen im Kursraum, zeigen Sie auf die jeweilige Wohnung und machen Sie Beispiele: „Diese Wohnung ist nicht nur individuell, sondern auch sehr gemütlich." etc. Bitten Sie dann die TN, analog zu diesem Muster ebenfalls Beispiele zu finden.
3. Verfahren Sie bei den Konjunktionen „zwar – aber" („Diese Wohnung ist zwar klein, aber sehr gemütlich.") und „entweder – oder" („Mit dieser Wohnung kann man entweder an einem Ort bleiben oder man kann sie mitnehmen.") genauso.

Arbeitsbuch 2: in Stillarbeit

A2 Hörverstehen: Anwendungsaufgabe zu den zweiteiligen Konjunktionen
1. Die TN sehen sich die Fotos im Buch an und überlegen in Partnerarbeit, wie diese Häuser genannt werden. Sie ordnen die Fotos den Begriffen rechts neben den Fotos zu.
2. Abschlusskontrolle im Plenum. *Lösung:* A Altbau; C Reihenhaus; D Hochhaus
3. Fragen Sie die TN, in was für einem Haus sie wohnen, und sammeln Sie weitere Begriffe wie Einfamilienhaus, Doppelhaushälfte etc. an der Tafel.
4. Die TN lesen Aufgabe b) und hören das erste Gespräch so oft wie nötig. Die TN notieren ihre Lösung und hören das zweite Gespräch. Sie notieren ihre Lösung.
5. Abschlusskontrolle im Plenum. *Lösung:* Altbau; Reihenhaus
6. Die TN hören noch einmal und machen sich Notizen in der Tabelle.
7. Abschlusskontrolle im Plenum. *Lösung:* Wohnung 1: 550 Euro + 70 Euro NK; 50 qm; 2; 1.4.; Kein Balkon; Wohnung 2: 1200 + NK; 140 qm Wohnfläche; 4; ab sofort; Garten

8. Die TN hören die Gespräche noch einmal und füllen die Lücken aus, geübte TN füllen zuerst die Lücken aus und kontrollieren sich dann beim Hören.
   Lösung: 1 sondern; zwar – aber; nicht nur – sondern ; 2 sowohl – als auch; zwar – aber; entweder – oder
9. Regen Sie ein Kursgespräch über Wohnungsbesichtigungen an, indem Sie die TN zum Beispiel fragen, wie sie ihre aktuelle Wohnung gefunden haben, ob sie mehrere Wohnungen besichtigt haben und welche Erfahrungen sie dabei gemacht haben.

Arbeitsbuch 3–7: als Hausaufgabe: Stellen Sie Übung 6 als freiwillige Hausaufgabe für geübte TN.

A3 Aktivität im Kurs: Rollenspiel
1. Bitten Sie die TN, sich vorzustellen, sie seien Immobilienmakler. Die TN sehen sich noch einmal ihre Traumwohnung- / ihre Traumhauszeichnung von Übung 5 (Seite 81) an und machen ein paar Notizen dazu, wie sie die Wohnung positiv präsentieren können.
2. Lesen Sie die Redemittel zu Übertreibung und Erstaunen im Buch vor und bitten Sie die TN, die Wendungen nachzusprechen. Achten Sie darauf, dass sie mit möglichst viel Emphase vorgetragen werden. Verweisen Sie auch auf die Redemittel in Lektion 6 (Seite 73).
3. Die TN finden sich in Dreiergruppen zusammen. Ein „Makler" beginnt und schwärmt von seiner Traumwohnung vor. Der „Interessent" versucht zu reagieren; Die Gruppe wechselt mit den Rollen durch.
4. *fakultativ:* Wenn die TN Freude an diesem Rollenspiel haben, können einige Gruppen die Situation im Plenum auch als Wohnzimmergespräch bei einem Kaffeeklatsch vorspielen. Die TN stellen sich vor, sie seien bei Freunden zu Kaffee und Kuchen eingeladen. Ein Gast hat eine neue Wohnung, von der er begeistert erzählt. Schaffen Sie dafür eine authentische Atmosphäre, indem Sie Kaffeegeschirr auf einem Tisch aufbauen. Die TN simulieren dann eine Kaffeeklatsch-Situation mit Gespräch über die Superwohnung.

Arbeitsbuch 8: als Hausaufgabe

81 LEKTION 7

7 B Hätte ich doch bloß weitergeträumt!

Konjunktiv II der Vergangenheit
Lernziel: Die TN können ihr Bedauern über verpasste Möglichkeiten ausdrücken.

B1 Präsentation des Konjunktiv II der Vergangenheit

1. Die Bücher bleiben geschlossen. Spielen Sie den TN noch einmal den Schluss der Foto-Hörgeschichte vor (Track 45–46) und fragen Sie die TN, warum Nasseer sich ärgert. Was wünscht er sich?
   Lösungsvorschlag: Er ärgert sich, weil er aufgewacht ist. / weil er nicht mehr weiterträumt. Er wollte eigentlich weiterträumen.
2. Die TN öffnen ihr Buch und lesen die Sprechblasen. In Partnerarbeit ergänzen sie nach dem Schema im Grammatikspot die Lücken.
3. Abschlusskontrolle im Plenum. *Lösung:* a) Wäre; b) Hätte; c) Hätte
4. Schreiben Sie an die Tafel:

> Nasseer hätte gern weitergeträumt. Aber leider ist er aufgewacht.
> ↓
> Das ist die Wirklichkeit! Weiterträumen ist nicht mehr möglich!

Zeigen Sie anhand des Beispiels, wie mit „hätte" bzw. „wäre" und dem Partizip II, das die TN inzwischen ja sehr gut kennen, das Bedauern darüber ausgedrückt wird, dass eine Handlung nicht mehr erfüllbar ist, weil die Realität der Gegenwart dagegensteht.

! In der Form als Ausruf „Hätte/Wäre ich (doch) bloß …!" kommt der Konjunktiv II der Vergangenheit besonders häufig vor. In *Schritte plus 5* wird er daher nur in solchen Wendungen geübt. Vermeiden Sie es, an dieser Stelle weitere Verwendungsmöglichkeiten des Konjunktiv II (z.B. in „wenn"-Sätzen à la „Wenn ich weitergeträumt hätte, hätte ich …") zu üben.

5. Schreiben Sie die Satzanfänge „Wie dumm, dass …" und „Schade, dass …" an die Tafel und bitten Sie einen TN, einen der Satzanfänge zu vervollständigen. Die anderen TN bilden dazu einen passenden Ausruf: „Hätte/Wäre ich doch bloß …!" Wiederholen Sie dieses Vorgehen einige Male, um die neue Form einzuschleifen.

Arbeitsbuch 9: in Stillarbeit oder als Hausaufgabe

B2 Anwendungsaufgabe zum Konjunktiv II der Vergangenheit

1. Die TN sehen sich die Zeichnung im Buch an und beschreiben die Situation. Was ist wohl passiert?
2. Weisen Sie die TN auf den Infospot hin. Wichtig: Die Wörter „bloß, doch, doch bloß, nur …" gehören bei diesen formelhaften Ausrufen des Bedauerns immer mit dazu!

! Gehen Sie hier nicht näher auf das Thema Modalpartikeln ein. Es genügt, wenn die TN die Emotionalität dieser Ausrufe begreifen.

3. Lesen Sie die Sprechblase möglichst theatralisch vor, um den TN ein Beispiel zu geben. Bilden Sie zwei Gruppen. TN, die noch Schwierigkeiten mit der Formenbildung haben, schreiben die Ausrufe des Bedauerns zunächst auf. Gehen Sie herum und helfen Sie, wenn nötig. Geübte TN finden sich paarweise zusammen und sprechen abwechselnd die Ausrufe. Ermuntern Sie sie, noch weitere, über den Kasten hinausgehende Beispiele für die Enttäuschung des Mannes zu finden. Geben Sie abschließend den ungeübten TN Gelegenheit, ihre schriftlichen Sätze vorzulesen. Dabei können auch geübte TN noch einmal kontrollieren, ob sie selbst alles richtig gemacht haben.

Arbeitsbuch 10–14: in Stillarbeit oder als Hausaufgabe

PHONETIK **Arbeitsbuch 15–17:** im Kurs: Dass in *Schritte plus* viel Wert auf die Intonation und die Satzmelodie gelegt wird, haben Sie sicher bereits festgestellt. Hier geht es um die Satzmelodie bei irrealen Wünschen. Die TN hören Übung 15 und sprechen die Sätze möglichst emotional nach. Sie formulieren die Wünsche in Übung 16 und sprechen sie in Partnerarbeit. In Übung 17 werden die zuvor trainierten Fertigkeiten verknüpft.

B3 Aktivität im Kurs: Rollenspiel

1. Die TN betrachten die Zeichnungen zur Aufgabe und beschreiben die Unterschiede zwischen den beiden Wohnungen.
2. Die TN finden sich paarweise zusammen und lesen die Rollenkärtchen. Sie entscheiden sich jeweils für eine Rolle. Geben Sie auch genug Zeit, den Kasten mit den Beispielen zu lesen.
3. Die TN sprechen in Partnerarbeit, wobei sich die/der eine beklagt, die/der andere tröstet. Gehen Sie herum und helfen Sie, wenn nötig. Wer Lust hat, kann das Gespräch auch dem Plenum vorspielen.

LEKTION 7

Leben im Mehrfamilienhaus

Landeskunde: Hausordnung und Zusammenleben mit Nachbarn
Lernziel: Die TN können eine Hausordnung verstehen.

C1 **Landeskunde: Vorschriften, die das Zusammenleben regeln**
1. Fragen Sie die TN, ob sie viele Nachbarn haben und welche Erfahrungen sie mit ihnen gemacht haben. Fragen Sie sie auch, ob es eine Hausordnung gibt und ob sie wissen, was darin steht.
2. Die TN öffnen ihr Buch und lesen die Aussagen in Partnerarbeit. Sie stellen Vermutungen darüber an, was erlaubt ist und was nicht erlaubt ist, und kreuzen ihre Lösungen an. Geben Sie keine Hilfestellung und korrigieren Sie nicht. Die Kontrolle erfolgt in C3.

Arbeitsbuch 18: als Hausaufgabe

C2 **Leseverstehen 1: Das Thema erfassen**
1. Die TN lesen die Hausordnung in Stillarbeit und ordnen jedem Abschnitt das passende Thema zu.
2. Abschlusskontrolle im Plenum. *Lösung:* B Reinigung; C Fahrzeuge; D Sicherheit; E Wasch- und Trockenräume; F Gartennutzung; G Tierhaltung

Arbeitsbuch 19: als Hausaufgabe

C3 **Leseverstehen 2: Den wesentlichen Inhalt verstehen**
1. Die TN suchen in Partnerarbeit zu jeder Aussage in C1 den passenden Abschnitt in der Hausordnung. Sie vergleichen mit ihren eigenen Antworten in C1. Bitten Sie die TN, die für die jeweilige Aussage wesentliche(n) Information(en) in den Abschnitten zu unterstreichen. Wer fertig ist, kann zusätzlich eine Hausordnung für den Kursraum schreiben.
2. Abschlusskontrolle im Plenum. *Lösung:* 1 erlaubt; 2 nicht erlaubt; 3 nicht erlaubt; 4 nicht erlaubt; 5 nicht erlaubt; 6 erlaubt; 7 erlaubt

C4 **Aktivität im Kurs: Über Hausordnungen und Gepflogenheiten im Mehrfamilienhaus sprechen**
Die TN unterhalten sich ungezwungen über die Vorschriften und Gepflogenheiten, die in ihrem Haus gelten. Wenn TN in Reihenhäusern o.Ä. leben, können sie ebenfalls etwas beitragen, z.B. über den bellenden Hund des Nachbarn und Vorschriften beim Rasenmähen u.Ä.

Arbeitsbuch 20: als Hausaufgabe; **21:** im Kurs

PRÜFUNG **Arbeitsbuch 22:** im Kurs: Richtig-/Falsch-Aufgaben sind Bestandteil aller Prüfungen. Diese Übung eignet sich z.B. zur Vorbereitung auf den *Deutsch-Test für Zuwanderer* (Lesen, Teil 4).

7 D Mit Nachbarn leben

Landeskunde: Zusammenleben mit Nachbarn
Lernziel: Die TN können Konflikte lösen.

Materialien
Test zu Lektion 7

D1 Hörverstehen: Konflikte: Freundlichkeit und Unfreundlichkeit in Aussagen erkennen

1. Geben Sie den TN ausreichend Zeit, die Zeichnungen zu betrachten. Die TN stellen Vermutungen an, wer wohl mit wem spricht. Sie hören die Gespräche unter den Nachbarn und verbinden die Gesprächspartner mit Linien. *Lösung:* A mit G; B mit J; D mit K; F mit I; H mit L

2. Spielen Sie die Gespräche noch einmal vor, die TN kreuzen an, ob Sie die Gesprächspartner als freundlich oder unfreundlich empfinden. Stoppen Sie nach jedem Track und diskutieren Sie mit den TN über ihre Entscheidung: Woran haben die TN erkannt, dass die Person freundlich oder unfreundlich ist? Am Tonfall? An bestimmten Wörtern oder Ausdrücken? Lassen Sie auch unterschiedliche Meinungen gelten, denn es kann durchaus individuell sein, was als freundlich bzw. unfreundlich empfunden wird.
   Lösungsvorschlag: 1 beide Frauen freundlich; 2 Mann und Kinder unfreundlich; 3 Frau und Mann freundlich; 4 Frau freundlich, Mann unfreundlich; 5 Frau 1 freundlich, Frau 2 unfreundlich; 6 beide Männer freundlich

3. Die TN hören noch einmal und notieren das jeweilige Problem, das die Personen mit ihrem Nachbarn haben. Sie notieren auch, ob und welche Lösungen die Nachbarn für den Konflikt vorschlagen und ob sie angenommen werden.
   Lösungsvorschlag: 1 Lisa wäscht nicht mehr nach 22 Uhr. 2 Ein Mann ärgert sich, weil Kinder im Treppenhaus spielen. *keine Lösung.* 3 Eine Frau hat ein Problem, weil der Nachbar auf dem Balkon raucht und der ganze Rauch in ihre Wohnung zieht. *Lösungsvorschläge:* Fenster zumachen, im Hof rauchen. 4 Die Fenster einer Frau werden nass und schmutzig, weil ihr Nachbar die Blumen so stark gießt. *keine Lösung.* 5 Eine Nachbarin findet, dass ihre Nachbarin zu laut geht. *Lösung:* sich an den Eigentümer wenden. 6 Der Hausmeister hat ein Problem mit seinem Nachbarn, weil er die Haustür nachts nicht absperrt. *Lösung:* Herr Wimmer verspricht, in Zukunft ans Abschließen zu denken.

4. Die TN lesen die Beispiele in den beiden Sprechblasen. Bitten Sie sie zu unterstreichen, worüber bzw. über wen sich die Leute ärgern (über den Lärm bzw. über die Jungen).

5. Weisen Sie auf den Grammatikspot hin und erinnern Sie die TN daran, dass manche Verben mit einer festen Präposition stehen (vgl. *Schritte plus 3*, Lektion 5). Sammeln Sie einige Beispiele an der Tafel (sich kümmern um, sich interessieren für …). Erläutern Sie, dass die – den TN bekannten – Pronominaladverbien nur bei Sachen und Abstrakta benutzt werden. Handelt es sich um Personen, wird die Präposition mit einem Fragewort bzw. einem Personalpronomen benutzt. Schreiben Sie zur Veranschaulichung ein Beispiel an die Tafel:

> *Worüber* ärgert sich die Frau?   *Über den Lärm.*
> Sie ärgert sich sehr *darüber*.
>
> *Über wen* ärgert sich der Mann?   *Über die Jungen.*
> Er ärgert sich sehr *über sie*.

6. Die TN sprechen in Partnerarbeit darüber, was oder wer auch sie ärgern würde und warum.

Arbeitsbuch 23–28: in Stillarbeit oder als Hausaufgabe

D2 Aktivität im Kurs: Rollenspiel

1. Die TN finden sich paarweise zusammen und wählen eine Situation aus D1, die sie nachspielen möchten, oder denken sich selbst eine Situation aus. Geben Sie ausreichend Zeit, damit die TN ihre Rolle ein wenig skizzieren können und die Redemittel lesen können. Die TN sollten entscheiden, ob sie eine eher freundliche oder eine unfreundliche Person spielen möchten, sie wählen einige Redemittel für ihre Rolle und notieren diese in ihrem Heft.
2. Die TN spielen ihr Streitgespräch mit der Partnerin / dem Partner durch.
3. Bilden Sie je nach Kursgröße 2–4 größere Gruppen. Die Paare einer jeden Gruppe spielen ihrem Publikum ihr Streitgespräch vor.

Arbeitsbuch 29: im Kurs; **30–33:** in Stillarbeit oder als Hausaufgabe

Einen Test zu Lektion 7 finden Sie auf den Seiten 132–133. Weisen Sie die TN auf die interaktiven Übungen auf ihrer Arbeitsbuch-CD hin. Die TN können mit diesen Übungen den Stoff der Lektion selbstständig wiederholen und sich ggf. auch auf den Test vorbereiten. Die TN können jetzt auch ihren Kenntnisstand mit dem Fragebogen auf den Seiten 90–91 im Kursbuch überprüfen.

Materialien
1 Redewendungen auf farbigen Zetteln oder Karten, leere Zettel oder Karten
2 Kopiervorlage „Zwischenspiel zu Lektion 7"; leere Zettel oder Karten

Zwischenspiel 7
Von Tür zu Tür
Redewendungen

1 Leseverstehen: Redewendungen mit „Tür"
1. Die TN sehen sich die Türen im Buch an und sprechen kurz zwanglos darüber: Welche Tür gefällt ihnen besonders gut und warum? Mögen sie alte Türen? Was ist eine Tür für sie – nur ein Eingang oder ein Tor zu einem Menschen …? Wie gefällt ihnen die eigene Haustür oder Wohnungstür?
2. Schreiben Sie vorab die Wendungen aus dem Text auf große farbige Karten oder Zettel und hängen Sie sie an eine Pinnwand. Fragen Sie die TN, was sie bedeuten. Die TN versuchen eigene Erklärungen, noch ohne den Text im Buch zu lesen.
3. Die TN lesen die Einleitung im Buch und vergleichen mit ihren Erklärungen. Sie schreiben für jede Wendung einen Beispielsatz auf ein Blatt Papier oder auf große Karten. Diese werden neben die passende Wendung an die Pinnwand gehängt.

2 Hörverstehen: Redewendungen mit „Tür"
1. *fakultativ:* In Kursen mit überwiegend geübten TN können die TN versuchen, zu den Erklärungen im Buch eine passende Redewendung zu finden. Sie kontrollieren ihren Vorschlag dann beim Hören der Gespräche.
2. Verteilen Sie die Kopiervorlage „Zwischenspiel zu Lektion 7" und spielen Sie die Gespräche einmal vor. Die TN kreuzen in Übung 1 an, was das Thema ist.
3. Abschlusskontrolle im Plenum. *Lösung:* Geld
4. Die TN hören die Gespräche noch einmal und bearbeiten Übung 2 der Kopiervorlage.
5. Abschlusskontrolle im Plenum. *Lösung:* a) richtig; b) richtig; c) falsch; d) falsch; e) richtig

6. Sagen Sie den TN, dass sie sich beim folgenden Hören auf Wendungen mit „Tür" konzentrieren sollen. Ungeübte TN lesen die Wendungen vorab auf der Kopiervorlage (Übung 3) und ordnen sie während des Hörens der passenden Tür zu. Für geübte TN können Sie die Wendungen auf der Kopiervorlage wegschneiden oder sie bitten, die Kopiervorlage zur Seite zu legen und selbstständig die Wendung aus dem Hörtext zu filtern.
7. Abschlusskontrolle im Plenum. *Lösung:* 1 mit der Tür ins Haus fallen; 2 zwischen Tür und Angel; 3 offene Türen bei jemandem einrennen; Meine Türen stehen immer offen; vor seiner eigenen Tür kehren
8. Die TN sammeln in Kleingruppen von 3–4 TN weitere Beispielsituationen und -sätze für diese Wendungen, die sie ebenfalls auf große Zettel oder Karten schreiben und an die Pinnwand hängen.

3 Über Sprichwörter sprechen
Manche der „Tür"-Wendungen und Sprichwörter dürfte es auch in anderen Sprachen geben. Die TN berichten darüber, welche der Wendungen es auch in ihrer Sprache gibt bzw. ob es ähnliche Sprichwörter gibt, die dasselbe ausdrücken.

TIPP Haben Sie TN, die gern zeichnen? Bitten Sie diese, die „Tür"-Wendungen aus dem Buch oder aus ihrer Sprache durch Zeichnungen zu visualisieren – und zwar im Wortsinn, also z.B.: eine Person, die durch eine offene Tür ins Haus fällt. Darunter können die TN die Wendung in ihrer figurativen Bedeutung schreiben. Visuelle Eindrücke bleiben besser im Gedächtnis, besonders wenn sich durch eine groteske oder lustige Situation oder den Bruch zwischen Wortsinn und übertragener Bedeutung ein besonderer „Grund" für das Gehirn ergibt. Was irgendwie auffällt, merken wir uns besser.

4 Sprichwörter sammeln
1. Die TN bilden Dreiergruppen und sammeln alle Sprichwörter und Wendungen, die sie kennen. Geben Sie eine feste Zeit vor, z.B. zehn Minuten.
2. Jede Gruppe stellt ihre Wendungen im Plenum vor und erklärt sie ggf. mit Beispielen.

85 LEKTION 7

Fokus Alltag 7
Wohnungsanzeigen aufgeben

Lernziel: Die TN können eigene Wohnungsanzeigen verfassen.

1 Wortfeld „Abkürzungen in Wohnungsanzeigen"
1. Die TN ordnen zur Wiederholung die Abkürzungen zu.
2. Abschlusskontrolle im Plenum. *Lösung:* b) Tel.; c) Blk.; d) qm; e) NK; f) EBK; g) su.; h) inkl.; i) MM; j) Kü.; k) Hzg.; l) Zi.; m) Whg.; n) max.
3. *fakultativ:* Die TN sammeln weitere Abkürzungen (z.B.: WM – Warmmiete; TG – Tiefgarage ...)

2 Hörverstehen: Wohnungsanzeigen
1. Die TN lesen die Wohnungsanzeigen. Geben Sie bei Bedarf Gelegenheit zu Wortschatzfragen.
2. Die TN hören die drei Gespräche so oft wie nötig und ordnen die passende Anzeige zu.
3. Abschlusskontrolle im Plenum. *Lösung:* 1 D; 2 C; 3 F

3 Eine Wohnungsanzeige schreiben
1. Fragen Sie die TN, ob sie selbst schon einmal eine Wohnungsanzeige aufgegeben haben? Nein? Dann können sie jetzt üben: Sie wählen eine Zeichnung aus und schreiben dazu eine passende Anzeige.
2. Sie tauschen ihre Anzeige mit der Partnerin / dem Partner. Sie/Er versucht zu erraten, zu welcher Zeichnung die Anzeige gehört.
3. Einige TN berichten exemplarisch im Plenum, zu welcher Zeichnung ihre Partnerin / ihr Partner eine Anzeige verfasst hat. Erinnern Sie die TN ggf. an die Wörter Reihenhaus, Altbau etc., die sie schon in Lernschritt A gelernt haben.

PROJEKT Als Hausaufgabe sollen die TN die Telefonnummern der Anzeigenannahme der Lokalzeitungen herausfinden. Beauftragen Sie ein paar (geübtere) TN außerdem damit, bei den Anzeigenannahmen anzurufen und sich nach den Preisen für eine Wohnungsanzeige zu erkundigen. Die Ergebnisse werden im Kurs gesammelt.

Kopiervorlage L1/A1

> Als ich 12 Jahre alt war.

> Als ich nach Deutschland gekommen bin.

> Wann hast du / haben Sie Rad fahren gelernt?

> Tut mir leid, das habe ich nie gelernt.

singen

Klavier spielen

laufen

kochen

lesen

schreiben

dein/Ihr erstes Wort Deutsch lernen

deinen/Ihren Mann kennenlernen

Auto fahren

die Uhrzeit lesen

schwimmen

mit dem Computer arbeiten

tanzen

stricken

deine/Ihre erste Fremdsprache sprechen

Kopiervorlage L1/A5

Kindheit	Deutschland	Hobby	Kindergarten
Hochzeit			Sprache
Schulzeit			Familie
Geburtstag			Wohnung
Deutschkurs			Freunde
letztes Wochenende			erste Liebe
Arbeit	Musik	Politik	Krankheit

Stellen Sie Ihre Spielfigur auf ein beliebiges Feld.

Würfeln Sie und ziehen Sie Ihre Spielfigur vor.

Erzählen Sie aus Ihrem Leben! Verwenden Sie dabei „wenn" oder „als".

Das Feld gibt Ihnen das Thema an.

Beispiel Kindergarten: „Als ich zum ersten Mal in den Kindergarten gehen musste, war ich unglücklich."

Die anderen dürfen auch Fragen stellen: „Warum warst du so unglücklich?"

KOPIERVORLAGEN 88

Kopiervorlage L1/B3

1 Hier sind 20 Verben im Präteritum versteckt. Sie stehen waagerecht (→) oder senkrecht (↓).
Achtung: ß = SS, Ä = AE, Ö = OE, Ü = UE

F	G	O	W	U	R	D	E	T	V
L	A	O	D	A	C	H	T	E	E
O	B	F	A	S	Y	X	W	I	R
G	I	N	G	S	S	T	A	R	B
L	T	I	S	P	C	S	R	A	R
I	R	Z	O	G	H	L	I	L	A
E	A	A	G	O	R	I	E	F	C
H	F	L	B	H	I	E	S	S	H
T	H	A	T	T	E	F	T	O	T
E	T	G	E	I	B	K	A	M	E

2 Tragen Sie die Verben in die Tabelle ein und schreiben Sie den Infinitiv und die Perfektform dazu.

Infinitiv	Präteritum	Perfekt
leihen	lieh	hat geliehen

89 KOPIERVORLAGEN

Kopiervorlage L1/C3

Franz und Gabi sind ein ganz normales Ehepaar. Lukas (9) und Lena (14) sind zwei ganz normale Kinder. Nur manchmal sind sie anders als andere Leute. Lesen Sie und schreiben Sie, was vorher passiert ist.

a Im Kinderzimmer lagen gestern alle Schulsachen auf dem Boden. Vorher *hatte Lukas seine Hausaufgaben gemacht. Aber er hatte keine Lust gehabt und viele Fehler gemacht. Als seine Mutter gekommen war und geschimpft hatte, hatte er alle Sachen auf den Boden geworfen.*

b In der Küche stand heute Morgen das ganze Geschirr auf dem Küchentisch.

c Franz war schon in der Garage, wollte gerade ins Auto steigen, da merkte er, dass er noch seine Hausschuhe trug.

d Lena saß gestern mit Tränen in den Augen vor ihrem Kleiderschrank. Alle Kleidungsstücke lagen auf einem Berg neben ihr.

e Das ganze Badezimmer stand gestern unter Wasser.

KOPIERVORLAGEN 90

Kopiervorlage „Zwischenspiel zu Lektion 1"

1 **Lesen Sie die Texte noch einmal und kreuzen Sie an: Richtig oder falsch?**

		richtig	falsch
a	Eva hatte Pech mit Männern.	☐	☐
b	Als sie Daniels Handynummer bekam, hat sie ihn sofort angerufen.	☐	☐
c	Eva und Daniel haben sich bei einem Fußballspiel getroffen.	☐	☐
d	Sie sind jetzt ein Paar.	☐	☐
e	Gregor hatte mit seinem Lkw die Straße versperrt.	☐	☐
f	Eine schöne Frau war wütend darüber.	☐	☐
g	Gregor hat sie um Hilfe mit seinen Möbeln gebeten.	☐	☐
h	Er hat ihr zum Dank dafür seinen Lkw geliehen.	☐	☐
i	Heute sind die beiden verheiratet.	☐	☐
j	Veysel und Jasmin kommen aus der Türkei.	☐	☐
k	Veysel findet, dass eine Beziehung mit einer Deutschen zu kompliziert ist.	☐	☐
l	Veysel und Jasmin glauben nicht an eine Liebe ohne Grenzen.	☐	☐

2 **Wendungen: Welche Erklärung passt? Ordnen Sie zu.**

a Liebe geht durch den Magen. → Wer liebt, sieht die Fehler vom anderen nicht.

b Liebe macht blind. — Eine Liebe aus früherer Zeit kann man nicht vergessen.

c Alte Liebe rostet nicht.   Wenn zwei sich lieben, streiten sie sich auch gern ein bisschen – zum Spaß.

d Was sich liebt, das neckt sich.   Wenn man gut kochen kann, ist der Partner noch verliebter.

3 **Sprechen Sie über die Wendungen: Stimmen Sie zu? Gibt es in Ihrer Sprache weitere Wendungen zum Thema „Liebe"?**

Kopiervorlage L2/C7

Ergänzen Sie und schreiben Sie Sätze.

Das ist mein Glücksbringer,	Das sind die Turnschuhe,
_____ ich immer zu Prüfungen mitnehme.	_____ ich in meinem Urlaub getragen habe.
_____ mir schon oft geholfen hat.	_____ mir etwas zu groß sind.
_____ ich im Urlaub gekauft habe.	_____ ich vor ein paar Jahren gekauft habe.
Das ist der Nachbar,	Das ist die Verkäuferin,
_____ oft im Treppenhaus schimpft.	_____ in der Metzgerei arbeitet.
_____ ich jeden Morgen sehe.	_____ zwei kleine Kinder hat.
_____ ich meinen Schlüssel gegeben habe.	_____ ich jeden Tag begegne.
Das ist das Handy,	Das ist die Kette,
_____ .	_____ .
_____ .	_____ .
_____ .	_____ .
Das ist der Mann,	Das ist die Touristin,
_____ .	_____ .
_____ .	_____ .
_____ .	_____ .

Kopiervorlage L2/D5

Was machen Sie am liebsten?	Wann? *am Wochenende / im Urlaub / in der Mittagspause / am Abend / zum Frühstück …*	Wie oft? *täglich / einmal / zweimal / selten / manchmal …*	Wie lange? *eine halbe / eine Stunde / … Stunden / … Minuten*	Wo? *auf dem Sofa / in der Badewanne / im Park / im Hallenbad / beim Arzt …*
Fernsehen	☐ Krimis ☐ Nachrichten ☐ Serien ☐ …			
Lesen	☐ Romane ☐ Gedichte ☐ Zeitungen ☐ …			
Musik	☐ Jazz ☐ Pop ☐ Klassik ☐ …			
Was macht Ihre Partnerin / Ihr Partner am liebsten?	Wann?	Wie oft?	Wie lange?	Wo?
Fernsehen	☐ Krimis ☐ Nachrichten ☐ Serien ☐ …			
Lesen	☐ Romane ☐ Gedichte ☐ Zeitungen ☐ …			
Musik	☐ Jazz ☐ Pop ☐ Klassik ☐ …			

Kopiervorlage „Zwischenspiel zu Lektion 2"

1 Hören Sie das Gespräch noch einmal und kreuzen Sie an: Richtig oder falsch?

		richtig	falsch
a	Die Mutter zeigt ihrer Tochter Familienfotos.	❑	❑
b	Die Fotos sind aus den 1980er-Jahren.	❑	❑
c	Damals gab es zum ersten Mal gute Lieder auf Deutsch.	❑	❑
d	Das Lieblingslied von der Mutter ist „Eisbär".	❑	❑
e	Die Tochter kennt dieses Lied auch – als Remix.	❑	❑
f	Mutter und Tochter kennen beide den Song „Tausendmal berührt".	❑	❑
g	Die Mutter hat den Song schon lange nicht mehr gehört.	❑	❑
h	Das Lied erinnert sie an ihren ersten Freund.	❑	❑

2 Was bedeuten die Ausdrücke? Kreuzen Sie an.

a Du wolltest dir bloß den Abend vertreiben.
  - ❑ Du wolltest einfach irgendetwas am Abend unternehmen – ohne ein besonderes Ziel.
  - ❑ Du wolltest den Abend nicht allein verbringen.

b Ich dachte nicht im Traum daran.
  - ❑ Ich hatte noch nie einen Traum darüber.
  - ❑ Ich habe auf keinen Fall daran geglaubt.

c Wir haben gar nix gecheckt.
  - ❑ Wir haben überhaupt nichts verstanden.
  - ❑ Wir haben vergessen zu kontrollieren.

d Wir kennen uns zu lange, als dass aus uns noch mal irgendwas wird.
  - ❑ Wir haben es lange versucht, aber es hat einfach nicht mit uns geklappt.
  - ❑ Wir können kein Paar werden, weil wir uns zu lange und zu gut kennen.

KOPIERVORLAGEN

Kopiervorlage L3/C6

Ein Arbeitstag im Krankenhaus

Was muss/kann/darf/soll getan werden?

Sie brauchen einen Würfel und eine Spielfigur für jede Spielerin / jeden Spieler. Gehen Sie die gewürfelten Felder vor. Machen Sie Sätze. Auf einem Pause-Feld müssen Sie nichts tun.

Beispiel: in Zimmer 15 um 7 Uhr Fieber messen – In Zimmer 15 muss um 7 Uhr Fieber gemessen werden.

START →	in Zimmer 15 um 7 Uhr Fieber messen	jeden Morgen frische Handtücher aufhängen	Herrn Sommer keinen Kaffee zum Frühstück bringen	am Mittwoch um 8 Uhr Frau Bertil röntgen	vor dem Mittagessen dem Mann auf Zimmer 17 eine Spritze geben	um 12 Uhr Essen austeilen
Herrn Czernys Bein hochlegen	der alten Frau von Zimmer 43 beim Essen helfen	Sabines Gips entfernen				Pause
um 13 Uhr die Tabletts vom Mittagessen einsammeln			Pause	Kopfhörer zum Radiohören in der Küche abholen	bei Frau Müller das Bett machen	auf dem Flur und in den Zimmern nicht rauchen
bei Herrn Kalender und Frau Zucker Blutdruck messen	Pause	um 15 Uhr Sabine in den Operationssaal fahren	Herrn Müller keinen Kuchen wegen Diabetes geben	in Zimmer 12 bis 18 neue Fernseher installieren	in Zimmer 112 die Glühbirne auswechseln	Pause
ZIEL	um 6 Uhr alle Patienten wieder wecken	Pause	einen Kontrollgang machen	um 3 Uhr eine halbe Stunde schlafen	um 22 Uhr die Fenster schließen	schmutzige Wäsche sortieren und in die Reinigung geben
						um 21 Uhr Schlaftabletten ausgeben

Kopiervorlage L3/D5

Schwimmen mit vollem Magen ist gefährlich.	Lesen bei schlechtem Licht schadet den Augen.
Bei kaltem Wetter muss man sich warm anziehen, sonst erkältet man sich.	Einen Apfel essen ist wie einmal Zähne putzen.
Sport macht schlank.	Schwitzen ist gesund.
Ein Mensch braucht mindestens 8 Stunden Schlaf pro Tag.	Wer als Baby dick war, ist es auch als Erwachsener.
Lachen ist gesund.	Kurze Haare wachsen besser.

Kopiervorlage „Zwischenspiel zu Lektion 3"

1 **Lesen Sie den Text und kreuzen Sie an: Was ist richtig?**

a Lachen fühlt sich gut an. ☐

b Probleme werden kleiner, wenn man sie weglacht. ☐

c Viel Lachen ist häufig hilfreicher als Arzneimittel. ☐

d Man sollte nicht grundlos lachen. ☐

e Wichtig ist, dass das Lachen echt und ehrlich ist. ☐

f Babys und Kinder lachen häufiger als Erwachsene. ☐

g Wer oft lacht, muss nie mehr joggen. ☐

2 **Ordnen Sie zu.**

> der Elefant • die Kuh • die Erbsen • das Spiegelei • die Telefonzelle • der Löwe

A

....

B

....

C

....

D

....

E
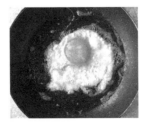
....

F

....

Kopiervorlage L4/A3

Hinweis: Kopieren Sie die Kopiervorlage auf festen Karton und schneiden Sie die Kärtchen aus. Wenn Sie mehr als zwanzig TN haben, kopieren Sie die Vorlage zweimal, weil Sie pro TN ein Kärtchen benötigen.

morgen regnen	die Sonne nie mehr scheinen
genug Geld haben	du/Sie morgen die Zertifikatsprüfung machen können
im Lotto gewinnen	eine Villa erben
plötzlich alle deine/Ihre Möbel weg sein	heute keinen Deutschkurs haben
noch ein Kind sein	plötzlich perfekt Deutsch sprechen können
morgen die Sonne scheinen	dein/Ihr Freund mit Familie in deine/Ihre Wohnung einziehen
einen interessanten Mann / eine interessante Frau im Internet kennenlernen	im Schlaf lernen können
es kein Geld auf der Welt geben	einen Tag lang Politik in Deutschland machen können
nie mehr fernsehen dürfen	dein/Ihr Auto/Fahrrad kaputt sein
morgen der Kurs zu Ende sein	heute in dein/Ihr Heimatland fliegen können

KOPIERVORLAGEN

Kopiervorlage L4/B3

Ach so! Jetzt habe ich`s verstanden!

Kommen Sie doch her!

Keine Ahnung! Ich weiß es nicht!

Das ist ja super!

WAS?!

Bitte sprechen Sie langsamer!

Kopiervorlage L4/C4

Wie lernen wir eigentlich Fremdsprachen?

Kopiervorlage L4/C6

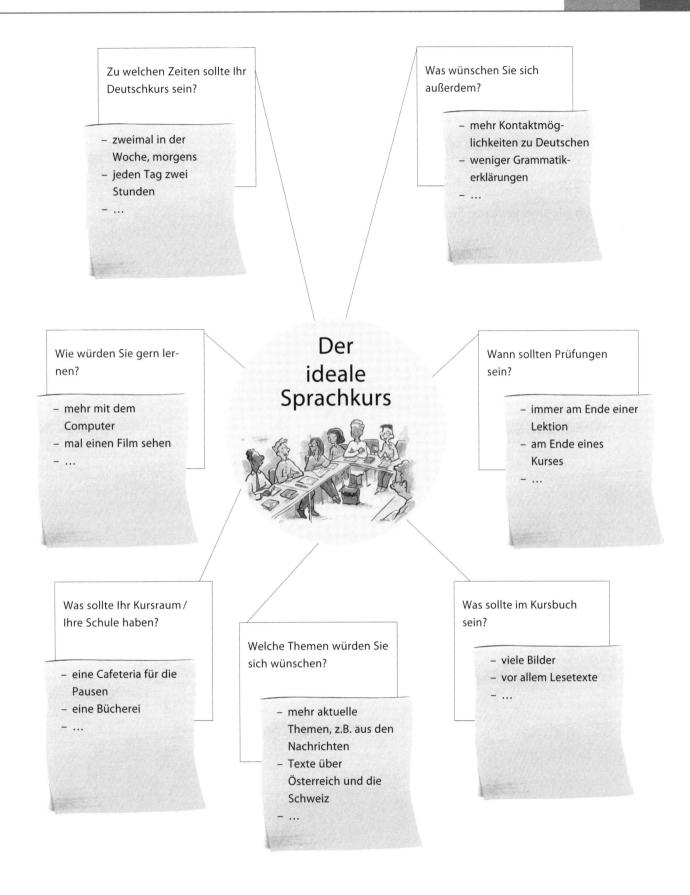

Kopiervorlage „Zwischenspiel zu Lektion 4"

1 **Lesen Sie den Text und notieren Sie Antworten.**

a Wann lernen kleine Kinder am besten? ....

b Wie viel spielen Erwachsene? ....

c Was hat die Lernforschung herausgefunden? ....

2 **Lesen Sie und kreuzen Sie an: Richtig oder falsch?**

	richtig	falsch
a Liese erwartet Besuch von Hans.	☐	☐
b Hans wohnt in Oberammergau.	☐	☐
c Es ist nicht sicher, ob er wirklich kommt.	☐	☐

3 **Was passt? Ordnen Sie zu.**

Blaukraut • Brautkleid • Graubrot

A

B

C

....

KOPIERVORLAGEN 102

Kopiervorlage L5/A1

Machen Sie Sätze.

(keine) Zeit haben • anfangen • (keine) Lust haben • versuchen • (keine) Angst haben • vergessen • (kein) Interesse haben • aufhören

Beispiel: Ich habe keine Lust, die Grammatik zu üben.

die Grammatik üben	allein zu Hause sein
die Hausaufgaben machen	morgen pünktlich bei dir/Ihnen sein
das Geschirr in den Schrank stellen	eine Diät machen
regelmäßig Sport treiben	endlich ein Buch lesen
einen Französischkurs besuchen	rauchen
heute Abend essen gehen	von großen Hunden gebissen werden
mir alleine etwas Warmes kochen	die unregelmäßigen Verben auswendig lernen
über das Wetter schimpfen	nachts allein im Park spazieren gehen
jeden Tag wenigstens einen Apfel oder anderes Obst essen	einmal in der Woche meine Eltern besuchen
dich/sich über deinen/Ihren Sohn ärgern	meine Wohnung renovieren

103 KOPIERVORLAGEN

Kopiervorlage L5/A6

• Koch gelernt • als Koch gearbeitet • aus gesundheitlichen Gründen nicht mehr möglich • großes Interesse an Autos / arbeitet gern mit Menschen *(Fahrschullehrer)*	• Studium der Psychologie • interessiert sich für Film und Theater • hat schon beim Fernsehen gearbeitet • liebt es, ins Kino zu gehen, fotografiert gern *(Kameraassistent, -in)*
• Krankengymnastin gelernt • will nicht mehr mit kranken Menschen arbeiten • interessiert sich für Kinder • hat eigene kleine Geschwister *(Erzieherin)*	• Mittlere Reife • Ferienjobs im Tierheim • könnte sich auch vorstellen, anderen Menschen zu helfen *(Krankenpfleger oder Tierpfleger)*

KOPIERVORLAGEN 104

Kopiervorlage L5/B3

Was brauchen Sie? Was brauchen Sie nicht zu tun? Was müssen/können Sie tun? Machen Sie Sätze.

Beispiel: Als Lehrer braucht man viel Geduld.

START →

als Lehrer viel Geduld	als Maler viele Farben	als Polizist gute Nerven	als Verkäufer nicht reisen	als Maler keine Bilder malen
als Taxifahrer Führerschein	als Koch selten Computerkenntnisse	als Gärtner an der frischen Luft arbeiten	als Personalchef Menschenkenntnis	als Firmenchef nie um Erlaubnis fragen
als Koch Gewürze	als Mechaniker keine Fremdsprache sprechen	als Anwalt keinen Kaffee kochen	als Kunstmaler keine Wände streichen	als Tischler viel mit Holz arbeiten
als Arzt Blut sehen können	als Sekretärin keinen Führerschein haben	als Bauer mit Tieren umgehen können	als Tischler nicht im Büro arbeiten	als Arzt nicht im Freien arbeiten
als Dachdecker bei Schnee nicht auf Dächern arbeiten	als Verkäufer nie nachts arbeiten	als Chef keine dummen Fragen beantworten	als Friseur keine guten Nerven	als Friseur den Laden fegen
als Koch in der Küche arbeiten				als Sekretärin Kaffee kochen
als Koch eine feine Zunge				als Krankenschwester nicht operieren
als Pfarrer die Menschen lieben				als Tierarzt Tiere mögen
als Krankenschwester medizinische Fachausdrücke kennen				als Seemann die Welt sehen
				als Taxifahrer gute Ortskenntnisse
				als Verkäufer am Wochenende arbeiten

ZIEL

105 KOPIERVORLAGEN

Kopiervorlage „Zwischenspiel zu Lektion 5"

1 Sehen Sie das Bild im Kursbuch an und beschreiben Sie die Personen. Wie wirken sie? Sprechen Sie mit Ihrer Partnerin / Ihrem Partner.

> gelangweilt • skeptisch • motiviert • neugierig • neutral • begeistert • konzentriert
> aufmerksam • abwesend • …

Die Frau, die steht, wirkt auf mich sehr motiviert. Sie ist wirklich begeistert.

Ja, aber die Zuhörer sind nicht alle so begeistert. Die Frau an der Theke zum Beispiel …

2 Was bedeuten diese Sätze? Erklären Sie. Die Stichwörter im Kasten helfen Ihnen.

> etwas Neues ausprobieren • immer wieder dasselbe denken, sagen und machen und trotzdem
> zu keinem Ergebnis kommen • negativ sein • am besten sofort anfangen • selbst aktiv
> werden • keine Probleme damit haben zu tun, was andere sagen

a Ihr dreht euch dauernd nur im Kreis!
b Es ist Zeit, mal endlich aufzuwachen!
c Hört auf, die Welt so grau zu machen.
d Geht doch mal auf neuen Wegen!
e Macht's euch denn nichts aus, immer nur zu funktionieren?
f Ihr solltet keine Zeit verlieren.

Das heißt (so viel wie): …
Das bedeutet: …
Mit anderen Worten bedeutet / heißt das: …
Ich verstehe den Satz so: …
Man soll …

3 Ergänzen Sie die Gespräche mit dem passenden Ausdruck aus Übung 2.

a ◆ Stell dir vor, wir sollen jetzt alle zwei Stunden länger arbeiten – ohne mehr Lohn. Aber was will man machen? So ist das Berufsleben heute.
   ● Mensch, Evi, ich finde wirklich: *Es ist Zeit, mal endlich aufzuwachen* ………………… und etwas dagegen zu tun!

b ◆ Bei uns in der Firma soll es zwei neue Manager-Stellen geben. Stefan und ich überlegen, ob wir uns bewerben sollen.
   ● Was gibt es da zu überlegen? ……………………………………………………………… und sofort eure Bewerbung losschicken.

c ◆ Puh, war das heute wieder ein Tag! Vier Stunden hat das Meeting gedauert, aber meinst du, wir wären zu einem Ergebnis gekommen?
   ● Das Gefühl habe ich bei eurer Firma schon lange: …………………………………………………, aber Ergebnisse gibt es keine.

d ◆ Also, in unserem Land ist es ganz normal, dass wir alles machen, was der Chef sagt.
   ● Wirklich? ………………………………………………………………? Ich könnte das nicht, ich muss immer meine eigene Meinung sagen.

KOPIERVORLAGEN

Kopiervorlage L6/A3

Hinweis: Wenn Sie das Sprechen über eine Statistik spielerisch aufbereiten möchten, dann zerschneiden Sie die Kärtchen und verteilen diese an je zwei TN. Die TN ordnen zunächst anhand der Informationen aus der Statistik einem Urlaubswunsch-Kärtchen ein Redemittel-Kärtchen zu. Mithilfe der zugeordneten Kärtchen können die TN in Partnerarbeit die Statistik leichter versprachlichen und auch ihr Erstaunen oder ihre Erwartung ausdrücken.

Abenteuer erleben	flirten	Sport treiben
sich erholen	feiern	Sehenswürdigkeiten besuchen
doppelt so viele ... wie ...	nur halb so viele ... wie ...	viel / etwas mehr ... als ...
etwa gleich viele ... wie ...	(fast) Jede / r ...	viel / etwas weniger ... als
mehr als die Hälfte aller ...	mehr als doppelt so viele ... wie	

107 KOPIERVORLAGEN

Kopiervorlage L6/B3

Hinweis: Schneiden Sie die Kärtchen aus und kleben Sie sie auf festen Karton.

Sie sollten alte Briefe sortieren, um … zu …	Bitte seien Sie am Telefon freundlich zu den Kunden, damit …	Ach ja, buchen Sie keine Flüge für mich, ohne … zu …
Sie dürfen keine wichtigen Entscheidungen treffen, ohne … zu …	Und lassen Sie sich Hotelreservierungen immer schriftlich bestätigen, statt … zu …	Ja, Sie haben 30 Minuten Pause, um … zu …
Telefonieren Sie bitte nur dienstlich, statt … zu …	Sie sollten nicht früher nach Hause gehen, ohne … zu …	Ich werde Sie zu einem Computerkurs anmelden, damit …
In dringenden Fällen rufen Sie mich bitte sofort an, statt … zu …	Wenn Sie krank werden, gehen Sie bitte nicht, ohne … zu …	Und Sie können sich Informationen aus dem Internet holen, um … zu …
Ach ja, neue E-Mails lesen Sie bitte sofort, statt … zu …	Die Post sollten Sie morgens sofort öffnen, damit …	Ach, teilen Sie mir Ihre Urlaubstermine rechtzeitig mit, damit …

KOPIERVORLAGEN 108

Kopiervorlage L6/C2

Das ist mir zu teuer / zu …	*dem Kunden etwas anbieten*	Wie wär's mit …?	*das Gespräch beenden*
Darf ich Ihnen … empfehlen?	*das Gespräch beenden*	Wenn Sie noch Wünsche haben, melden Sie sich bei uns.	*um Hilfe/ Informationen bitten*
Vielen Dank für Ihre Mühe.	*den Kunden ansprechen*	Ich hätte gern …	*sich nicht entscheiden können*
Kann ich etwas für Sie tun?	*um Hilfe/ Informationen bitten*	Ich kann mich noch nicht entscheiden.	*den Kunden ansprechen*
Dürfte ich Sie etwas fragen?	*sich nicht entscheiden können*	Haben Sie einen (bestimmten) Wunsch?	*um Hilfe/ Informationen bitten*
Das muss ich mir noch überlegen.	*sich nicht entscheiden können*	Ist es möglich …?	*dem Kunden etwas anbieten*
Es kommt darauf an, was es kostet.	*um Hilfe/ Informationen bitten*	Kann ich sonst noch etwas für Sie tun?	*den Kunden ansprechen*
Entschuldigung, können Sie mir helfen?	*dem Kunden etwas anbieten*	Sie wünschen?	*sich nicht entscheiden können*
Darf ich Ihnen … anbieten?	*dem Kunden etwas anbieten*	Sind Sie sicher?	*das Gespräch beenden*

109 KOPIERVORLAGEN

Kopiervorlage L6/D5

**Stellen Sie Ihre Spielfigur auf ein beliebiges Feld.
Würfeln Sie und ziehen Sie Ihre Spielfigur.**

Freizeit	Wetter	Musik	traditionelle Speisen und Getränke	Sprache(n)
berühmte Personen				Haustiere
Fernsehen				Feste und Feiertage
Schulsystem				Landschaft
Sehenswürdigkeiten				Wohnen
Verkehr	Hauptstadt	Regierung	Menschen	Kinder

Erzählen Sie etwas über Ihr Lieblingsland!

Das Feld gibt Ihnen das Thema an.
Beispiel: Wetter: „In Italien regnet es nicht so oft wie bei uns, und es ist auch nicht so kalt."
Die anderen dürfen auch Fragen stellen: „Und wie warm ist es jetzt in Italien?"
Sprechen Sie eine Minute.
Ein Spieler sieht auf die Uhr.

KOPIERVORLAGEN

Kopiervorlage „Zwischenspiel zu Lektion 6"

1 **Hören Sie die Texte 1–3 noch einmal. Was ist richtig? Kreuzen Sie an.**

Hörtext 1: Was ist die Meinung des Mannes auf der Kiste?
❏ Die Menschen hätten mehr Freizeit, wenn sie schneller arbeiten würden.
❏ Schnelleres Arbeiten bringt nicht mehr Zeit.

Was ist sein Vorschlag?
❏ Die Menschen sollen nicht mehr so hektisch sein und sich Zeit lassen.
❏ Die Menschen sollen Zeit sparen, dann können sie die schönen Dinge des Lebens besser genießen.

Hörtext 2: Was ist Herrn Müllers Problem?
❏ Er hat sehr viel Arbeit und kann sich nicht ausruhen.
❏ Er hat keine Arbeit und ist deshalb gestresst.

Was ist die Lösung für sein Problem?
❏ Er muss sich doppelt so oft entspannen und nur die Hälfte der Zeit arbeiten.
❏ Er soll immer wieder die Anti-Stress-Maske tragen.

Hörtext 3: Warum hat der Kunde es eilig?
❏ Er will zu Fuß nach Hamburg gehen.
❏ Sein Zug fährt gleich ab.

Was erklärt ihm der Hotdog-Verkäufer?
❏ Züge können nicht gehen und Menschen können nicht fahren.
❏ Züge können abfahren und Menschen können mitfahren.

2 **„Gehen" hat viele Bedeutungen. Ordnen Sie zu.**

| **a** funktionieren   **b** möglich sein   **c** passen, Platz haben   **d** gekauft werden |
| **e** den Arbeitsplatz aufgeben |

1 Meine Uhr geht nicht mehr. Ich muss wohl eine neue Batterie kaufen. ❏
2 Der Zitronenkuchen geht zurzeit am besten. Wir mussten heute schon 15 Kuchen backen. ❏
3 Meine Lieblingskollegin geht Ende des Monats. Sie hat eine neue Stelle in Berlin. ❏
4 Ins Kino? Heute habe ich leider keine Zeit, aber morgen geht es. Einverstanden? ❏
5 Das Sofa ist viel zu groß. Das geht nie durch die Tür! ❏

3 **Kurt und seine Mutter sprechen wenig. Trotzdem erfährt man viel über die Personen. Hören Sie Text 4 noch einmal und berichten Sie.**

a Wie ist die Beziehung zwischen Kurt und seiner Mutter?

b Was für ein Typ ist die Mutter, wie ist Kurt?

c Warum „liebt" Kurt den Bahnhof an Tagen wie diesem?

Kopiervorlage L7/5

DAS BAUMHAUS

DER WOHNWAGEN

DIE MODERNE VILLA

DIE INSELHÜTTE

DAS EINFAMILIENHAUS MIT GARTEN

DER BAUERNHOF

DER WOLKENKRATZER

DAS IGLU

Kopiervorlage „Zwischenspiel zu Lektion 7"

1 Worüber sprechen die Leute? Hören Sie die Gespräche und kreuzen Sie an.

❑ Türen

❑ Geld

2 Hören Sie noch einmal und kreuzen Sie an: Richtig oder falsch?

		richtig	falsch
a	Christoph möchte 500 Euro von seiner Tante.	❑	❑
b	Seine Tante möchte zuerst mit dem Onkel darüber sprechen.	❑	❑
c	Tante und Onkel geben ihm nur 200 Euro.	❑	❑
d	Seine Oma findet, er soll lieber einen Job suchen.	❑	❑
e	Eine Freundin findet das auch, obwohl sie sich selbst immer Geld leiht.	❑	❑

3 Ordnen Sie die Redewendungen den Türen im Kursbuch zu.

a zwischen Tür und Angel

b vor seiner eigenen Tür kehren

c offene Türen bei jemandem einrennen

d mit der Tür ins Haus fallen

e Meine Türen stehen immer offen.

„Tür"	1	2	3	4	5
Redewendung					

113 KOPIERVORLAGEN

Wiederholung zu Lektion 1 und Lektion 2
Spiel

Als ich gestern nach Hause fuhr, …	Obwohl …, fühle ich mich hier wohl.	Wir haben oft Besuch von Verwandten, weil …
Ich liebe Krimis. Deshalb …	Als …, war ich ziemlich nervös.	Ich mache keinen Sport, weil …
Jedes Mal, wenn ich Urlaub hatte, …	Ich gehe gern ins Restaurant, obwohl …	Als …, habe ich mich total gefreut.
Ich erinnere mich gern an meine Kindheit, weil …	Ich möchte abnehmen. Deshalb …	Als ich heiratete, …
Manchmal fühle ich mich hier allein, obwohl …	Wenn ich mit meinen Eltern telefonierte, …	Ich gehe nicht oft tanzen, obwohl …
Als ich noch zur Schule ging, …	Sport interessiert mich überhaupt nicht. Deshalb …	Obwohl …, fahre ich oft in die Natur zum Wandern.
Deutsch ist ganz anders als meine Muttersprache. Trotzdem …	Ich gehe selten ins Kino, weil …	Ich finde Science-Fiction-Filme langweilig. Deshalb …
Obwohl …, macht es mir Spaß.	Ich muss bei Liebesfilmen immer weinen. Trotzdem …	Als ich meine Ausbildung beendet hatte, …
Ich gehe gern ins Kino, weil …	Immer wenn …, war ich ganz nervös.	Als …, war ich sehr traurig.

KOPIERVORLAGEN 114

Wiederholung zu Lektion 1 und Lektion 2
Spiel

Ich habe kein Auto, obwohl …	Ich telefoniere manchmal lange mit meiner Familie, weil …	Meine Eltern leben in einer anderen Stadt. Deshalb …
Als ich endlich meinen Führerschein hatte, …	Ich mache ziemlich viel Sport, weil …	Wir fahren oft mit dem Fahrrad, obwohl …
Ich … Trotzdem sehe ich gern Zeichentrickfilme.	Als ich zum ersten Mal in den Deutschkurs ging, …	Ich habe viele Freunde, obwohl …
Immer wenn …, hat mir meine Mutter eine Geschichte vorgelesen.	Ich möchte unbedingt den Führerschein machen, weil …	Als ich 18 wurde, …
Manchmal bin ich traurig, weil …	Ich schreibe viele E-Mails, weil …	Als …, musste ich vieles neu lernen.
Ich fahre immer mit dem Auto in die Stadt, obwohl …	Weil …, suche ich eine Arbeit.	Als …, war ich total stolz.
Jedes Mal, wenn ich tanzen gehen wollte, …	Ich lerne Deutsch, weil …	Immer wenn ich einen interessanten Film gesehen habe, …
Obwohl …, schreibe ich selbst keine Briefe.	Meine Freunde wohnen weit weg. Trotzdem …	Immer wenn ich an meine Kindheit denke, …
Ich kenne den Star „Heiko" nicht, weil …	Als ich nach Deutschland kam, …	Jedes Mal, wenn meine Cousine zu Besuch kam, …

Wiederholung zu Lektion 3 und Lektion 4
Spiel

START

Erzählen Sie. Wann und warum haben Sie Ihre erste Fremdsprache gelernt?

Erklären Sie. Was bedeutet „Muttersprache"?

Wie lernen Sie neue Wörter am besten? Erzählen Sie.

Spinat ist gesund! Was sagen Sie dazu?

Was bedeutet diese Geste?

Die Frau auf dem Amt spricht zu schnell. Was sagen Sie?

Nennen Sie fünf Körperteile und den Artikel (*der*, *das* oder *die*).

Erzählen Sie. Warum hat Nasseer die Marsstraße nicht gefunden?

Erzählen Sie. Wo und wann sprechen Sie Deutsch?

Erinnern Sie sich noch? Lachen ist gesund. Richtig oder falsch?

Erklären Sie: Was ist eine Krankengymnastin?

Erklären Sie: Was sind die positiven Seiten von Zweisprachigkeit?

Was macht die Ärztin hier?

Machen Sie eine passende Geste: „Das ist ja super!"

Jemand erklärt Ihnen den Weg zum Bahnhof. Aber Sie haben den letzten Satz nicht verstanden. Was sagen Sie?

Was bedeutet diese Geste?

Was tun Sie gegen Stress?

Nennen Sie drei Körperteile, die mit „H" beginnen.

ZIEL

Wenn Sie oft Rückenschmerzen hätten, würden Sie an einem Kurs „Starker Rücken, schmerzfreier Rücken" teilnehmen? Begründen Sie Ihre Entscheidung.

Ergänzen Sie.

Wenn ich Nasseers Auto fahren könnte, …

Wiederholung zu Lektion 3 und Lektion 4
Spiel

Was macht die Ärztin hier? 	Wann hatten Sie zuletzt Rücken- oder Kopfschmerzen? Was tun Sie dagegen?	Nennen Sie drei Planeten.	Erzählen Sie von einem Hausmittel gegen eine Krankheit.
Ergänzen Sie. Wenn …, würde ich zu Fuß nach Hause gehen.	Was tun Sie für Ihre Gesundheit? Erzählen Sie.	Ihr Freund möchte an einer Sprachschule Griechisch lernen. Das wäre seine dritte Fremdsprache. Was raten Sie ihm?	Ihre Kollegin hat Kopfschmerzen. Was raten Sie ihr?
Beschreiben Sie diese Gymnastikübung.	Ihr Partner spricht undeutlich. Was sagen Sie?	Ihr Freund hat ständig Halsschmerzen. Geben Sie ihm einen Tipp.	Was meinen Sie? Wie viele Sprachen sollte ein Kind lernen?
Erzählen Sie, was Sie über Hatice Akyün wissen.	Ergänzen Sie. Mein Bein tut weh. Darum …	Ergänzen Sie. Wenn ich Nasseers Job hätte, …	Beschreiben Sie diese Gymnastikübung. 
Was muss noch gemacht werden? Nennen Sie vier Dinge. 	Machen Sie eine passende Geste: „Ganz ruhig! Sprechen Sie bitte langsamer!"	Ergänzen Sie. Wegen … konnte ich gestern keine Hausaufgaben machen.	Treiben Sie Sport? Welchen?
Was wird hier gemacht? 	Erzählen Sie. Wie lernen Sie Deutsch?	Beschreiben Sie diese Übung.	Beschreiben Sie die Person, die links neben Ihnen sitzt.

Wiederholung zu Lektion 5 und Lektion 6
Partnerspiel

A

Sie sitzen sich zu zweit gegenüber. Eine/r erhält Kopie A, die/der andere B. Lesen Sie abwechselnd die Fragen vor. Ihre Partnerin / Ihr Partner antwortet. Wenn die Antwort korrekt ist, haken Sie die Frage in dem dafür vorgesehenen Feld (links von der Frage) ab. Bei einer falschen Antwort korrigieren Sie Ihre Partnerin / Ihren Partner, haken Sie die Frage nicht ab, sondern stellen Sie sie am Schluss noch einmal.

○ 1. Beschreiben Sie, wie Sie gern arbeiten möchten.
   (freie Lösung)

○ 2. Beschreiben Sie das Klima in Deutschland.
   (Lösungsvorschlag: eher kühl, keine großen Temperaturunterschiede, Regen zu allen Jahreszeiten)

○ 3. Stellen Sie sich vor, dass Sie selbstständig sind. Was brauchen Sie nicht zu tun? Nennen Sie drei Beispiele.
   (freie Lösung, z.B.: Ich brauche mich nicht mehr zu bewerben. Ich brauche keine Angst vor einer Kündigung zu haben. Ich brauche keinen Chef zu fragen.)

○ 4. Ein Verkäufer im Möbelgeschäft fragt Sie: „Kann ich Ihnen helfen?" Was antworten Sie?
   (freie Lösung)

○ 5. Sagen Sie es mit „damit".
   Ich passe auf die Kinder meiner Schwester auf. Sie kann mit ihrem Mann ins Theater gehen.
   (Ich passe auf die Kinder meiner Schwester auf, damit sie mit ihrem Mann ins Theater gehen kann.)

○ 6. Sagen Sie es anders.
   Von hundert Männern möchte jeder Dritte keine Kinder haben.
   (Circa 33 Prozent möchten / Ein Drittel der Männer möchte keine Kinder haben.)

○ 7. Nennen Sie drei Berufe, in denen man viel Kundenkontakt hat.
   (Lösungsvorschlag: Friseur, Pizzalieferant, Reiseverkäufer)

○ 8. Beschreiben Sie eine Sehenswürdigkeit in Ihrem Lieblingsland.
   (freie Lösung)

○ 9. Erklären Sie: Was bedeutet „Pharmaindustrie"?
   (Lösungsvorschlag: Pharma- ist alles, was mit Medikamenten zu tun hat. Die Pharmaindustrie stellt Medikamente her.)

○ 10. „Statt", „um" oder „ohne"? Was passt?
   Ich habe dir einen Kuchen gebacken, ... dir eine Freude zu machen.
   (Ich habe dir einen Kuchen gebacken, um dir eine Freude zu machen.)

○ 11. Sie haben eine Stellenanzeige für einen Kellner gelesen und rufen bei der Firma an. Wie beginnen Sie das Gespräch?
   (Lösungsvorschlag: Guten Tag, mein Name ist ... Ich interessiere mich für die Stelle als Kellner. Ist das noch aktuell?)

○ 12. Welche Grußformel schreiben Sie in einem privaten Brief?
   *(als Mann: Liebe/Viele Grüße   als Frau: Liebe/Viele Grüße
   Dein ...   Deine ...)*

KOPIERVORLAGEN 118

Wiederholung zu Lektion 5 und Lektion 6
Partnerspiel

B

Sie sitzen sich zu zweit gegenüber. Eine/r erhält Kopie A, die/der andere B. Lesen Sie abwechselnd die Fragen vor. Ihre Partnerin / Ihr Partner antwortet. Wenn die Antwort korrekt ist, haken Sie die Frage in dem dafür vorgesehenen Feld (links von der Frage) ab. Bei einer falschen Antwort korrigieren Sie Ihre Partnerin / Ihren Partner, haken Sie die Frage nicht ab, sondern stellen Sie sie am Schluss noch einmal.

○ 1. Beschreiben Sie, was Sie beruflich zuletzt gemacht haben.
    (freie Lösung)

○ 2. Nennen Sie drei oder mehr deutsche Spezialitäten.
    (Lösungsvorschlag: Matjes, Thüringer Bratwurst, Dresdner Christstollen, Münchener Weißwürste, Bier)

○ 3. Stellen Sie sich vor, dass Sie pensioniert sind. Was brauchen Sie nicht zu tun? Nennen Sie drei Beispiele.
    (Lösungsvorschlag: Ich brauche morgens nicht früh aufzustehen. Ich brauche nicht ins Büro zu gehen. Ich brauche nicht bis 17.00 Uhr zu arbeiten.)

○ 4. Eine Verkäuferin in einer Parfümerie sagt: „Hier, dieses Parfüm von Christian Dior kann ich Ihnen sehr empfehlen. Es kostet nur 199 Euro, ein Sonderangebot." Was antworten Sie?
    (freie Lösung, z.B. Oh, vielen Dank, aber das ist mir zu teuer. Haben Sie nicht etwas Preiswerteres?)

○ 5. „Statt", „um" oder „ohne"? Was passt?
    Du sollst nicht an die Schokolade gehen, ... zu fragen.
    (Du sollst nicht an die Schokolade gehen, ohne zu fragen.)

○ 6. Sagen Sie es anders: 50 % der Schulkinder gehen abends zu spät ins Bett.
    (Die Hälfte der Schulkinder / Jedes zweite Schulkind geht abends zu spät ins Bett.)

○ 7. Nennen Sie drei Fähigkeiten oder Stärken, die man in einer Bewerbung nennen kann.
    (Lösungsvorschlag: Sprachkenntnisse, Teamfähigkeit, Flexibilität)

○ 8. Beschreiben Sie das Klima in Ihrem Lieblingsland.
    (freie Lösung)

○ 9. Erklären Sie: Was heißt „Der Kunde ist König"?
    (Lösungsvorschlag: Der Kunde sollte sehr gut behandelt werden. Man sollte seine Wünsche erfüllen.)

○ 10. Sagen Sie es mit „damit": Ich gehe mit dir zum Friseur. Du sollst dir endlich die Haare schneiden lassen.
    (Ich gehe mit dir zum Friseur, damit du dir endlich die Haare schneiden lässt.)

○ 11. Sie bewerben sich schriftlich für eine Stelle als Hausmeister. Wie beginnen Sie das Bewerbungsschreiben?
    (Lösungsvorschlag: Sehr geehrter Herr ... / Sehr geehrte Frau ..., ich möchte mich für die Hausmeisterstelle bewerben.)

○ 12. Welche Grußformel schreiben Sie in einem Bewerbungsschreiben?
    (Mit freundlichen Grüßen)

Test zu Lektion 1

Name: ....

1   **Was war vorher passiert? Ergänzen Sie in der richtigen Form.**

Beispiel: Mein Bruder war glücklich. Er *hatte* endlich die Führerscheinprüfung *geschafft*. (schaffen)

a Als sie endlich den richtigen Raum fanden, ... der Unterricht schon .... (beginnen)

b Weil ich die Milch .... (vergessen), musste ich noch einmal zum Supermarkt gehen.

c Im Flur brannte noch Licht. Ich .... aber alle Lampen .... (ausschalten)

d Ich war wieder mal zu spät und traf meine Kollegin nicht mehr. Sie .... schon .... (gehen)

Punkte ..... / 4

2   ***Wenn*** **oder** ***als*** **? Ergänzen Sie.**

Beispiel: Jedes Mal, *wenn* meine Tante zu Besuch kam, bin ich krank geworden. Warum nur?

a Wir sind nach Deutschland gekommen, ... unsere Tochter vier Jahre alt war.

b .... ich in der Ausbildung war, habe ich meinen Mann kennengelernt.

c .... ich früher Liebeskummer hatte, habe ich immer sehr viel Schokolade gegessen.

d Ich war als Kind jedes Mal so glücklich, ... ich zu meiner Oma fahren durfte.

Punkte ..... / 2

3   **Berichten Sie.**

Beispiel: Wenn ich früher vom Deutschkurs nach Hause kam, *legte ich mich zuerst eine Stunde auf das Sofa.*

a Als ich noch ein Kind war, ...

b Wir hatten als Kinder immer so viel Spaß, ...

c ...., wenn ich Ferien hatte.

d Als ich noch kein Deutsch konnte, ...

e Wenn meine Oma mir eine Geschichte vorlas, ...

f ...., als ich geheiratet habe.

Punkte ..... / 6

TEST ZU LEKTION 1   120

Test zu Lektion 1

4 **Ergänzen Sie in der richtigen Form.**

Beispiel: Günter Grass *wurde* am 16. Oktober 1927 geboren. (werden)

a Er .... der Sohn deutsch-polnischer Eltern. (sein)

b In Danzig .... er aufs Gymnasium. (gehen)

c Von 1944 bis 1945 .... er als Soldat in den Krieg ziehen. (müssen)

d Nach dem Krieg .... er an der Kunstakademie in Düsseldorf ein Studium der Grafik und Bildhauerei. (beginnen)

e Später .... er an der Hochschule für Bildende Künste in Berlin. (studieren)

f 1954 .... er Anna Schwarz. (heiraten)

g Seinen ersten großen Erfolg als Schriftsteller .... er 1959 mit dem Roman „Die Blechtrommel". (feiern)

h 1999 .... er den Nobelpreis für Literatur. (bekommen)

Bildhauer: ein Künstler, der aus Holz oder Stein Figuren macht

Punkte ..... / 8

5 **Ein außergewöhnliches Ereignis. Schreiben Sie an eine Freundin / einen Freund. Verwenden Sie die folgenden Stichworte und Ausdrücke.**

| Handtasche geraubt • alles weg: Geldbörse, Ausweis, Schlüssel • Glück: in Hosentasche noch 5 Euro • mit dem Bus nach Hause • an der Haustür: die Handtasche mit Ausweis, Schlüssel und ein Brief vom Räuber • Entschuldigung des Räubers: Geld für Lottoschein gebraucht |

| Stell Dir vor ... • Du kannst Dir denken, dass ... • Ist das nicht unglaublich? • Was sagst Du dazu? |

Liebe/r ...,

stell Dir vor : ...

Punkte ..... / 10

Insgesamt: .... / 30

Bewertungsschlüssel
30 – 27 Punkte   sehr gut
26 – 23 Punkte   gut
22 – 19 Punkte   befriedigend
18 – 15 Punkte   ausreichend
14 – 0 Punkte   nicht bestanden

Test zu Lektion 2

Name: ....

1 Positiv oder negativ? Kreuzen Sie an.

Beispiel: Gestern waren wir auf Beates Geburtstagsfest. Das war *echt gut*. ☻ ☺ ☹ ☺ Wir haben uns sehr gut amüsiert.

a Oje! Morgen muss ich *total früh* ☺ ☺ ☹ ☺ aufstehen. Meine Eltern kommen aus dem Urlaub zurück und ich soll sie um sechs Uhr am Flughafen abholen.

b Woody Allens Filme haben mir schon immer gefallen. Aber seinen neuen Kinofilm finde ich *besonders toll*. ☺ ☺ ☹ ☺ Ich habe schon lange nicht mehr so viel gelacht wie in diesem Film!

c Hast du gestern auch den Krimi „Der dritte Mann" gesehen? Ich fand ihn *ziemlich langweilig*. ☺ ☺ ☹ ☺

d Ich finde es *echt klasse* ☺ ☺ ☹ ☺ , dass ihr zu meiner Party gekommen seid!

e Kennst du den Film „When night is falling"? Er ist in Deutschland leider *überhaupt nicht bekannt*. ☺ ☺ ☹ ☺

f Kirsten Dunst hat mir in „Spiderman II" *nicht so gut* ☺ ☺ ☹ ☺ gefallen. In „Spiderman I" hat sie besser gespielt.

g Der Film hat *ziemlich lange* ☺ ☺ ☹ ☺ gedauert, 40 Minuten länger als sonst. Wir waren erst um ein Uhr nachts zu Hause.

h Am Wochenende waren wir im Freizeitpark Fantasialand. Es war *gar nicht so teuer* ☺ ☺ ☹ ☺ , wie ich gedacht hatte.

Punkte ..... / 8

2 Ergänzen Sie *obwohl, trotzdem, weil* oder *deshalb*.

Beispiel: Nasseer singt Heikos Lied, *obwohl* er Volksmusik gar nicht mag.

a Luisa geht mit ihrem Freund ins Kino, ... der Film sie nicht interessiert.

b Ich mag keine Science-Fiction-Filme. .... habe ich mir auch „Star Wars Episode 3" nicht angesehen.

c Der Film kommt erst um 23.20 Uhr. .... sehe ich ihn mir an, ... mich das Thema interessiert.

d Eva Müller geht immer wieder ins Kino, ... ihr die anderen Leute manchmal auf die Nerven gehen.

e Martin Eck sieht normalerweise zu Hause fern, ... er nach der Arbeit zu müde fürs Kino ist.

f Nasseer arbeitet gern beim Homeservice, ... er sich manchmal über die Kunden ärgert.

g Karin ist ein großer Fan von Brad Pitt. .... sieht sie sich jeden Film mit ihm an.

Punkte ..... / 8

TEST ZU LEKTION 2

Test zu Lektion 2

3 **Was passt? Ergänzen Sie.**

Beispiel: „Explosiv" ist ein Politmagazin, *das* viele Leute gern sehen.

a „Pusteblume" ist eine Kindersendung, ... alle Kinder in Deutschland kennen.

b Sportfans, ... im Fernsehen jedes Fußballspiel sehen, sind selbst oft total unsportlich.

c Filme, bei .... man lachen kann, finde ich klasse.

d Der Krimi, ... wir letzten Freitag zusammen gesehen haben, hat den Deutschen Fernsehpreis gewonnen.

e Herr Brendel, ... die beiden Katzen gehören, ist ein Öko. Er guckt nur Naturfilme.

f Frau Schulz, ... du gestern den Fernseher in den dritten Stock getragen hast, ist ein Krimifan. Sie sieht sich fast jeden Abend einen Krimi an.

g Professor Birke, ... keine Quizsendung verpasst, will unbedingt selbst einmal an einer Quizshow teilnehmen und gewinnen.

h Die „Sportschau" ist ein Sportmagazin, ... jeden Samstag im Fernsehen läuft.

Punkte ..... / 8

4 **Beschreiben Sie Ihren Lieblingsfilm oder Ihre Lieblingssendung. Nennen Sie den Titel, die Uhrzeit und den Sender, auf dem er/sie kommt, und erklären Sie, was im Film passiert / was das Thema der Sendung ist. Sagen Sie auch, warum Sie den Film / die Sendung so toll finden.**

Punkte ..... / 6

Insgesamt: .... / 30

Bewertungsschlüssel

30 – 27 Punkte	sehr gut
26 – 23 Punkte	gut
22 – 19 Punkte	befriedigend
18 – 15 Punkte	ausreichend
14 – 0 Punkte	nicht bestanden

Test zu Lektion 3

Name: ....

1 **Ergänzen Sie** *eines* **oder** *einer*.

Beispiel: Ich sitze am Tisch *eines* Cafés.

a Am Tisch neben mir sehe ich die Frau .... Freundes.

b Aber sie sieht mich nicht. Sie schaut zum Fahrrad .... Kindes hin.

c Ich glaube, ich kenne das Kind. Es ist die Tochter .... Freundin.

d Rechts von mir sitzt ein alter Mann. Er ruft den Namen .... Hundes.

e Doch der Hund hört nicht. Er interessiert sich mehr für die Hündin .... Frau, die gerade am Café vorbeigeht.

f Die Frau ist die Freundin .... Freundin von mir. Wie klein die Welt ist!

Punkte ...... / 6

2 **Meine Familie. Ergänzen Sie in der richtigen Form.**

Beispiel: Der Vater *meines* (mein) Vaters ist mein Großvater.

a Die Schwester .... (mein) Mutter ist meine Tante.

b Der Mann .... (diese) Tante ist mein Onkel.

c Der Sohn .... (mein) Onkels ist ein Cousin von mir.

d Gestern hat mein Bruder die Tochter .... (sein) Chefs geheiratet.

e Und ich? Ich bin der Fahrer .... (ein) Pizza-Homeservices.

f Du kannst auch sagen, dass ich der Fahrer .... (das) Autos bin.

Punkte ...... / 6

3 **Was würden Sie empfehlen? Schreiben Sie.**

Beispiel: Sarah spricht nur wenig Deutsch. *An ihrer Stelle würde ich einen Deutschkurs machen.*

a Herr Maier ist viel zu dünn.

An seiner Stelle ....

b Meine Lehrerin hat oft Rückenschmerzen.

Es ist am besten, sie ....

Test zu Lektion 3

c Stefan ist nervös. Ständig hat er eine Zigarette im Mund.

Er sollte ....

d Die Kinder sitzen schon den ganzen Tag zu Hause und langweilen sich, obwohl die Sonne scheint.

Wenn ich an eurer Stelle wäre, ...

Punkte ..... / 8

4 Wie heißt das? Nennen Sie das passende Wort.

Beispiel: eine Frau, die mit Kranken einfache Gymnastikübungen macht: *die Krankengymnastin*

a alle Muskeln eines Körpers zusammen: ....

b ein kranker Mensch, der beim Arzt ist: ....

c ein Foto von den Knochen eines Menschen machen: ....

d den Blutdruck kontrollieren: ....

e eine Diät machen und weniger wiegen: ....

Punkte ..... / 5

5 Schreiben Sie Sätze.

Therapievorschlag:
- Fuß nicht röntgen
- spätestens nach zwei Tagen neuen Verband machen
- die Schmerztabletten morgens nach dem Frühstück nehmen
- Fuß möglichst wenig bewegen
- Fuß so oft wie möglich hochlegen
- Fuß in vier Tagen noch einmal untersuchen

Beispiel: Der Fuß muss nicht geröntgt werden.

a ....

b ....

c ....

d ....

e ....

Punkte ..... / 5

Insgesamt: .... / 30

Bewertungsschlüssel

30 – 27 Punkte	sehr gut
26 – 23 Punkte	gut
22 – 19 Punkte	befriedigend
18 – 15 Punkte	ausreichend
14 – 0 Punkte	nicht bestanden

Test zu Lektion 4

Name: ....

1 **Ergänzen Sie *wegen*, *weil* oder *darum*.**

Beispiel: Ich möchte Englisch lernen. *Darum* gehe ich zu einer Sprachschule.

a Ahmed lernt Deutsch, ... er für ein Jahr nach Österreich gehen möchte.

b .... einer Erkältung konnte ich gestern nicht kommen.

c .... es gestern stark geregnet hat, konnten wir nicht grillen.

d Es hat sehr stark geregnet, ... konnten wir nicht Tennis spielen.

e Mary schreibt sich Vokabelkarten. .... kann sie sich die neuen Wörter so gut merken.

f .... eines Unfalls fuhren gestern keine Straßenbahnen.

Punkte ..... / 6

2 **Was ist höflich? Kreuzen Sie an.**

a Sie bitten um Wiederholung, weil Sie etwas nicht verstanden haben.
❑ Tut mir sehr leid, aber das habe ich nicht verstanden. Können Sie das bitte wiederholen?
❑ Noch einmal!
❑ Das Wort habe ich ja noch nie gehört!

b Sie haben die Uhrzeit nicht verstanden.
❑ Entschuldigung, um wie viel Uhr haben Sie gesagt?
❑ Äh! Wann?
❑ Sagen Sie das noch mal!

c Sie fragen zurück.
❑ He, was sagst du?
❑ Habe ich Sie richtig verstanden? Sie haben gesagt, dass ...
❑ Was soll das heißen?

d Sie möchten sagen, dass jemand zu schnell spricht.
❑ Hey, langsamer, bitte.
❑ Nun mal nicht so schnell. Ich kann Sie ja kaum verstehen.
❑ Könnten Sie bitte langsamer sprechen?

Punkte ..... / 4

3 **Was wäre, wenn ...? Ergänzen Sie einen passenden Satz.**

Beispiel: Wenn ich am Samstagabend frei hätte,

würde ich ins Kino gehen.

a Wenn morgen meine Eltern zu Besuch kommen würden, ...

b Wenn ich fünf Fremdsprachen sprechen könnte, ...

c Wenn ich noch einmal 18 Jahre alt wäre, ...

d Ich würde nie mehr zum Deutschkurs gehen, wenn ....

e Wenn ...., hätte ich wahrscheinlich keine Sorgen mehr.

Punkte ..... / 5

TEST ZU LEKTION 4   126

Test zu Lektion 4

4 Eine Brieffreundschaft
Lesen Sie den Brief und die Aufgaben. Kreuzen Sie an: Richtig oder falsch?

> Liebe(r) ...,
>
> es ist toll, dass unsere beiden Sprachschulen Brieffreundschaften vermitteln. Ich lerne hier in Madrid (Spanien) seit sechs Monaten Deutsch. Das ist sehr anstrengend, weil ich jeden Tag sechs Stunden Unterricht habe. Da bleibt nicht viel freie Zeit. Aber wenn ich doch mal Freizeit habe, dann spiele ich Fußball oder gehe zu Konzerten. Besonders Rockmusik mag ich. Und Du? Was machst Du so? Leider spreche ich außer Spanisch nur Deutsch und ein bisschen Englisch. Ich bin nicht so fleißig, weißt Du. Und Deutsch lerne ich auch nur, weil mein Bruder eine Frau aus Deutschland geheiratet hat und jetzt in Deutschland lebt, in Mainz. Kennst Du die Stadt? Na ja, irgendwann werde ich hinfahren.
> Ich freue mich auf Deine Antwort.
>
> Viele Grüße
> Carmen

		richtig	falsch
a	Carmen spielt oft Fußball, weil sie viel Zeit hat.	☐	☐
b	Carmen spricht nur wenig Englisch.	☐	☐
c	Carmen ist eine fleißige Deutschschülerin.	☐	☐
d	Carmen lernt Deutsch, weil ihr Bruder jetzt in Deutschland lebt.	☐	☐
e	Carmen möchte später einmal nach Mainz reisen.	☐	☐

Punkte ..... / 5

5 Schreiben Sie einen Antwortbrief.

Schreiben Sie etwas zu folgenden Punkten:

- Was Sie in der Freizeit machen.
- Welche Sprachen Sie lernen / gelernt haben.
- Wie oft Sie Deutsch lernen und wie Sie am besten lernen.

Beachten Sie, dass Carmen ein weiblicher Vorname ist.
Vergessen Sie nicht die Anrede, Ort und Datum, Gruß und Unterschrift.
Schreiben Sie auch eine passende Einleitung und einen passenden Schluss.

Punkte ..... / 10

Insgesamt: .... / 30

Bewertungsschlüssel

30 – 27 Punkte	sehr gut
26 – 23 Punkte	gut
22 – 19 Punkte	befriedigend
18 – 15 Punkte	ausreichend
14 – 0 Punkte	nicht bestanden

Test zu Lektion 5

Name: ....

1 Was passt? Ergänzen Sie in der richtigen Form.

> ~~Weg erklären~~ • das Geschirr abwaschen • mit dem Computer arbeiten •
> das Zimmer aufräumen • zu spät zum Essen kommen

Beispiel: Ich habe leider keine Zeit, *Ihnen den Weg zu erklären.*

 **a** Es ist sehr unhöflich,

....

 **b** Ich hatte heute keine Zeit,

....

 **c** Es macht mir Spaß,

....

 d Er hat keine Lust,

....

Punkte ..... / 2

2 Schreiben Sie die Sätze anders.

> nicht vergessen • ~~versuchen~~ • vorhaben • versprechen • keine Lust haben

Beispiel: Morgen bringe ich dir das Wörterbuch mit. Vielleicht!

Ich versuche, dir morgen das Wörterbuch mitzubringen.

a Ich schreibe heute keinen Brief an meine Eltern. Keine Lust!

....

b Möglichst schnell die Deutschprüfung machen. Das ist mein Plan.

....

c Du musst morgen zur Bank gehen. Vergiss das bitte nicht!

....

d Ich nehme dich morgen mit dem Auto mit zum Deutschkurs. Versprochen!

....

Punkte ..... / 4

Test zu Lektion 5

3 Ergänzen Sie eigene Beispiele.

a Petra ist selbstständig.

Beispiel: Sie braucht keine Angst vor einer Kündigung zu haben.

Sie braucht .... Wenn sie selbstständig ist, braucht

....

b Mohammed ist angestellt.

Als Angesteller braucht .... Er braucht nicht / kein ....

.... und er braucht auch nicht / kein ....

c Tante Gabriele ist pensioniert.

Wenn sie pensioniert ist, braucht .... Sie braucht

.... Und sie braucht nur ....

Punkte ..... / 8

4 Ordnen Sie die Aussagen aus einem Bewerbungsanschreiben den Kategorien zu.

Ausbildung	Berufliche Erfahrung	Besondere Fähigkeiten, Stärken
	a	

a Seit fünf Jahren bin ich in verschiedenen Hotels tätig.

b Ich kann sehr gut mit dem Computer umgehen.

c Dann habe ich Tourismus an der Fachhochschule München studiert.

d Ich habe schon an der Rezeption gearbeitet.

e Ich habe Hotelfachfrau in einem Schweizer Hotel gelernt.

f Ich bin freundlich und zuverlässig.

g Ich spreche Englisch, Deutsch und Russisch. Im Moment mache ich außerdem einen Japanischkurs.

Punkte ..... / 6

5 Schreiben Sie ein Bewerbungsanschreiben zu diesem Stellenangebot.

Ich suche ab 1. Oktober freundliche(n) und zuverlässige(n)
Kellner/in
in Vollzeit für **Heidis Grillstube**.
Sie sollten gut Deutsch sprechen und Freude an Gesprächen mit Menschen haben.
Ich biete Ihnen eine sichere Stellung und ein gutes Gehalt.
Bewerbungen nur schriftlich und mit Lichtbild an:
Heidis Grillstube
Frau Heidi Hübner
Kantstraße 14
55122 Mainz

Punkte ..... / 10

Insgesamt: .... / 30

Bewertungsschlüssel

30 – 27 Punkte	sehr gut
26 – 23 Punkte	gut
22 – 19 Punkte	befriedigend
18 – 15 Punkte	ausreichend
14 – 0 Punkte	nicht bestanden

Test zu Lektion 6

Name: ....

1 Was passt? Ordnen Sie zu.

1 den Kunden ansprechen (2x)
2 um Hilfe/Information bitten
3 dem Kunden etwas anbieten
4 sich nicht entscheiden können
5 das Gespräch beenden (2x)

a Wie wäre es mit einer grünen Jacke dazu?
b Kann ich etwas für Sie tun?
c Haben Sie einen Wunsch?
d Ich muss mir das noch überlegen.
e Vielen Dank für Ihre Mühe.
f Dürfte ich Sie etwas fragen?
g Die Vase ist mir zu groß und zu teuer.

Punkte ..... / 3

2 Was passt? Ergänzen Sie den Text.

Petra hat eine Umfrage unter ihren Arbeitskollegen gemacht.
Hier das Ergebnis:

> Arbeitskollegen • Zehnte • ~~Verkehrsmittel zum Urlaubsort~~ • halb so viele • Sommerurlaub • Dreimal • als eine Woche • doppelt so viele • gleich viele • jeder Hundertste • wie

Wir sehen hier eine Statistik über die **a** *Verkehrsmittel zum Urlaubsort* . Es ist eine Umfrage, die Petra unter ihren

b .... gemacht hat. Sie hat nach dem

c .... gefragt, der länger

d .... dauert. Ich finde es

interessant, dass **e** .... Frauen wie

Männer mit dem Flugzeug fliegen. **f** ....

so viele Männer wie Frauen fahren mit dem Auto in den Urlaub. Insgesamt fährt nur jeder

g .... mit dem Zug. Nur **h** .... Männer

i .... Frauen reisen mit dem Bus. Etwa **j** .... Männer und

Frauen bleiben zu Hause. Und nur **k** .... fährt mit dem Rad.

Verkehrsmittel zum Urlaubsort
(Sommerurlaub, länger als eine Woche)

	Frauen	Männer
Bus	8 %	3,5 %
eigenes Auto	6 %	18 %
Zug	3 %	7 %
Flugzeug	24 %	12 %
Fahrrad	0 %	1 %
gar nicht reisen	9 %	8,5 %

Punkte ..... / 10

3 Was passt? Kreuzen Sie an und ergänzen Sie *zu* oder —.

Beispiel: Morgen fahre ich in die Stadt, (**X**) um ( ) damit meiner Tochter ein neues Kleid *zu* kaufen.

a Ich lese jeden Morgen die Zeitung, ( ) um ( ) damit die wichtigsten Neuigkeiten des Tages .... erfahren.

b Gestern habe ich ein englisches Wörterbuch gekauft, ( ) um ( ) damit meine Kinder sich nicht immer eins leihen .... müssen.

c Ali fliegt in die Türkei, ( ) um ( ) damit seine Eltern .... besuchen.

TEST ZU LEKTION 6   130

Test zu Lektion 6

d Igor macht den LKW-Führerschein, ( ) um ( ) damit seine Berufschancen sich .... verbessern.

e Die Sekretärin bestätigt die Hotelreservierung schriftlich, ( ) um ( ) damit ihre Chefin und ihr Mann ganz sicher ein Zimmer .... bekommen.

f Sabine fährt seit letzter Woche mit dem Fahrrad zur Arbeit, ( ) um ( ) damit Geld .... sparen.

Punkte ..... / 6

4 Anweisungen des Chefs: Schreiben Sie Sätze mit *ohne ... zu* oder *statt ... zu*.

Beispiel: nie Büro verlassen – Tür abschließen
Ich soll nie das Büro verlassen, ohne die Tür abzuschließen.

a Geschäftspartner lieber anrufen – E-Mails schreiben

b zu Hause bleiben – mit Erkältung ins Büro kommen

c keine Briefe wegwerfen – den Chef fragen

d nicht in Mittagspause gehen – Anrufbeantworter einschalten

e auch kurze Notizen mit dem Computer schreiben – sie mit der Hand schreiben

f abends nicht nach Hause gehen – Computer ausschalten und Schreibtisch aufräumen

Punkte ..... / 6

5 Ergänzen Sie die Sätze.

Beispiel: Ich gehe in den Deutschkurs, um *perfekt Deutsch zu lernen.*

a Nächstes Jahr fliege ich in meine Heimat, damit ....

b Ich würde nie aus dem Haus gehen, ohne ....

c Du könntest mich mal zum Essen einladen, statt ....

d Gestern habe ich auf dich gewartet, um ....

e Gib mir mal das Messer, damit ....

Punkte ..... / 5

Insgesamt: .... / 30

Bewertungsschlüssel
30 – 27 Punkte   sehr gut
26 – 23 Punkte   gut
22 – 19 Punkte   befriedigend
18 – 15 Punkte   ausreichend
14 – 0 Punkte   nicht bestanden

131   TEST ZU LEKTION 6

Test zu Lektion 7

Name: ....

1 Ergänzen Sie *zwar ... aber, entweder ... oder, nicht nur ... sondern auch*.

Liebe Karina,

seit einer Woche wohne ich jetzt in meiner Traumwohnung. Sie ist .... sehr groß – 100 Quadratmeter, ... wirklich günstig! Ich bezahle nur 400 Euro im Monat. .... hat die Wohnung nur einen kleinen Balkon, ... dafür ist auch ein Garten dabei. Du weißt ja, wie sehr ich mir immer einen Garten gewünscht habe! Jetzt kann ich mich .... auf dem Balkon sonnen .... auf der Terrasse sitzen. Im Garten will ich .... viele Blumen pflanzen, ... ein Gemüsebeet anlegen. Ich weiß es noch nicht genau. Die Wohnung hat nur einen Nachteil: Sie ist recht weit weg von meiner Arbeitsstelle. Jetzt muss ich .... immer sehr lange fahren, ... ich wohne in der schönsten Wohnung der Welt. Komm mich doch mal besuchen!

Viele Grüße

Larissa

Punkte ..... / 5

2 Die Führerscheinprüfung nicht bestanden! Was wünscht sich der Mann? Schreiben Sie.

Beispiel: Er hat zu wenig für die Prüfung gelernt. (bloß)
Hätte ich bloß mehr für die Prüfung gelernt!

a Er ist zu schnell gefahren. (doch nur)
....

b Er hat im Halteverbot geparkt. (bloß)
....

c Er hat am Stopp-Schild nicht angehalten. (doch)
....

d Er hat auf die anderen Autofahrer geschimpft. (doch bloß)
....

e Er hat beim Abbiegen nicht in den Spiegel geschaut. (nur)
....

f Er hat zu wenig Fahrstunden genommen. (doch)
....

Punkte ..... / 6

TEST ZU LEKTION 7   132

Test zu Lektion 7

3 Ergänzen Sie.

Beispiel: **Mit wem** fährst du diesen Sommer in Urlaub? – Mit meiner besten Freundin.

a Du siehst aber wütend aus! .... ärgerst du dich denn so? – Ach, über meinen Chef.

b .... interessierst du dich am meisten? – Für klassische Musik.

c Du lachst so fröhlich. .... freust du dich? – Über meine gute Note beim *Deutsch-Test für Zuwanderer*.

d .... denkst du gerade? – An meinen Sommerurlaub.

e .... erinnerst du dich besonders gern? – An meine Großmutter. Sie war ein wunderbarer Mensch.

Punkte ..... / 5

4 Schreiben Sie.

Beispiel: Ich freue mich **auf das Wochenende.**

a Mein Mann kümmert sich ....

b Ich bin sehr zufrieden ....

c Ich träume oft ....

d Mit meinen Freunden spreche ich meistens ....

Punkte ..... / 4

5 Was passt wo? Machen Sie ein Tabelle und ordnen Sie zu.

Wäre es vielleicht möglich ...? • Das verstehe ich sehr gut. • Das ist ja wohl die Höhe! • Das tut mir schrecklich leid. • Ich hätte da eine Bitte an Sie. • Könnten Sie bitte ...? • Klar, das geht in Ordnung. • Das geht Sie doch wirklich nichts an. • Es wäre schön, wenn Sie da Rücksicht nehmen könnten.

Kritik äußern	auf Kritik reagieren
Wäre es vielleicht möglich ...?	

Punkte ..... / 4

6 Beschreiben Sie drei Regeln oder Gepflogenheiten, die in Ihrem Haus gelten.

Bei uns ist es üblich, ...

Punkte ..... / 6

Insgesamt: .... / 30

Bewertungsschlüssel
30 – 27 Punkte   sehr gut
26 – 23 Punkte   gut
22 – 19 Punkte   befriedigend
18 – 15 Punkte   ausreichend
14 – 0 Punkte   nicht bestanden

Hörtexte Kursbuch

Lektion 1   Glück im Alltag
Folge 1: *Schutzengel*

Maja: Na? Bist du müde, Nasseer?
Nasseer: Hm, ein bisschen.
Maja: Einmal Huhn mit Joghurtsauce, einmal Huhn mit Ingwersauce und zwei Nan. Das ist die letzte Fahrt für heute. Ich mach' jetzt auch Feierabend.
Nasseer: Wohin soll ich das bringen?
Maja: Zu Herrn Stieler, Augustenstraße 14, dritter Stock links. Moment mal! Augustenstraße? Das ist ja gleich bei mir um die Ecke! Da könntest du mich eigentlich mitnehmen, oder?
Nasseer: Na klar!
Maja: Giovanni? Giovanni!?
Giovanni: Ja?
Maja: Ich geh' jetzt, sperrst du dann zu?
Giovanni: Ja, ja.

Maja: Oh, ein Engel! Ist das etwa dein Schutzengel, Nasseer?
Nasseer: Mhm! Glaubst du an Schutzengel, Maja?
Maja: Na, ich weiß nicht. Nö, eigentlich nicht.
Nasseer: Ich hab' früher auch nicht daran geglaubt.
Maja: Aber jetzt glaubst du daran, oder was?
Nasseer: Hm. Weißt du, ich, ich hatte da so ein unglaubliches Erlebnis.
Maja: Ach ja? Erzähl doch mal!

Nasseer: Also, das ist vor ein paar Jahren passiert, als ich in Österreich war. Es war im Sommer, im August, ein sehr heißer Tag. Ich hatte frei und war baden, am See. Am Nachmittag kamen plötzlich dunkle Wolken. Da bin ich sofort losgefahren. Ich war nämlich mit dem Rad unterwegs und wollte nicht nass werden, verstehst du?
Maja: Mhm, klar. Und dann?

Nasseer: Tja, leider waren die Wolken schneller. Als es zu regnen anfing, hab' ich einen trockenen Platz gesucht. Aber da war nichts, nur ein großer Baum. Also hab' ich mich unter den Baum gestellt. Da ging der Regen erst richtig los! Boah, das war wie unter der Dusche!
Maja: Aber unter dem Baum war's trocken, oder?
Nasseer: Ja, aber dann ist es passiert.
Maja: Was? Was ist passiert?

Nasseer: Es war wie eine Stimme.
Maja: Eine Stimme.
Nasseer: Ja, wie eine laute Stimme, die rief: „Achtung, Nasseer! Lauf weg! Schnell!"
Maja: 'ne Stimme?
Nasseer: Ich bin sofort losgelaufen. Dann hat's geknallt und ich bin gefallen.
Maja: Und dann ...?
Nasseer: Dann hab' ich mich umgedreht.
Maja: Und?

Nasseer: Der Baum war umgefallen! Der Blitz hatte ihn voll getroffen!
Maja: Wahnsinn! Da hast du aber echt Glück gehabt!
Nasseer: N-ah! Kein Glück! Einen Schutzengel! Jetzt verstehst du bestimmt, warum ich ...
Maja: Nasseer! Pass auf!!

Maja: Ja, sagen Sie mal, sind Sie denn verrückt, oder was!? Sie können doch hier nicht einfach über die Straße laufen!
Nasseer: Hey! Maja! Der hat zu viel getrunken. Komm, lass uns weiterfahren. Ist ja nichts passiert!
Maja: Nee du, ich steig' hier aus. Ich wohne da vorn gleich um die Ecke.
Nasseer: Ach so! Na dann.

Maja: Danke fürs Mitnehmen und für deine tolle Geschichte!
Nasseer: Jetzt glaubst du auch an Schutzengel, was?
Maja: Nö. Kein bisschen! Das war kein Engel!
Nasseer: Aber die Stimme!
Maja: Du hast dich einfach nur daran erinnert, dass man bei Gewitter nicht unter Bäume gehen soll.
Nasseer: Und der Betrunkene eben? Hatte der keinen Schutzengel?
Maja: Das war kein Schutzengel! Das war ICH!
Nasseer: Aber Maja.
Maja: Ah. Das Huhn wird kalt!
Nasseer: Okay! Bis morgen dann!
Maja: Bis morgen! Tschü-hüs!

Schritt A   A5

Kilian: Und Lukas?
Mark: Lukas?! Der hat mal wieder 'nen tollen Urlaub mit seinen Eltern. Hör mal, was der schreibt: Moment, da ist es:
„Hallo Mark,
wie es mir geht, willst Du wissen? Tja, ich bin mit meinen Eltern im Urlaub – diesmal im Gebirge. Schon am ersten Tag, als wir eine kleine Bergtour gemacht haben, ist mein Vater gestürzt und wir mussten ins Krankenhaus, in die Notaufnahme. Gott sei Dank war die Verletzung nicht so schlimm. Immer wenn wir in den letzten Jahren weggefahren sind, ist etwas schiefgegangen! Letztes Jahr, als wir nach Österreich gefahren sind, ist fast unser Haus abgebrannt. Seitdem glaubt mein Vater übrigens an Schutzengel! Das Jahr zuvor, als wir nach Mallorca fliegen wollten, haben wir das Flugzeug verpasst. Und erinnerst du dich noch an die Schwierigkeiten an der Grenze, als wir in die Türkei wollten und mein Vater seinen Ausweis vergessen hat? Der einzige Urlaub ohne Pannen war vor zwei Jahren, als wir auf Rügen waren. Dort hat es die ganze Zeit geregnet, aber daran war wenigstens nicht mein Vater schuld. Aber jedes Mal, wenn wir wieder nach Hause gekommen sind, haben meine Eltern gesagt: ‚Klasse

TRANSKRIPTIONEN

Hörtexte Kursbuch

Urlaub!' Na ja, noch zwei Wochen …
Ciao, bis dann, Lukas"
Echt 'n cooler Urlaub, was?

Schritt D   D1

Hanna: Du, Egon, jetzt muss ich dir noch schnell erzählen, was mir gestern passiert ist. Gestern hab ich doch Ulli beim Umzug geholfen.
Egon: Ach? Die Ulrike ist umgezogen? Das wusste ich gar nicht.
Hanna: Ja, ja, sag' ich doch! Also, wir waren bei ihr vorm Haus und ich hab' die lange Vorhangstange aus dem Umzugswagen geholt. Das war gar nicht so einfach, die ist nämlich ziemlich schwer – und plötzlich gab's 'nen Ruck und dann einen Knall.
Egon: Ach du liebe Zeit. Und?
Hanna: Na ja, weißt du, Ulli war grad hinter mir, und dummerweise hatte sie zwei Kartons auf dem Arm und da drauf auch noch 'nen Blumentopf. Und genau den hab ich mit der Stange erwischt. Der ist dann runtergefallen und hat Waldi genau am Kopf getroffen.
Egon: Das ist ja unglaublich! Der arme Hund!
Hanna: Warte! Es wird noch besser! Waldi bekam natürlich einen Riesenschreck – kannst du dir ja vorstellen – und hat Ulli voller Panik ins Bein gebissen.
Egon: Er hat deine beste Freundin gebissen? Ins Bein?
Hanna: Ja, sag' ich doch!
Egon: War's denn schlimm? Ich meine, für Ulrike. Hat's geblutet?
Hanna: Nein, nein. Zum Glück hat er nur ganz leicht zugebissen.
Egon: Ach so.
Hanna: Aber durch den Biss ist Ulli erschrocken und hat die Kartons fallen lassen.
Egon: Ach! Und?
Hanna: In einem waren teure Weingläser.
Egon: Oh nein!
Hanna: Und im anderen wertvolles altes Geschirr von Ullis Großmutter.
Egon: So 'n Mist! Was machst du denn jetzt? Hoffentlich hast du 'ne Haftpflichtversicherung!
Hanna: Ja, schon, aber …
Egon: Mit denen musst du dich gleich in Verbindung setzen und den Schaden melden.
Hanna: Ah – so was hasse ich! Kannst du mir vielleicht dabei helfen?
Egon: Ich? Also weißt du!

Schritt E   E3/E4

Interview 1

Harry Haller: Hallo und herzlich willkommen bei „RadioPlex". Wir bringen schnelle Interviews zu aktuellen Themen. Am Mikrofon begrüßt euch Harry Haller. Heute steh' ich auf dem Bahnhofsplatz und gleich wird's hier total mystisch, denn ich möchte mehr über Glücksbringer, Amulette und Rituale wissen. Hallo? Hallo?
Brigitte: Ja, bitte?
Harry Haller: Wie heißt du?
Brigitte: Ich bin die Brigitte.
Harry Haller: Und du glaubst an die Kraft von Glücksbringern, Brigitte?
Brigitte: Na klar glaub' ich daran! Ich hab' sogar mehrere davon. Hier, dieser Schlüsselanhänger zum Beispiel, den hab' ich in einem Kaufhaus in Graz gekauft. Ich hab' ihn noch nie zu Hause gelassen.
Harry Haller: Und er hat dir wirklich schon mal Glück gebracht?
Brigitte: Na, klar! Gleich als ich ihn damals gekauft hab'. Mein Freund hatte mich gerade verlassen und ich hab' mich total einsam gefühlt.
Harry Haller: Aha. Und dann?
Brigitte: Es war irre: Ich hab' den Anhänger gekauft und fünf Minuten später hab' ich einen wahnsinnig tollen Mann kennengelernt.
Harry Haller: Wow! Hast du noch mehr solche Glücksbringer?
Brigitte: Natürlich! Das Herzerl da, ein rotes Feuerzeug, diese kleine Nagelfeile.
Harry Haller: So was könnt' ich auch gebrauchen!
Brigitte: Nein, nein, hergeben tu' ich keinen. Das bringt Unglück! Du musst dir schon selbst einen besorgen!
Harry Haller: Okay, mach' ich! Vielen Dank, Brigitte. Und hier steht auch schon mein nächster Interviewpartner. Wie ist dein Name?

Interview 2

Nick: Ich bin der Nick.
Harry Haller: Hi, Nick! Gibt's in deinem Leben auch geheimnisvolle Glücksbringer oder Rituale?
Nick: Also, 'nen Glücksbringer hab' ich nicht, aber 'n Ritual schon.
Harry Haller: Ja? Was denn für eins?
Nick: Ich zieh' mir beim Fußballspielen zuerst den linken Schuh an.
Harry Haller: Hey! Warum denn das?
Nick: Ganz einfach: Immer wenn ich den linken Schuh zuerst anziehe, gewinnen wir.
Harry Haller: Ach wirklich? Dann gewinnt ihr also immer?
Nick: Nö. Letzte Woche hab' ich in der Eile zuerst den rechten Schuh angezogen.
Harry Haller: Ja, und?
Nick: Glaub's oder glaub's nicht: Wir haben drei zu null verloren.
Harry Haller: Erstaunlich! Das war Nick. Vielen Dank! Und wen haben wir da?

Hörtexte Kursbuch

Interview 3

Frau Gebhardt: Gebhardt. Mein Name ist Gebhardt.
Harry Haller: Frau Gebhardt. Was sagen Sie zum Thema „Glücksbringer"?
Frau Gebhardt: Sehen Sie diesen Ring? Den hat meine Oma vor 40 Jahren meiner Mutter gegeben. Dann ist sie gestorben. Vor 20 Jahren hat meine Mutter den Ring an mich weitergegeben. Und jetzt …
Harry Haller: … haben Sie Angst, dass Sie ihn verlieren?
Frau Gebhardt: Nein, nein, ich hab' ihn immer an. Wissen Sie, er erinnert mich an meine Mutter – sie passt irgendwie auf mich auf. Und wenn ich ihn mal nicht anhabe, also vergessen habe, dann fühle ich mich ganz nackt und ungeschützt.
Harry Haller: Tja, so hat halt jeder seine eigene Vorstellung von einem Glücksbringer! Das war's für heute von „RadioPlex". Bis morgen dann: Gleiche Zeit, aber neues Thema. Ciao.

Lektion 2 Unterhaltung

Folge 2: *Der Star*

Nasseer: Hallo! Guten Tag!
Heiko: Ja, bitte?
Nasseer: Ich bringe die Pizza, die Sie bestellt haben.
Heiko: Die Pizza, die ich bestellt habe? Habe ich eine Pizza bestellt?
Nasseer: Ich denke schon, Herr, äh, Dröning?
Heiko: Bitte, kommen Sie herein!
Nasseer: Danke.
Heiko: Sie sind der Pizzamann, der letzte Woche auch schon hier war, nicht wahr?
Nasseer: Nein, nein, da irren Sie sich. Ich war noch nie bei Ihnen.
Heiko: Tja, mein Kopf funktioniert leider nicht mehr so gut.
Heiko: Sie erkennen mich nicht, obwohl ich ein Star bin?
Nasseer: Ein Star, Herr Dröning?
Heiko: Ich bin Heiko Dröning. Der Heiko! Erinnern Sie sich denn überhaupt nicht an „Heiko"?
Nasseer: Heiko? Tut mir echt leid. Das war wohl vor meiner Zeit.
Heiko: Na ja, Sie sind noch ziemlich jung.
Nasseer: Waren Sie wirklich berühmt? Wann war denn das?
Heiko: In den 70er- und 80er-Jahren. Kommen Sie doch weiter. Hier entlang, bitte.
Nasseer: Waren Sie ein Fußballprofi?
Heiko: Fußball? Aber nein! Und jetzt hier rein.
Heiko: Hier sehen Sie die goldene Schallplatte, die ich für mein erstes Album bekommen habe.
Nasseer: Ach, Sie waren Musiker?
Heiko: Sänger! Und das waren die Lieder, die in Deutschland damals jeder kannte.
Nasseer: Echt?
Heiko: Wie wäre es, wenn ich Ihnen mal eins vorspiele?
Nasseer: Das ist, äh, echt nett, aber ich muss …
Heiko: Nur ein Lied! Einverstanden?
Nasseer: Gut, dann aber bitte schnell.
Heiko: Keine Sorge! Das Lied ist nicht so lang.
Heiko: Du bist die Frau, die mich wirklich liebt.
Nasseer: Wie bitte?
Heiko: So heißt das Lied, das mich über Nacht berühmt gemacht hat.
Nasseer: Ja, das ist schon möglich, aber … Volksmusik ist eigentlich nicht so mein Ding.
Heiko: Wie wäre es, wenn Sie sich das Lied erst mal anhören, junger Mann?
Nasseer: Na schön!
Heiko: Du hast für mich Verständnis, obwohl ich oft schwierig bin.
Du bist nie unzufrieden, obwohl ich nicht so viel verdien'.
Du isst mit mir Kartoffeln, obwohl du sie nicht magst. Ich weiß, du musst sehr glücklich sein, obwohl du es nie sagst.
Heiko: Du bist die Frau, die mich wirklich liebt.
Ich bin der Mann, dem Du alles gibst. Wir sind die Herzen, die sich so gut verstehen, wir wollen immer, immer, immer zusammen gehen.
Heiko: Ah! Jetzt habe ich aber Hunger! Hm, die Pizza riecht total gut! Ihr Geld haben Sie schon, nicht wahr? Und hier noch eine Original-Heiko-Starkarte mit Original-Heiko-Unterschrift!
Nasseer: Vielen Dank! Tja, dann: Guten Appetit, Herr Dröning!
Heiko: Heiko! Ab heute dürfen Sie Heiko zu mir sagen!
Nasseer: Okay! Also, auf Wiedersehen, Heiko!
Heiko: Tschüs, bis zum nächsten Mal!
Nasseer: T-ha! Also sowas! Das gibt's ja gar nicht! Da dada damm, die mich wirklich liebt. Wirklich liebt …, wirklich … Schrecklich! Furchtbar! Aber irgendwie doch ein Hit. Die Karte könnte ich Maja schenken. Du bist die Frau, die mich wirklich liebt. Wirklich liebt …, wirklich …

Schritt A **A2 a und b**

Bianca Vogt: Och, ich geh' eigentlich ziemlich selten zu Konzerten, obwohl so ein Konzertbesuch ja schon auch ganz nett sein kann. Aber andererseits: heute kannst du ja jeden Song auch schon im Internet günstig runterladen – oft sogar Live-Mitschnitte von Konzerten. Das ist schon billiger als so ein Konzert – und außerdem auch viel bequemer, weil du den

Hörtexte Kursbuch

Song dann anhören kannst, wann du willst und so oft du willst. Und gemütlicher ist es zu Hause eben auch! Ich hab eine riesige Sammlung von Songs auf meinem Computer, so hab ich immer die passende Musik, für jeden Tag, für jede Stimmung.

Lasse Petersen: Also, ich geh' ziemlich oft zu Konzerten, obwohl es mir eigentlich zu teuer ist und mir die anderen Leute dort oft auf die Nerven gehen, wenn die dann mitsingen oder tanzen. Aber egal, ich geh' trotzdem hin, weil man die Musik auf einem Konzert einfach ganz anders genießen kann: die Musiker, die Atmosphäre – so erlebt man die Lieder doch gleich ganz anders! Dabei bin ich eigentlich ein bequemer Mensch und bleibe sonst lieber zu Hause.

Nick Habermann: Ich geh' nicht so oft zu Konzerten, weil ich unter der Woche nach der Arbeit meistens viel zu müde bin. Ich hab' dann einfach keine Lust mehr, noch wegzugehen. Außerdem finde ich Musikhören zu Hause sowieso praktischer. Da leg ich einfach 'ne andere CD ein, wenn mir die Musik nicht mehr gefällt. Obwohl ich schon zugeben muss, dass man die Musik in einem Konzert viel intensiver und schöner erlebt.

Schritt B   B1

a **Heiko:** Erinnern Sie sich denn überhaupt nicht an „Heiko"?
Nasseer: Heiko? Tut mir echt leid. Das war wohl vor meiner Zeit.
Heiko: Na ja, Sie sind noch ziemlich jung.
Nasseer: Waren Sie wirklich berühmt? Wann war denn das?

b **Mann:** Wie kann man nur so ein Album machen? Das ist ja total langweilig.
Frau: Langweilig? Ich verstehe dich nicht. Das sind doch besonders schöne Songs. Na ja, die letzten beiden sind ziemlich traurig, das stimmt. Die finde ich auch nicht so gut.

Schritt B   B2 a und b

Reporter: In Großbritannien sorgen sie schon seit Wochen für ausverkaufte Konzerthallen, seit Donnerstag sind sie nun auch bei uns endlich wieder auf Tournee! Take That! Nach den widersprüchlichen Meinungen der Kritik interessiert uns jetzt vor allem die Stimmung im Publikum. Wir stehen hier vor dem E-Werk in Köln, das Konzert ist gerade zu Ende. Wie hat es Ihnen gefallen?
Mann 1: Na ja, es waren eben die bekannten Lieder und eine ganz tolle Show, aber trotzdem es hat mir nicht so gut gefallen. So ein kurzes Konzert hatte ich eigentlich nicht erwartet.
Frau 1: Ja, das stimmt, das Konzert war ziemlich kurz, aber wirklich fantastisch. Hach! Und die Jungs sahen einfach super aus!
Mann 2: Was? Super? So ein Unsinn! Die sahen doch furchtbar aus! Außerdem haben sie mal wieder ziemlich unsympathisch gewirkt und ganz schön arrogant, finde ich. Typisch!
Reporter: Oh, ich seh' schon, ein Konzert, das die Gemüter erregt.
Frau 2: Also mir ist das egal. Ich finde trotzdem, sie sind die beste Band der Welt! Total gut aussehend, und so süß, die Jungs!
Mann 3: Aber Jason war diesmal nicht so toll. Er sieht zwar ganz gut aus, aber heute stand er doch ziemlich blöd auf der Bühne rum. Na ja, aber insgesamt fand ich das Konzert schon gut und ...
Frau 3: Nö, das war doch überhaupt nicht gut. Ich finde, das Konzert war einfach nur schlecht: überhaupt keine Stimmung. Ehrlich gesagt, mir war das viel zu laut und die Show? Na ja, die fand ich ziemlich langweilig.
Frau 1: So ein Quatsch! Die hat ja keine Ahnung! Die Show war wirklich perfekt und am Ende fand ich Mark sogar richtig lustig.
Reporter: Vielen Dank. Wirklich interessant! Haben Sie Take That auch schon live gesehen? Dann sagen Sie uns doch, wie Ihnen das Konzert gefallen hat, und gewinnen Sie mit ein bisschen Glück ein Take-That-Fan-T-Shirt und zwei Freikarten für ein Konzert Ihrer Wahl. Rufen Sie gleich an unter 0-800-29-29-4-88.

Schritt C   C2

a **Mann:** Nö, da geh' ich nicht mit! Da kannst du allein reingehen.
Frau: Wieso denn? Das versteh' ich nicht! Das ist der Film, den alle gut finden.
Mann: Ja, eben! Genau deswegen geh' ich nicht rein!
Frau: Hach!

b **Anbaggerer:** Sag mal, kennst du den Film, der auf dem Festival die meisten Preise gewonnen hat? Hm?
Frau: Nö ...
Anbaggerer: Was? Du kennst den neuesten Film von Mario Reiss noch nicht?
Frau: Nö. Wer ist Mario Reiss?
Anbaggerer: Aber, aber, Mario Reiss! Mario Reiss ist doch ...
Frau: Mario Reiss ist jedenfalls nicht der Mann, der mich am meisten langweilt.

c **Sohn:** Na, Mama? Hast du das Buch gelesen, das ich dir geschenkt habe?
Mutter: Das Buch? Ach so! Ja, ja! Natürlich!
Sohn: Und?

137 TRANSKRIPTIONEN

Hörtexte Kursbuch

	Mutter:	Also, das Thema fand ich spannend, aber die Sprache! Hm, irgendwas stört mich daran.
	Sohn:	Zu modern vielleicht?
	Mutter:	Na, weißt du, so alt bin ich nun auch wieder nicht!
d	Mann:	Du, guck mal, Rita. Da hinten sitzt doch die Schauspielerin, die letztes Jahr einen Oscar bekommen hat.
	Frau:	Quatsch! Das ist Therese Erbsdobler vom Bauerntheater.
	Mann:	Ich weiß! Aber ihr kleiner Sohn heißt doch Oscar?!
	Frau:	Ha! Du und deine blöden Witze!
e	Mann:	Meine Güte, dass ich mich nie an Namen erinnern kann! Sophia?
	Sophia:	Ja?
	Mann:	Komm, hilf mir mal, wie heißen die drei Schauspieler, die der Kritiker gestern so gelobt hat?
	Sophia:	Welcher Kritiker?
	Mann:	Ach, vergiss es!
	Sophia:	Ja, was denn?

Schritt C C3
vgl. Kursbuch Seite 24

Schritt C C4/C5

Gespräch 1
Frau: Du kennst doch diesen Schauspieler – jetzt fällt mir der Name nicht mehr ein, na ja, egal, den Schauspieler auf jeden Fall, dem man seinen Rolls-Royce weggenommen hat.
Mann: Ach, den meinst du! Und? Hat er ihn wieder?
Frau: Nee. Er hat sich stattdessen ein Fahrrad gekauft.
Mann: Nein, diese Schauspieler!

Gespräch 2
Frau: Hast du den Artikel gelesen über das Fußballteam, dem man nach dem Spiel gegen Real 100 000 Euro in bar geschickt hat?
Mann: Ja, und?
Frau: Ich möchte wirklich wissen, wer das war.
Mann: Was siehst du mich so an? Ich war's nicht!

Gespräch 3
Mann: Die schreiben hier von einer Jazzsängerin, der jemand per Post tausend Rosen geschickt hat. Das ist ja ziemlich verrückt.
Frau: Tausend Rosen!? Manche Frauen wären froh, wenn sie eine bekommen würden.

Gespräch 4
Frau 1: Ha, ha, ha! Das ist ja 'n Ding!
Frau 2: Was denn?
Frau 1: Hast du das schon gelesen von den drei Sportlerinnen, denen man im Fernsehen beim Duschen zugeschaut hat?
Frau 2: Ja, toll! Guck mal – Shampoo-Werbung! Da kannst du jeden Tag 'nem Dutzend Sportlerinnen beim Duschen zusehen!

Zwischenspiel 2 *Tausendmal gehört ... Mein Lieblingssong*
Jana: Hey! Auf diesem Bild siehst du ja süß aus, Mama!
Mama: So? Findest du?
Jana: Wer ist denn das Mädchen neben dir?
Mama: Na sag mal! Erkennst du sie wirklich nicht?
Jana: Nee.
Mama: Das ist Carolin!
Jana: Carolin? Ja, stimmt! Und der Junge rechts oben auf dem Auto?
Mama: Das ist Klaus. Klaus und Erika kennst du auch.
Jana: Ach, der Klaus? Und das Mädchen da auf dem Auto, das ist Erika?
Mama: Nein, Erika ist hier auf dem linken Bild: Vorne Erika, dahinter ich und hinter mir Carolin.
Jana: Welche Musik habt ihr damals gehört?
Mama: Das war Mitte der 80er-Jahre Hm. Damals gab's zum ersten Mal richtig gute Songs mit deutschen Texten. Vorher war fast alles nur auf Englisch.
Jana: Was für Songs waren das? Sag mal ein Beispiel!
Mama: Zum Beispiel Nena „99 Luftballons" und Nina Hagen natürlich und Grauzone!
„Ich möchte ein Eisbär sein im kalten Polar, dann müsste ich nicht mehr schrei'n, alles wär so klar."
Jana: Was? So alt ist das schon? Das kenn' ich auch, aber als Remix.
Mama: Heute gibt's ja alles als Remix, oder?
Jana: „Eisbär". War das dein Lieblingssong?
Mama: Nein. Mein absolut liebster Lieblingssong war „Tausendmal berührt" von Klaus Lage. Den hab ich bestimmt tausendmal gehört.
Jana: Und wie ging der? Sing doch mal! Kannst du den noch?
Mama: Na ja, nicht mehr so ganz, nur den Refrain: „Tausendmal berührt, tausendmal ist nix passiert.
Beide: Tausendundeine Nacht und es hat Zoom gemacht!"
Mama: Ach, das gibt's auch schon als Remix?
Jana: Hm, wenn dir das Lied so gut gefällt, warum hörst du's dann überhaupt nicht mehr?
Mama: Ach, weißt du, Jana. Immer wenn ich den Song höre, dann muss ich an einen Jungen denken, in den ich damals total verliebt war. Und der ...
Jana: Der was?
Mama: Ach egal! Bei ihm hat's halt leider nicht „Zoom!" gemacht. Oder: Zum Glück! Sonst würde es dich heute nicht geben. Und das wär' doch schade oder?
Jana: Ja, ziemlich schade!
Mama: „Tausendmal berührt.

TRANSKRIPTIONEN 138

Hörtexte Kursbuch

Beide: Tausendmal ist nix passiert!
Tausendundeine Nacht und es hat Zoom gemacht!"

(Liedtext vgl. Kursbuch Seite 31)

Lektion 3   Gesund bleiben
Folge 3: *Bandscheiben*

Nasseer: Ah! Au! Bollmann ... Bollmann ... ah, da!
Frau Bollmann: Ja? Hallo?
Nasseer: Pizza Curry! Ich bringe Ihr Essen!
Frau Bollmann: Ah ja! Kommen Sie rauf.

Frau Bollmann: Ah! Die Pizza! Das ging aber schnell!
Frau Bollmann: Oh! Was ist? Was fehlt Ihnen denn?
Nasseer: Ach nichts. Der Rücken tut mir weh.
Frau Bollmann: Oh je! Sie Armer! Verspannte Schultern? Wahrscheinlich vom vielen Autofahren.
Nasseer: Nein, nicht die Schultern. Es ist weiter unten. Hier habe ich Schmerzen.
Frau Bollmann: Oh, oh! Das klingt nach Bandscheiben!
Nasseer: Bandscheiben?
Frau Bollmann: Ja! Genau das gleiche Problem hatte ich auch mal. Ach, bitte, kommen Sie doch rein!

Frau Bollmann: Hier bitte, Ihr Geld!
Nasseer: Danke. Ah!
Frau Bollmann: Hm, hm, so jung und schon Bandscheibenprobleme!? Dagegen müssen Sie unbedingt was tun!
Nasseer: Ja, aber was? Können Sie mir einen Rat geben? Wissen Sie vielleicht ein gutes Medikament?
Frau Bollmann: Oh, oh! Passen Sie bloß mit Medikamenten auf! Damit habe ich nur schlechte Erfahrungen gemacht. Wenn Sie da nicht aufpassen, bekommen Sie noch mehr Probleme, verstehen Sie? Und es hilft auch nichts, am Ende werden Sie dann trotzdem operiert.
Nasseer: Und was würden Sie mir empfehlen?
Frau Bollmann: Das Wichtigste ist die Entspannung des Rückens. Das können Sie überall selbst machen.

Frau Bollmann: Da! Legen Sie sich da mal drauf!
Nasseer: Was? Habe ich Sie richtig verstanden? Ich soll mich auf Ihren Tisch legen?!
Frau Bollmann: Ja, natürlich! Hängen Sie Ihr Sakko da über den Stuhl! Na los!
Nasseer: Also, ich ... ich weiß nicht.
Frau Bollmann: Hören Sie auf den Rat einer Spezialistin! Mit Bandscheibenproblemen kenn ich mich wirklich aus. Ich bin gelernte Krankengymnastin.

Nasseer: Aber, aber – Ihre Pizza wird kalt!
Frau Bollmann: Keine Sorge! Die ess' ich nebenbei.

Frau Bollmann: Nein, nein! Nicht mit dem Rücken! Mit dem Bauch nach unten!
Nasseer: Mit dem Bauch?
Frau Bollmann: Sie müssen sich nur einfach umdrehen. Genau!
Nasseer: Und jetzt?
Frau Bollmann: Jetzt nach vorne. Ja! Noch weiter! Sehr schön! Und jetzt den Oberkörper hängen lassen.
Nasseer: Entschuldigen Sie, was meinen Sie mit „hängen lassen"?
Frau Bollmann: Der Oberkörper muss über die Kante des Tisches nach unten hängen. Das ist sehr wichtig! Nur die Beine und der Po bleiben oben.

Frau Bollmann: Richtig! So wird das gemacht! Na, wie fühlen Sie sich jetzt?
Nasseer: Das ist gut! Das ist sehr gut! Die Schmerzen sind weg!
Frau Bollmann: Na sehen Sie! Diese Übung können Sie überall machen, wo ein Tisch ist. Sie haben doch einen Tisch zu Hause?
Nasseer: Na klar! Äh, Entschuldigung, könnten Sie mir mal mein Handy geben? Steckt in meiner Jacke.

Nasseer: Ja? Hier Nasseer.
Maja: Nasseer, sag mal, was ist los? Wo bleibst du so lange? Was machst du eigentlich?
Nasseer: Ich liege hier auf Frau Bollmanns Küchentisch.
Maja: Was!?
Nasseer: Du, ich sag' dir: Das ist toll für die Bandscheiben!

Maja: Ich krieg' die Krise!
Giovanni: Was ist? Ist was passiert?
Maja: Er liegt bei Frau Bollmann auf dem Tisch.
Giovanni: Hä? Auf dem Tisch? Was ist denn mit ihm los?
Maja: Keine Ahnung, was mit Nasseer los ist, aber Nasseers Bandscheiben geht es gut!
Giovanni: Aha! Schön!

Schritt A   A2 b

Setzen Sie sich ganz bequem hin und lassen Sie alle Ihre Muskeln locker werden. Atmen Sie ein paar Mal ruhig und tief durch und schließen Sie dann die Augen. Und nun eine Übung zur Dehnung der Brust. Heben Sie einen Arm über den Kopf. Drücken Sie die andere Hand gegen die Hand Ihres Partners. Und drücken, und drücken, und drücken. Nun lassen Sie locker und entspannen sich wieder. Und nun eine Übung zur Entspannung des Gesichts. Schneiden Sie eine Grimasse. Runzeln Sie die Stirn. Ziehen Sie die Nase hoch.

Hörtexte Kursbuch

Nun lassen Sie locker und entspannen sich wieder. Und gleich geht's weiter mit der nächsten Übung zur Dehnung Ihres Oberschenkelmuskels ...

Schritt B   B1
vgl. Kursbuch Seite 35

Schritt B   B2

a Doktor Wirt: Ich begrüße Sie zu unserer heutigen Gesundheitssprechstunde, liebe Hörerinnen und Hörer. Ich bin Dr. Heinz Wirt und beantworte heute wieder sehr gern Ihre Fragen. Tja, und da ist auch schon die erste Anruferin am Telefon. Hallo?
Fr. Müller: Ja, guten Tag, hier spricht Ilka Müller aus Mannheim.
Doktor Wirt: Guten Tag. Na, wie kann ich Ihnen denn helfen, Frau Müller?
Fr. Müller: Ach, wissen Sie, ich hab seit ein paar Tagen große Probleme mit dem Rücken. Ich kann mich kaum noch richtig bewegen. Manchmal sind die Schmerzen so stark, da kann ich mich gar nicht mehr rühren.
Doktor Wirt: Hm. Waren Sie denn mit Ihren Beschwerden schon mal beim Arzt?
Fr. Müller: Nein, bis jetzt noch nicht. Ich dachte eigentlich, das würde von selbst wieder weggehen. Man kennt das ja, ab und zu tut was weh, und irgendwann ist es dann wieder weg. Genau so schnell, wie's gekommen ist. Aber diesmal wird's immer schlimmer. Was kann denn das bloß sein?

b Fr. Müller: Aber diesmal wird's immer schlimmer. Was kann denn das bloß sein?
Doktor Wirt: Nun, so am Telefon ist das natürlich ein bisschen schwierig. Rückenschmerzen können ja sehr viele verschiedene Ursachen haben. Darf ich fragen, wie alt Sie sind und was Sie von Beruf sind?
Fr. Müller: Natürlich. Ich bin 53 und von Beruf Sachbearbeiterin. Da arbeite ich leider den ganzen Tag fast nur am Computer. Aber die Rückenschmerzen, die kamen zu Hause, letztes Wochenende.
Doktor Wirt: Ah ja. Und waren die Schmerzen plötzlich da oder hatten Sie schon länger Probleme?
Fr. Müller: Nein, nein, die kamen ganz plötzlich. Ich wollte gerade etwas vom Boden aufheben, als mir dieser Schmerz in den Rücken schoss.
Doktor Wirt: Nun, vielleicht haben Sie eine falsche Bewegung gemacht. So etwas nennt man auch „Hexenschuss". Das kommt sehr häufig vor.
Fr. Müller: Aha. Und was kann ich da tun?

Schritt B   B3
Doktor Wirt: Ich begrüße Sie zu unserer heutigen Gesundheitssprechstunde, liebe Hörerinnen und Hörer. Ich bin Dr. Heinz Wirt und beantworte heute wieder sehr gern Ihre Fragen. Tja, und da ist auch schon die erste Anruferin am Telefon. Hallo?
Fr. Müller: Ja, guten Tag, hier spricht Ilka Müller aus Mannheim.
Doktor Wirt: Guten Tag. Na, wie kann ich Ihnen denn helfen, Frau Müller?
Fr. Müller: Ach, wissen Sie, ich hab seit ein paar Tagen große Probleme mit dem Rücken. Ich kann mich kaum noch richtig bewegen. Manchmal sind die Schmerzen so stark, da kann ich mich gar nicht mehr rühren.
Doktor Wirt: Hm. Waren Sie denn mit Ihren Beschwerden schon mal beim Arzt?
Fr. Müller: Nein, bis jetzt noch nicht. Ich dachte eigentlich, das würde von selbst wieder weggehen. Man kennt das ja, ab und zu tut was weh, und irgendwann ist es dann wieder weg. Genau so schnell, wie's gekommen ist. Aber diesmal wird's immer schlimmer. Was kann denn das bloß sein?
Doktor Wirt: Nun, so am Telefon ist das natürlich ein bisschen schwierig. Rückenschmerzen können ja sehr viele verschiedene Ursachen haben. Darf ich fragen, wie alt Sie sind und was Sie von Beruf sind?
Fr. Müller: Natürlich. Ich bin 53 und von Beruf Sachbearbeiterin. Da arbeite ich leider den ganzen Tag fast nur am Computer. Aber die Rückenschmerzen, die kamen zu Hause, letztes Wochenende.
Doktor Wirt: Ah ja. Und waren die Schmerzen plötzlich da oder hatten Sie schon länger Probleme?
Fr. Müller: Nein, nein, die kamen ganz plötzlich. Ich wollte gerade etwas vom Boden aufheben, als mir dieser Schmerz in den Rücken schoss.
Doktor Wirt: Nun, vielleicht haben Sie eine falsche Bewegung gemacht. So etwas nennt man auch „Hexenschuss". Das kommt sehr häufig vor.
Fr. Müller: Aha. Und was kann ich da tun?
Doktor Wirt: Das Beste wäre wohl, Sie würden zunächst einmal zu Ihrem Hausarzt gehen. Der kann Ihnen dann schon mal eine Spritze gegen die Schmerzen geben und eine Überweisung für einen Orthopäden. Krankengymnastik an speziellen Geräten wäre bei Ihren Beschwerden auf jeden Fall sinnvoll.
Fr. Müller: Bezahlt das denn die Krankenkasse?
Doktor Wirt: Ja, aber nicht alles. Das meiste übernimmt zwar die Krankenkasse, aber einen bestimmten Teil

TRANSKRIPTIONEN   140

Hörtexte Kursbuch

	müssen Sie selbst bezahlen. Nur wie viel das genau ist, kann ich Ihnen leider nicht sagen.
Fr. Müller:	Aha. Und was ist, wenn die Krankengymnastik allein nicht hilft?
Doktor Wirt:	Wenn die Schmerzen nach drei Wochen immer noch nicht weg sind, dann Vorsicht! Dann sollte man unbedingt sicherstellen, dass es kein Bandscheibenvorfall ist.
Fr. Müller:	Und wie das?
Doktor Wirt:	Man könnte zum Beispiel eine Kernspintomographie machen.
Fr. Müller:	Oh je, das hört sich ja gefährlich an.
Doktor Wirt:	Nein, nein, überhaupt nicht. Das ist eine spezielle Methode, mit der man sehr detaillierte Fotos des inneren Körpers machen kann. Sie liegen dann in so einer Röhre und der Apparat macht, vereinfacht gesagt, ganz viele Fotos von Ihrer Wirbelsäule. So kann der Arzt nämlich genau sehen, wo das Problem eigentlich liegt.
Fr. Müller:	Aha. Und wie lange dauert so was?
Doktor Wirt:	Mit den heutigen modernen Geräten geht das schon recht schnell, das kommt darauf an, welche Körperpartie untersucht wird, im Durchschnitt vielleicht so 20 bis 30 Minuten, alles halb so schlimm.
Fr. Müller:	Äh, Herr Wirt, eine letzte Frage hätte ich noch. Gibt es denn kein Medikament gegen diese Rückenschmerzen?
Doktor Wirt:	Doch, natürlich gibt es Medikamente gegen Rückenschmerzen. Aber zuerst muss geklärt werden, was genau Ihr Problem ist. Oft werden die Beschwerden schon mit regelmäßiger Gymnastik und Bewegung schnell besser. Bei Ihrem Beruf sitzen Sie natürlich viel und haben auch viel Stress, nehme ich an.
Fr. Müller:	Ja, ja, bei uns in der Firma geht das gar nicht anders. Und heutzutage ist man ja froh, wenn man Arbeit hat, nicht wahr?
Doktor Wirt:	Für die Zukunft empfehle ich Ihnen auf jeden Fall, während Ihrer Arbeit am Computer alle zwei Stunden eine Pause zu machen – das müssen Sie sogar. Das ist nämlich auch arbeitsrechtlich vorgeschrieben. Am besten stehen Sie auf und machen einige Entspannungsübungen für den Rücken und den Nacken.
Fr. Müller:	Was denn genau für Übungen?
Doktor Wirt:	Informationen dazu bekommen Sie kostenlos bei Ihrer Krankenkasse, bei Ihrem Arzt oder im Internet.
Fr. Müller:	Aha. Na ja, das kann ich ja mal versuchen. Vielen Dank auch für die vielen Informationen.
Doktor Wirt:	Aber gern! Gute Besserung! Und ich drück' Ihnen ganz fest die Daumen, dass es Ihnen bald wieder besser geht. Auf Wiederhören!
Fr. Müller:	Tschüs!
Doktor Wirt:	Bis zum nächsten Anrufer machen wir jetzt ein paar Takte Musik.

Schritt C   C5
vgl. Kursbuch Seite 37

Schritt D   D2

1 Fester Wille? Letzte Zigarette? Packung wegwerfen? Ach was! Hab' ich doch alles schon probiert. Bei mir funktioniert so was nicht!

2 Genau. Das darf ich heuer nicht vergessen! Sonst lieg' ich wieder drei Wochen lang flach, wie letzten Winter. So was kann ich mir dieses Jahr einfach nicht mehr erlauben. Wann ist der Termin? Mittwochvormittag? Okay.

3 Kein Kurs, keine festen Termine, klingt doch ganz gut, oder? Hm, und ein paar Pfund abnehmen, das wär' wirklich gar nicht so schlecht.

4 Hey, das ist ja interessant! Ob das wirklich klappt? Mensch, da könnt' ich mir in Zukunft die vielen Schmerztabletten sparen! Ich glaub', da ruf' ich mal an.

Lektion 4   Sprachen
Folge 4: *Göhreschdase?*

Nasseer:	Venusstraße – Merkurstraße – Jupiterstraße, hm, „Pizza mafioso, Harald Bohnemann, Marsstraße 12" – Marsstraße, hm.
Nasseer:	M … Ma … Mars … Marsstraße! Marsstraße: G 8 … G 8 … Der Stadtplan sieht ja schrecklich aus … C, D, E, F, G … da brauchen wir bald mal einen neuen … G 6 … G 7 … G … Nnn-aaahh …!!!
Nasseer:	Hallo! Hallo!? Entschuldigung, können Sie mir sagen, wo hier die Marsstraße ist?
Herr Böhmke:	Dumilein … Kannischpän …
Nasseer:	Was!?
Herr Böhmke:	Kannischpän …
Nasseer:	Entschuldigung, wenn Sie etwas deutlicher sprechen würden, könnt' ich Sie besser verstehen.
Herr Böhmke:	Kan ni schpä-hän!
Nasseer:	Ach so! Sie können nicht sprechen!
Herr Böhmke:	Henah!
Nasseer:	Äh, ich suche die Marsstraße. Wissen Sie vielleicht, ob die hier in der Nähe ist?
Herr Böhmke:	Üwädi Göhreschdase.
Nasseer:	Wie bitte?
Herr Böhmke:	Göhreschdase!
Nasseer:	Göreschtase?
Herr Böhmke:	N-nn! … Göööhhde! … Göööhhdeschdase!
Nasseer:	Ach … Goethestraße?
Herr Böhmke:	Haa … üwädi Göhreschdase.
Nasseer:	Meinen Sie damit, dass ich auf die andere Seite der Goethestraße fahren soll?

Hörtexte Kursbuch

Herr Böhmke:	Haa! …		**Schritt B**	**B2 a und b**
Nasseer:	Tatsächlich? Hm, sind Sie sicher, dass die Marsstraße dort drüben ist?		**Gespräch 1**	
			Beamter	Äh, … Frau Ott, hören Sie, bitte?
Herr Böhmke:	Ha!		Frau Ott	Ja?
			Beamter:	Sie bekommen in den nächsten Tagen mit der Post die Einstellung des Straßenverkehrsordnungswidrigkeitsverfahrens, und dann …
Nasseer:	Aber, schauen Sie, hier ist die Jupiterstraße und da hinten sind die Merkurstraße und die Venusstraße. Der Mars ist doch auch ein Planet, nicht wahr?			
			Frau Ott:	Äh, was? Moment mal! Das letzte Wort habe ich nicht verstanden. Was bekomm' ich?
Herr Böhmke:	Haa, awa …		Beamter:	Die Bestätigung der Einstellung Ihres Straßenverkehrsordnungswidrigkeitsverfahrens.
Nasseer:	Sehen Sie! Deswegen denk' ich mir, dass die Marsstraße hier irgendwo sein muss.			
Herr Böhmke:	Awa … höhnsi …		Frau Ott:	Stopp, stopp, stopp! Sie sprechen so schnell. Könnten Sie das bitte noch mal langsamer sagen?
Nasseer:	Meinen Sie nicht?			
Herr Böhmke:	Simmissn üwädi Göhreschtase!		Beamter:	Ihr Stra-ßen-ver-kehrs-ord-nungs-wid-rig-keits-ver-fah-ren. Es ist eingestellt!
Nasseer:	Es ist sehr nett von Ihnen, dass Sie mir trotz Ihrer Erkältung helfen.		Frau Ott:	Tja, tut mir leid, aber ich versteh' Sie immer noch nicht. Was soll denn das heißen? Was meinen Sie damit? Können Sie mir das nicht mit einem einfacheren Wort erklären?
Herr Böhmke:	Kän Polem. Musswisouawatege.			
Nasseer:	Äh, wie?			
Herr Böhmke:	Ssua Aa-Poo-Thee-Gee …			
Nasseer:	Oh, oh, oh! Das klingt ja schrecklich! Hier! Nehmen Sie eins! Das ist gut für den Hals!		Beamter:	Äh, ja, es ist eben eingestellt, das Verfahren, es ist vorbei … äh, es ist aus, es geht nicht mehr weiter.
Nasseer:	MARS-APOTHEKE! Ach so! Jetzt verstehe ich: Wegen der Apotheke sind Sie mitgefahren, nicht wahr?		Frau Ott:	Ach so? Bedeutet das, dass ich das jetzt alles bezahlen muss?
			Beamter:	Nein!
Herr Böhmke:	Hja! Maasaptege inda Maaschtase.		Frau Ott:	Also, was muss ich denn jetzt bezahlen?
Nasseer:	Na prima! Also tschüs dann, und gute Besserung noch!		Beamter:	Nichts! Das Verfahren ist eingestellt! Aber nächstes Mal parken Sie nicht mehr in der zweiten Reihe, ja? Sonst wird's teuer!
Herr Böhmke:	Haa! Haange!			
Nasseer:	8 … 10 … 12! Marsstraße 12. Puh!		**Gespräch 2**	
			Praxis:	Na, dann wollen wir mal sehen, warten Sie mal, also, Sie können am 10.11. um elf kommen oder … äh, Moment, am 11.11. um zehn. Ja, äh, … Ne! Moment! Am 11. geht's doch erst um halb elf, ich dachte jetzt eigentlich, da hätte jemand abgesagt. Oder wollen Sie lieber am 15., das ginge auch, aber nur nachmittags, ab 15 Uhr.
Schritt B	**B1**			
a Nasseer:	Entschuldigung, können Sie mir sagen, wo hier die Marsstraße ist?			
Herr Böhmke:	Dumilein … Kannischpän …			
Nasseer:	Wie bitte?			
Herr Böhmke:	Kannischpän …			
Nasseer:	Ach so! Sie können nicht sprechen.		Patient:	Entschuldigung, meinten Sie jetzt, ich kann morgen kommen?
Herr Böhmke:	Henah!			
			Praxis:	Was? Ich hab' Ihnen doch gerade gesagt …
b Herr Böhmke:	Göhreschdase!		Patient:	Es tut mir leid, ich kann Sie so schlecht verstehen. Könnten Sie die Termine bitte noch mal wiederholen?
Nasseer:	Göreschtase!			
Herr Böhmke:	N-nn! … Göööhhde! … Gööööhhdeschdase!			
Nasseer:	Ach … Goethestraße!		Praxis:	Ja, also, das war der 10.11. um 11 Uhr, der 11.11. um halb …
Herr Böhmke:	Haa … üwädi Göhreschtase.			
Nasseer:	Meinen Sie damit, dass ich auf die andere Seite der Goethestraße fahren soll?		Patient:	Ja, aber … Moment mal! Der 10.11., das ist doch morgen! Das heißt also, ich kann doch schon morgen kommen?
			Praxis:	Ja, aber um elf!
Herr Böhmke:	Haa!		Patient:	Na, das passt doch wunderbar! Dann also bis morgen um elf.

Hörtexte Kursbuch

Schritt C   C2

a Moderatorin: Im Leben weiterkommen? Einen interessanten Beruf ausüben? Menschen kennenlernen? Karriere machen? Nicht nur dafür braucht man in unserer globalisierten Welt gute Fremdsprachenkenntnisse. Egal, ob Italienisch, Deutsch, Chinesisch oder Arabisch – zwei Sprachen zusätzlich zur Muttersprache sollten es schon sein. Das fordert zumindest die Europäische Union von ihren Bürgern, und sie liegt damit offenbar im Trend, denn die Sprachkurse an Universitäten und Volkshochschulen haben großen Zulauf. Welche Fremdsprache lernen Sie und was ist Ihr Motiv? Das wollten wir von Sprachlernern an der Volkshochschule Frankfurt wissen. Unser Reporter Hajo Axmann hat sich umgehört. Hier sein Bericht:

b und c

Moderatorin: Im Leben weiterkommen? Einen interessanten Beruf ausüben? Menschen kennenlernen? Karriere machen? Nicht nur dafür braucht man in unserer globalisierten Welt gute Fremdsprachenkenntnisse. Egal ob Italienisch, Deutsch, Chinesisch oder Arabisch – zwei Sprachen zusätzlich zur Muttersprache sollten es schon sein. Das fordert zumindest die Europäische Union von ihren Bürgern, und sie liegt damit offenbar im Trend, denn die Sprachkurse an Universitäten und Volkshochschulen haben großen Zulauf. Welche Fremdsprache lernen Sie und was ist Ihr Motiv? Das wollten wir von Sprachlernern an der Volkshochschule Frankfurt wissen. Unser Reporter Hajo Axmann hat sich umgehört. Hier sein Bericht:

Hajo Axmann: Hallo? Sie haben sich gerade für einen Spanischkurs eingeschrieben. Darf ich Sie fragen, warum?

Frau Mall: Warum wir Spanisch lernen? Weil mein Mann und ich da schon seit Jahren in Urlaub hinfahren. Und weil's langsam peinlich wird, dass wir uns mit den Leuten dort kaum verständigen können.

Hajo Axmann: Und warum lernen Sie hier, in der Volkshochschule?

Frau Mall: Tja, wir haben einen Abendkurs gesucht, am besten ganz in unserer Nähe und ...

Herr Mall: Aus diesem Grund haben wir uns dann vor einem halben Jahr für die VHS entschieden.

Frau Mall: Das ist jetzt unser zweiter Kurs.

Hajo Axmann: Ah! Also waren Sie mit dem ersten zufrieden?

Herr Mall: Ja, ja. Das ist ja nicht nur die Sprache, sondern auch wie die Leute so leben und denken, ihre Kultur halt, wissen Sie. Darum ist das ja so interessant – und ist ja auch wichtig.

Frau Mall: Es geht zwar etwas langsam vorwärts, aber wir sind ja auch nicht mehr die Jüngsten.

Herr Mall: Daher haben wir's auch gar nicht mehr so eilig!

Hajo Axmann: Vielen Dank!

Die Malls: Bitte, bitte, bitte. Keine Ursache.

Hajo Axmann: Entschuldigung!

Herr Figueiras: Ja, bitte?

Hajo Axmann: Darf ich fragen, für welchen Kurs Sie sich gerade eingeschrieben haben?

Herr Figueiras: Für einen Deutschkurs.

Hajo Axmann: Ach ja? Woher kommen Sie denn?

Herr Figueiras: Ich komme aus Brasilien.

Hajo Axmann: Ah?! Sie sprechen aber schon ziemlich gut Deutsch!

Herr Figueiras: Oh, vielen Dank! Ja, ich habe in Brasilien eine deutsche Schule besucht. Aber jetzt möchte ich mein Deutsch noch etwas verbessern. Ich brauche das für meinen Beruf.

Hajo Axmann: Was arbeiten Sie denn?

Herr Figueiras: Ich bin in der Hotelbranche tätig. Da legt man großen Wert auf gute Aussprache und so weiter.

Hajo Axmann: Dann viel Erfolg und vielen Dank!

Herr Figueiras: Danke auch! Gerne!

Hajo Axmann: Äh, entschuldigen Sie!

Fr. Eggebrecht: Ja, bitte?

Hajo Axmann: Sie schreiben sich gerade für einen ... äh, Arabischkurs ein. Sehe ich das richtig?

Fr. Eggebrecht: Ja, genau. Ich lerne seit eineinhalb Jahren Arabisch.

Hajo Axmann: Darf ich Sie fragen, warum?

Fr. Eggebrecht: Weil mein Freund aus Nordafrika kommt.

Hajo Axmann: Und er kann kein Deutsch?

Fr. Eggebrecht: Doch! Ziemlich gut sogar! Wissen Sie, mir ist es sehr wichtig, dass ich seine Sprache genauso verstehe wie er meine.

Hajo Axmann: Ach so.

Fr. Eggebrecht: Und deswegen lerne ich eben Arabisch!

Hajo Axmann: Verstehe! Na dann weiterhin viel Erfolg!

Fr. Eggebrecht: Danke.

Hajo Axmann: Entschuldigung?

Erik: Ja? Was ist?

Hajo Axmann: Machst du auch einen Sprachkurs hier?

Hörtexte Kursbuch

Erik:	Ja, ich lern' Türkisch.
Hajo Axmann:	Türkisch? Hey! Einfach so oder hast du einen bestimmten Grund?
Erik:	Ich hab' sogar gleich mehrere Gründe.
Hajo Axmann:	Aha?
Erik:	Erstens möcht' ich nach dem Abi ein Praktikum in der Türkei machen, in einem Hotel oder so. Zweitens hab' ich 'ne Menge türkische Freunde und außerdem gefällt mir Türkisch einfach total gut.
Hajo Axmann:	Ah ja! Vielen Dank für die Info!
Erik:	Ja, klar. Ciao!
Hajo Axmann:	Sie hören es selbst: Es gibt eine Menge Gründe, Sprachen zu lernen. Soviel von hier, aus der VHS Frankfurt. Und damit zurück ins Funkhaus.

Schritt E   E2/E3

Sarah:	Du, Hanna? Kannst du mir helfen?
Hanna Spohr:	Ja, was ist denn, Sarah?
Sarah:	Meine Tasche is' weg.
Hanna Spohr:	Was? Na, die finden wir bestimmt gleich wieder, ja?
Sarah:	Ja! Ja! Ja!
Radiosprecher:	Was sich hier wie eine ganz normale Szene aus dem deutschen Kindergartenalltag anhört, ist in Wirklichkeit das Ergebnis eines ebenso ungewöhnlichen wie erfolgreichen Vorschulprojekts. Denn Sarah konnte kein Wort Deutsch, als sie vor einem Jahr in den Kindergarten kam. Es ging ihr wie vielen anderen ausländischen Kindern, die mit erheblichen Sprachproblemen in Deutschland aufwachsen müssen. Aber Sarah hatte Glück: Ihr Kindergarten beteiligt sich am Projekt „Sprachkurse für Kinder".
Hanna Spohr:	Seit 1998 bieten wir hier in unseren Kindergärten gezielt Sprachkurse für Kinder an. Wir haben ja das Problem, dass in vielen ausländischen Familien zu Hause nur die Muttersprache gesprochen wird. Dadurch lernen die Kinder so gut wie kein Deutsch, und das wird spätestens dann zum echten Problem, wenn sie in die Schule kommen.
Radiosprecher:	Sagt Hanna Spohr, die Projektleiterin. Mit einer Stunde Kindersprachkurs pro Woche haben sie und ihre Kolleginnen inzwischen schon vielen ausländischen Kindern den Start in die Schule erleichtert. Wie funktioniert der Deutschunterricht im Kindergarten?
Hanna Spohr:	Wir beginnen unsere Deutschstunde meistens mit dem „Zaubersack". Das ist ein ganz normaler Sack, in den wir vorher verschiedene Gegenstände gelegt haben, zum Beispiel einen Teddybären, einen Apfel, einen Hausschuh und so weiter. Die Kinder müssen zuerst fühlen, was in dem Sack ist, und danach müssen sie es auf Deutsch sagen. So erweitern wir ganz spielerisch ihren Wortschatz. Wir arbeiten auch sehr viel mit Bildern und natürlich mit Liedern. Und so fühlt sich Sarah nun auch richtig wohl im Kindergarten – obwohl die Kinder, die nicht so gut Deutsch können, noch immer eher zusammen spielen – aber auch das ändert sich.
Sarah:	Ich hab' also mehr diese Freundinnen, die aus einem anderen Land kommen, weil, da verstehen sie mich, wenn ich was falsch sage, aber Deutsche ... dann ... die verstehen mich nicht so gut, weil die ja keine Fehler machen.
Hanna Spohr:	Uns ist es wichtig, die Kinder überhaupt fürs Sprechen und Sprachenlernen zu sensibilisieren. Sie sollen ja Deutsch und ihre Muttersprache lernen und dabei von Anfang an spüren, dass die Mehrsprachigkeit für sie eine Chance, etwas Positives ist! Deshalb legen wir zum Beispiel großen Wert darauf, dass die Kinder ihre Hausaufgaben zusammen mit ihren Eltern machen. Da können sie zeigen, was sie im Sprachkurs gelernt haben, und die Eltern lernen gleich auch noch ein bisschen mit.
Radiosprecher:	Der Erfolg gibt den Initiatoren recht: Viele Teilnehmer der Kindersprachkurse fanden sich später im Schulalltag wesentlich besser zurecht als ausländische Kinder, die keinen Kurs gemacht haben.
Sarah:	Ich finde Deutschlernen lustig. Aber Papa ist manchmal sauer, weil ich besser Deutsch kann.

Lektion 5   Eine Arbeit finden
Folge 5: *Pizza Mafioso*

Bohnemann:	Hör mal, der Kunde braucht die Ware! Du kennst den Boss! Ich habe keine Lust, Ärger zu bekommen. Mann! Es ist dein Job! Ich habe sonst niemand. ... Was?... Nein! Nicht morgen! Jetzt! Der Kunde braucht die Ware sofort. Also hör endlich auf, Probleme zu machen. ... Was? Na gut! Das werde ich mir merken!
Nasseer:	Guten Tag, Herr ... äh, Bohnemann! Ich komme vom ...
Bohnemann:	Nein! Vielen Dank! Das können Sie sich sparen. Ich kaufe nichts.
Nasseer:	Äh, Herr Bohnemann, ich ...
Bohnemann:	Sie brauchen gar nicht weiterzureden. Ich kaufe nie an der Wohnungstür! ... Also, das ist doch! Hören Sie mal, ich sagte doch gerade ...

TRANSKRIPTIONEN   144

Hörtexte Kursbuch

Nasseer:	Herr Bohnemann, ich komme von der Firma „Pizza & Curry" und bringe Ihr Essen. Sie haben doch eine Pizza bestellt, oder?
Bohnemann:	Ach so! Ja, richtig. Na, dann kommen Sie mal rein!
Nasseer:	So! Bitte schön!
Bohnemann:	Das hat aber ganz schön lange gedauert! Wann hab ich das bestellt? Sicher vor über einer Stunde.
Nasseer:	Ja, tut mir leid! Ich bin sonst eigentlich sehr schnell und zuverlässig. Aber manchmal ist es eben nicht leicht, die Adresse zu finden. Es gibt so viele kleine Straßen.
Bohnemann:	Ja, ja. Das stimmt natürlich! Sagen Sie mal: Ist das nicht ziemlich stressig, den ganzen Tag quer durch die Stadt zu fahren?
Nasseer:	Ach nein, das macht mir gar nichts aus.
Bohnemann:	Wirklich? Ihr Job gefällt Ihnen also?
Nasseer:	Na ja, es geht.
Bohnemann:	Verdienen Sie denn wenigstens ordentlich?
Nasseer:	Manche Leute verdienen weniger als ich, aber das sind bestimmt nicht viele.
Bohnemann:	Entschuldigung, darf ich fragen, wie viel Sie bekommen? Dreitausend doch mindestens? Oder mehr?
Nasseer:	Dreitausend Euro? Im Monat? Ha! Ich verdiene nicht mal halb so viel.
Bohnemann:	Was!? Hm ... Ärgern Sie sich nie darüber?
Nasseer:	Na ja, manchmal denke ich: Es wär' schon toll, etwas mehr zu verdienen. Aber da kann man eben nichts machen. Ach, übrigens, weil wir gerade vom Geld reden: Hier ist Ihre Rechnung. Ich bekomme 10 Euro und 50 Cent.
Bohnemann:	So, hier ... Bitte schön!
Nasseer:	Ouh! Das ist aber ein sehr großer Schein!
Bohnemann:	Na ja.
Nasseer:	Haben Sie es denn nicht etwas kleiner?
Bohnemann:	Nein, Sie sehen ja.
Nasseer:	Hm, an manchen Tagen geht auch wirklich alles schief! Entschuldigen Sie, aber ich kann nicht herausgeben. Ich hab' nicht genug Wechselgeld.
Bohnemann:	Tja, was machen wir denn jetzt?
Nasseer:	Hm, das weiß ich auch nicht.
Bohnemann:	Ach. Moment mal! Da fällt mir gerade etwas ein!
Bohnemann:	Hier!
Nasseer:	Was ist denn das?
Bohnemann:	Dieses Päckchen muss ganz schnell und ganz sicher zu jemandem gebracht werden.
Nasseer:	Ja. Und?
Bohnemann:	Wenn Sie das jetzt sofort für mich machen, können Sie den Rest behalten.
Nasseer:	Den Rest von zweihundert Euro?
Bohnemann:	Ja. Sie brauchen es nur dort hinzubringen und abzugeben und das war's dann.
Nasseer:	Wohin? Ins Ausland oder was?
Bohnemann:	Ach wo! Es sind nur ein paar Kilometer. Die Adresse steht hier drauf.
Nasseer:	T-hh! Zu viel Geld! Manche Leute haben einfach zu viel Geld!
Nachbarin:	Was? Sie haben zu viel Geld? Sie brauchen es nur mir zu geben, junger Mann! Geld kann ich immer gut gebrauchen.
Nasseer:	Nicht ich. Dieser Herr ... äh, Bohnemann ...
Nachbarin:	Herr Bohnemann? Ach so!
Nasseer:	Ach ... äh, entschuldigen Sie bitte, ich habe eine Frage.
Bohnemann:	Na? Was denn noch?
Nasseer:	Hier bitte, das Päckchen, ... die Adresse ... und Ihr Wechselgeld, Herr Bohnemann!
Bohnemann:	Moment mal, ich dachte, Sie haben nicht genug Wechselgeld?
Nasseer:	Richtig! Aber Ihre Nachbarin war so freundlich und hat den Schein gewechselt.
Bohnemann:	Ach so!
Nasseer:	Also dann, schönen Tag noch, Herr Bohnemann! Und guten Appetit bei Ihrer Pizza mafioso!

Schritt A   A1

a Du kennst den Boss. Ich habe keine Lust, Ärger zu bekommen. Also hör endlich auf, Probleme zu machen.

b Ist das nicht ziemlich stressig, den ganzen Tag quer durch die Stadt zu fahren?

Schritt B   B1

a Nasseer: Guten Tag, Herr ... äh ... Bohnemann! ... Ich komme vom ...
   Bohnemann: Sie brauchen gar nicht weiterzureden. Ich kaufe nie an der Wohnungstür.

b Bohnemann: Dieses Päckchen muss ganz schnell und ganz sicher zu jemandem gebracht werden. Wenn Sie das jetzt sofort für mich machen, können Sie den Rest behalten.
   Nasseer: Den Rest von 200 Euro?
   Bohnemann: Ja. Sie brauchen es nur dort hinzubringen und abzugeben und das war's dann.

Schritt C   C1 a und b
Gespräch 1
Annette: Ah, Christine! Hallo!
Christine: Hallo, Annette!
Annette: Ja, was ist denn mit dir los? Du siehst aber müde aus! Fehlt dir was?

145   TRANSKRIPTIONEN

Hörtexte Kursbuch

Christine:	Nein, nein, mir fehlt nichts, ich hab' nur zu viel! Zu viel Arbeit! Meine Kollegin ist doch schon so lange krank!
Annette:	Oh, du Ärmste! Das muss ja furchtbar stressig sein, die ganze Arbeit allein zu machen!
Christine:	Tja, hundertvierzig Überstunden hab' ich inzwischen. Und es ist unmöglich, die abzubauen.
Annette:	Hundertvierzig! Oh! Wahnsinn! Das ist aber gar nicht gesund, so viel zu arbeiten! Sei bloß vorsichtig! Sonst bist du bald selbst krank.
Christine:	Tja, was soll ich machen? Wenn ich wenigstens Zeit hätte, ein bisschen Sport zu machen! Aber da ist ja auch noch der Haushalt und die Familie.
Annette:	Ja! Das ist wirklich nicht einfach! Hast du denn noch nie dran gedacht, die Stelle zu wechseln?
Christine:	Doch. Schon oft! Aber es ist so schwer, 'ne neue Stelle zu finden. Du weißt's doch selbst.
Annette:	Tja, da hast du auch wieder recht!
Christine:	Wie läuft's denn so bei dir in der Firma, Annette? Noch immer so viel Arbeit?
Annette:	Hm, schön wär's! Aber zurzeit sparen leider alle. Und keiner gibt mehr Geld für Kosmetik aus. Heutzutage Aufträge zu bekommen, das ist wirklich schwer.
Christine:	Ha! Es ist doch kaum zu glauben: Die einen haben zu viel Arbeit und die anderen zu wenig.
Annette:	Ja, das ist wirklich schlimm. Und ...
Christine:	Du, ... schade, ich muss jetzt leider dringend meine Tochter abholen.
Annette:	Tja, dann! Hoffentlich wird deine Kollegin bald wieder gesund!
Christine:	Hm ... und hoffentlich kommen zu dir bald wieder neue Kunden.
Annette:	Tschüs, Christine!
Christine:	Tschüs, Annette!

Gespräch 2

Otto:	Also, ich pack's dann mal.
Chris:	Was? Jetzt schon?
Otto:	H-hm, mach's gut, Chris! ... 'n schönen Abend noch!
Chris:	Aber es ist doch noch nicht mal acht! Sag bloß, du gehst noch auf 'ne andere Party?
Otto:	Nee, nee, ich muss ins Hotel. Ich hab' doch Spätschicht heute.
Chris:	Spätschicht?! Ach ja. Ist das nicht stressig, dauernd nachts zu arbeiten?
Otto:	Ach nee, is' gar nicht so schlimm. Bis Mitternacht sind die Gäste alle zurück und danach kann ich ja meistens schlafen.
Chris:	Hm, also das wäre kein Job für mich.
Otto:	Na ja, so schlecht is' es nun auch wieder nicht. Mir gefällt's. Außerdem finde ich es toll, eine Woche nachts zu arbeiten und eine Woche tagsüber. Man lernt ständig neue Leute kennen.
Chris:	Trotzdem. Hast du noch nie dran gedacht, dich selbstständig zu machen?
Otto:	Selbstständig? Mit 'nem Hotel?
Chris:	Nee, nee! Kleiner! Irgendwas mit Imbiss oder so.
Otto:	Ein Imbiss?
Chris:	Nein! Nicht so wie du denkst. Keine fetten Pommes, sondern leckere Snacks, verstehst du? So was kommt an. Das ist der Renner!
Otto:	Na, ich glaub', du stellst dir das 'n bisschen zu einfach vor. Die Arbeit! Und dann das Risiko.
Chris:	Ja, stimmt schon.
Otto:	Na ja, mal sehen. Oh, gleich acht. Ich muss jetzt leider los. Mein Bus kommt. Also, tschüs denn!
Chris:	Tschü-hüs!

Gespräch 3

Stefan:	Ach, hallo! Guten Morgen!
Anne:	Na? Auch noch 'n Brötchen vor der Arbeit?
Stefan:	Nö, nur ganz schnell 'n Kaffee. Ich fang' doch jetzt immer schon um halb acht an.
Anne:	Ach stimmt, du hast ja 'nen neuen Job! Na, wie ist denn deine neue Stelle?
Stefan:	Ach, weißt du! Es ist ganz schön anstrengend, alles richtig zu machen! Neue Kollegen, neuer Arbeitsplatz. Ich habe dauernd Angst, Fehler zu machen.
Anne:	Kenn' ich! Ist am Anfang immer so! Was machst denn du jetzt eigentlich genau?
Stefan:	Einkauf.
Anne:	Einkauf? Ich dachte, du bist im Verkauf!
Stefan:	Ja, ja, das stimmt schon, aber dann musste ich letztes Jahr kurzfristig 'ne Kollegin im Einkauf vertreten, und das hat mir dann richtig Spaß gemacht. Und die Arbeit ist auch echt spannend und abwechslungsreich.
Anne:	Ach so. Und wie bist du an den neuen Job gekommen?
Stefan:	Du, das ging ruckizucki: Vor 'nem Monat ist in unserer Tochterfirma 'ne Stelle frei geworden. Ich hab' mich beworben.
Anne:	Und es hat geklappt! Mann, das ist doch super! Oh, schon so spät? Also dann tschüs. Es war schön, dich mal wieder zu sehen! Bis zum nächsten Mal.
Stefan:	Vielleicht telefonieren wir mal?
Anne:	Ja-a, tschüs!

Schritt E   E1 a und b
Gespräch 1

Jung:	Ja, bitte?
Lipsky:	Guten Tag, hier ist Lipsky. Spreche ich mit Herrn Jung?
Jung:	Ja, am Apparat.
Lipsky:	Ich rufe an wegen Ihrer Anzeige in der Badischen Zeitung. Sie suchen doch eine Altenbetreuerin. Ist das noch aktuell?

TRANSKRIPTIONEN   146

Hörtexte Kursbuch

Jung:	Ja, ja, die Stelle ist noch frei. Wissen Sie, es geht um meine Mutter. Sie ist zwar noch ziemlich rüstig, aber den Haushalt kann sie doch nicht mehr alleine machen.
Lipsky:	Aha. Das heißt, ich müsste also putzen, einkaufen, kochen und so?
Jung:	Richtig. Sie müssten ihr aber auch helfen, sich zu baden und sie regelmäßig zum Arzt begleiten.
Lipsky:	Das wäre gar kein Problem. Und sagen Sie, das wäre jeden Tag, oder?
Jung:	Nein, nein, das wären ca. 30 Stunden im Monat. Also so 7 bis 8 Stunden in der Woche im Schnitt, das können wir aber ganz flexibel vereinbaren, also je nachdem, wann Sie Zeit haben.
Lipsky:	Hmhm.
Jung:	Und das Ganze würden wir auf 400 Euro-Basis im Monat machen.
Lipsky:	Ah ja. Und was wäre denn, ...

Gespräch 2

Portier:	Hotel-Rezeption Bellevue, Reithner. Grüß Gott.
Frau S:	Könnte ich bitte mit Frau Götzenberger sprechen?
Portier:	Einen Augenblick bitte, bleiben Sie am Apparat, ich verbinde Sie.
Frau G:	Götzenberger.
Frau S:	Äh, guten Tag, Frau Götzenberger. Mein Name ist Stanek. Sie suchen doch eine Mitarbeiterin für den Service, oder?
Frau G:	Ja?
Frau S:	Das würde mich interessieren.
Frau G:	Ja, dann gebe ich Ihnen vielleicht erst einmal ein paar Informationen, und dann können wir ja schauen, ob das überhaupt für Sie infrage kommt.
Frau S:	Ja, gern.
Frau G:	Also: Wir suchen eine Mitarbeiterin für unser Frühstücksbüfett. Das heißt, Sie müssten das Büfett vorbereiten.
Frau S:	Mhm ja.
Frau G:	Dann natürlich die Gäste beim Frühstück bedienen, ihnen Tee oder Kaffee bringen.
Frau S:	Okay.
Frau G:	Und immer darauf achten, dass ausreichend zu essen auf dem Büfett ist.
Frau S:	Würde ich auch in der Küche mithelfen und kochen?
Frau G:	Nein, nein. Sie müssten nur nach dem Frühstück alles abräumen und das Geschirr in die Geschirrspülmaschine stellen.
Frau S:	Ah ja.
Frau G:	Das heißt natürlich, wir bräuchten Sie jeden Tag. Sie müssten auch recht früh anfangen, unter der Woche um sechs und am Wochenende um sieben. Am Wochenende gibt es ja erst später Frühstück.
Frau S:	Ja, das wäre kein Problem für mich.
Frau G:	Fertig wären Sie dann unter der Woche so um elf und am Wochenende um zwölf.
Frau S:	Gut!
Frau G:	Zahlen könnten wir Ihnen 1.200 Euro.
Frau S:	Oh!
Frau G:	Aber natürlich kommt auch immer mal wieder zusätzliches Trinkgeld ...

Schritt E   **E1 c und d**
Gespräch 1

Jung:	Haben Sie denn Berufserfahrung?
Lipsky:	Ähm, Sie haben ja geschrieben, dass Sie auch Hausfrauen suchen. Und, also, ich bin Hausfrau, ich hab' drei Kinder großgezogen und die sind nun aus dem Haus. Verstehen Sie?
Jung:	Ja, ich verstehe. Und Sie könnten auch schon mal am Wochenende arbeiten, oder?
Lipsky:	Ja, natürlich, das ist kein Problem.
Jung:	Haben Sie denn einen Führerschein, Frau, äh?
Lipsky:	Lipsky. Andrea Lipsky. Ja ja, Führerschein hab' ich auch.
Jung:	Na gut! Könnten Sie sich denn möglichst bald bei uns vorstellen?
Lipsky:	Gern. Wann würde es Ihnen denn passen?
Jung:	Wie wär's denn diesen Samstag, um 11 Uhr?
Lipsky:	Diesen Samstag, oh, das tut mir leid. Das geht nicht. Geht's denn vielleicht auch unter der Woche? Oder nächsten Samstag?
Jung:	Unter der Woche ist schlecht, da ich immer ziemlich lange arbeite, der Samstag wäre mir schon am liebsten.

Gespräch 2

Frau G:	Haben Sie denn auch schon mal in der Gastronomie gearbeitet?
Frau S:	Ja, in der Küche und auch im Service, und das hat mir am meisten Spaß gemacht.
Frau G:	Ah ja, aber Sie haben keine Ausbildung in diesem Bereich, oder?
Frau S:	Nein, die habe ich leider nicht. Ich bin nach der Schule gleich nach Deutschland gekommen und ...
Frau G:	Darf ich fragen, woher Sie kommen?
Frau S:	Ich komme aus Polen, aber ich lebe schon seit vier Jahren in Deutschland.
Frau G:	Und Sie haben eine Arbeitsgenehmigung nehme ich an?
Frau S:	Ja, ja, schon seit zwei Jahren. Ich bin mit einem Deutschen verheiratet.
Frau G:	Aha. Was haben Sie denn bisher gemacht, Frau Stanek?
Frau S:	Ach, ich hab schon ganz verschiedene Sachen gemacht: Ich habe im Haushalt geholfen, ich habe Kinder betreut.
Frau G:	Mhm und was machen Sie zurzeit?
Frau S:	Leider habe ich gerade keine Arbeit. Ich könnte also sofort bei Ihnen anfangen.

147 TRANSKRIPTIONEN

Hörtexte Kursbuch

Frau G: Ja, gut, dann würde ich vorschlagen, dass Sie sich persönlich bei uns vorstellen.
Frau S: Natürlich! Sehr gern!
Frau G: Passt Ihnen Freitag um 10 Uhr?
Frau S: Freitag, 10 Uhr. Ja, ja, das geht.
Frau G: Schön. Dann bringen Sie doch bitte auch Ihre Unterlagen mit, Arbeitsgenehmigung, Aufenthaltserlaubnis …

Zwischenspiel 5 *Lust, mitzusingen?*
vgl. Kursbuch Seite 67

Lektion 6   Kundenwünsche
Folge 6: *Kundenkontakt*

Frau Walther: Haben Sie einen bestimmten Wunsch, Herr … äh?
Herr Kugler: Kugler. Tja, ich hätte gern einen eleganten Schnitt.
Frau Walther: Hm, und wie wollen Sie es haben, Herr Kugler? Soll es eher kurz sein? Oder lieber etwas länger?
Herr Kugler: Hm, tja, ich kann mich noch nicht so ganz entscheiden.
Frau Walther: Bei Ihren Haaren würde ich einen kurzen Schnitt empfehlen.
Herr Kugler: So? … Äh nein, machen Sie es lieber nicht so kurz. Vielleicht nur die Spitzen?
Frau Walther: Gern, Herr Kugler. Wie sie wollen.

Nasseer: Guten Tag, Frau Walther!
Frau Walther: Ah! Hallo, Herr Banissar! Na, geht's gut?
Nasseer: Ja, ja, bin zufrieden, danke. Und bei Ihnen? Auch alles okay?
Frau Walther: Alles bestens! Nehmen Sie doch gleich hier Platz, Herr Banissar! Es dauert aber noch ein bisschen.
Nasseer: Kein Problem! Ich hab's nicht eilig.
Frau Walther: Darf ich Ihnen eine Zeitschrift anbieten?
Nasseer: Oh ja, gerne!
Frau Walther: Haben Sie einen bestimmten Wunsch?
Nasseer: Ja, den Focus hätt' ich gern.
Frau Walther: Ah, das tut mir leid. Den haben wir nicht. Den Stern hätten wir. Einverstanden?
Nasseer: Einverstanden.

Frau Walther: Darf ich fragen, was Sie beruflich machen, Herr Kugler?
Herr Kugler: Ich bin in der Pharmabranche tätig.
Frau Walther: Aha, Medikamente! Na, das ist doch ein sicheres Geschäft, nicht wahr?
Herr Kugler: Oh nein! Es ist gar nicht so leicht, wie Sie meinen.
Frau Walther: Was? Und ich dachte: Krank werden die Menschen immer.
Herr Kugler: Nein, nein, heutzutage kommt es vor allem aufs richtige Marketing an. Entscheidend ist der Kontakt mit den Kunden. Ohne uns Verkaufsspezialisten läuft heute gar nichts mehr.
Frau Walther: Kundenkontakt, hm? Da sind Sie sicher viel unterwegs?
Herr Kugler: Tja, ja, ich reise mindestens 40 000 Kilometer pro Jahr! Mit dem Auto, mit der Bahn, mit dem Flugzeug. Ja, ja, man muss heute direkt zum Kunden gehen, um Erfolg zu haben.

Herr Kugler: Man muss was tun, statt nur zu reden.
Frau Walther: Wieso? Wie meinen Sie das?
Herr Kugler: Man muss sich anstrengen, um unsere Wirtschaft nach vorn zu bringen. Die meisten Leute machen es sich bequem, statt zu arbeiten.
Frau Walther: Hm …
Herr Kugler: Die wollen abkassieren, ohne dafür zu arbeiten.
Frau Walther: Äh … ich hätte eine Bitte, Herr Kugler. Ist es möglich, dass Sie jetzt mal einen Augenblick still halten?
Herr Kugler: Hm …
Frau Walther: So, so, dann reisen Sie also sehr viel, Herr Kugler?
Herr Kugler: Hm …
Frau Walther: Sie sind immer unterwegs, um mit den Kunden in Kontakt zu bleiben, stimmt's?
Herr Kugler: Hm …
Frau Walther: Genau wie Herr Banissar, stimmt's, Herr Banissar?
Nasseer: Wie? Äh … Ach so! Ja, ja, stimmt! Genau!
Frau Walther: Herr Banissar ist nämlich in der Gastronomiebranche tätig.
Herr Kugler: So?
Frau Walther: Ja. Internationale Spezialitäten!
Herr Kugler: Ach?
Frau Walther: Herr Banissar ist auch immer in Kontakt mit seinen Kunden, ja, ja. Und er ist auch dauernd unterwegs, äh … wie viele Kilometer sind es bei Ihnen, Herr Banissar?
Nasseer: Na ja, letztes Jahr waren es 60 000 Kilometer.
Frau Walther: 60 000 Kilometer! Stellen Sie sich das vor! Und dazu Ihre 40 000, Herr Kugler, das macht dann zusammen schon 100 000! Wie schön, dass unser Land so fleißige Bürger hat! Ich finde, wir sollten uns freuen, statt uns Sorgen zu machen!

Frau Walther: Haben Sie sonst noch einen Wunsch? Darf ich Ihnen vielleicht ein Shampoo empfehlen? Sehen Sie mal, dieses hier wäre genau das Richtige für Ihren Haartyp.
Herr Kugler: Ah? Es kommt darauf an, was es kostet.
Frau Walther: 29 Euro.

TRANSKRIPTIONEN   148

Hörtexte Kursbuch

Herr Kugler:	29 Euro!? Nein, das ist mir zu teuer.
Frau Walther:	Das ist nicht teuer. Es ist eine besonders gute Qualität.
Herr Kugler:	Hm? Na, das muss ich mir noch überlegen.
Frau Walther:	Dann bekomme ich 24 Euro fürs Schneiden.
Herr Kugler:	Also gut, geben Sie mir das Shampoo mit dazu!
Frau Walther:	Sehr gerne. Zusammen sind es 53 Euro.
Herr Kugler:	Hier, bitte!
Frau Walther:	Vielen Dank. Auf Wiedersehen, Herr Kugler!
Herr Kugler:	Wiedersehen.
Frau Walther:	Wie immer, Herr Banissar?
Nasseer:	Wie immer, Frau Walther. Na, dem haben Sie ja tolle Sachen über mich erzählt!
Frau Walther:	Wieso?
Nasseer:	Internationale Spezialitäten!
Frau Walther:	Was haben Sie? Es stimmt doch!
Nasseer:	Gastronomiebranche!
Frau Walther:	Hab' ich vielleicht gelogen?
Nasseer:	Sie sind eine echte Verkaufsspezialistin, Frau Walther!
Frau Walther:	Na ja, Sie wissen doch: Auf den Kundenkontakt kommt's an!

Schritt A   A1

a Herr Kugler: Tja, heut' müssen Sie direkt zum Kunden gehen, um Erfolg zu haben. Ich reise 40 000 Kilometer im Jahr, mindestens. Wie bitte? Sie möchten auch reisen, um Land und Leute kennenzulernen? Na, auf Geschäftsreisen, da können Sie das vergessen. Von der Gegend bekommen Sie da gar nichts mit.

b Herr Kelmendi: Also, wenn wir verreisen, dann natürlich nach Hause, in meine Heimat. Ich find' das sehr wichtig, damit die Kinder wenigstens einmal im Jahr ihre Großeltern besuchen. Wenn wir dort sind, dann ist natürlich jeden Tag was los. Da kommen sie alle zu Besuch: meine Brüder, die Tanten, die Onkel, die ganze Familie eben, sogar die Nachbarn! Also, Ruhe und Entspannung hat man da nicht, aber das find' ich nicht so schlimm. Im Gegenteil: Eigentlich ist das ja grad' das Schöne.

Schritt B   B2

Burger:	Weißt du, Bine, letztes Wochenende war's echt super! Am Samstag waren wir den ganzen Tag am See und am Sonntag … Ups! Du, ich muss aufhören! Ich meld' mich später wieder. Guten Morgen, Frau Schmidt-Ferner!
Schmidt-Ferner:	Frau Burger, wir müssen dringend ein paar Sachen klären und zwar gleich!
Burger:	Ja, gerne, Frau Schmidt-Ferner. Äh, wie war denn Ihre Reise und die Konferenz?
Schmidt-Ferner:	Das war alles eine totale Katastrophe!
Burger:	Eine Katastrophe? Ja, ja aber, wieso denn?
Schmidt-Ferner:	Erstens hatte ich kein Hotelzimmer.
Burger:	Was? Ja, aber, Frau Schmidt-Ferner! Ich hatte doch im „Hotel zur Post" extra für Sie reserviert!
Schmidt-Ferner:	Ja, telefonisch vielleicht. Sie hätten die Reservierung dann aber noch schriftlich bestätigen müssen. Als ich hinkam, war das Zimmer weg.
Burger:	Hh! Ach du liebe Zeit!
Schmidt-Ferner:	Die anderen Hotels in der Nähe waren auch alle belegt. Die einzige Unterkunft, die ich bekommen konnte, war fünfzig Kilometer entfernt!
Burger:	Hach, Frau Schmidt-Ferner, das tut mir aber schrecklich leid! Ich war ganz sicher, dass die Reservierung …
Schmidt-Ferner:	Halt! Warten Sie, ich bin noch nicht fertig! Herr Mühlbeck hat doch gestern versucht, mir mitzuteilen, dass unsere Kalkulation nicht in Ordnung ist, nicht wahr?
Burger:	Ja, ja! Er hat angerufen.
Schmidt-Ferner:	Hat er Ihnen denn nicht erklärt, wie wichtig diese Information für mich ist?
Burger:	Ja, natürlich! Ich hab' Ihnen die Notiz ja dann auch sofort auf den Schreibtisch gelegt!
Schmidt-Ferner:	Auf den Schreibtisch! Auf der Konferenz hätte ich das gebraucht, Frau Burger! Und Sie legen den Zettel einfach hin, ohne mir ein Wort zu sagen? Das kann doch einfach nicht wahr sein, oder?
Burger:	Ja, Entschuldigung, ich hab' gedacht, also, ich wollte nur …
Schmidt-Ferner:	Ach was! Wenn eine so wichtige Information kommt, müssen Sie mich natürlich sofort auf dem Handy anrufen!
Burger:	Das tut mir wirklich leid, aber …
Schmidt-Ferner:	Das nächste Problem war dann der Rückflug.
Burger:	Was? Wieso denn?
Schmidt-Ferner:	Hatte ich Ihnen nicht gesagt, dass ich um 17 Uhr fliegen möchte?
Burger:	Ja, schon aber die 17-Uhr-Maschine war doch ausgebucht! Und die nächste wär' ja erst um 21 Uhr gegangen. Also hab' ich die um 14 Uhr genommen.
Schmidt-Ferner:	Nein, Frau Burger, so geht das nicht! Sie können doch nicht einfach entscheiden, wann ich zurückfliege! Sie müssen sich doch wenigstens mit mir absprechen! Als ich dann am Flughafen umbuchen wollte,

149   TRANSKRIPTIONEN

Hörtexte Kursbuch

	war der 21-Uhr-Flug auch schon besetzt und ich musste den Zug nehmen!
Burger:	Hach! So ein Pech! Aber Frau Schmidt-Ferner, Sie hätten mich doch nur anrufen müssen, dann hätt' ich das doch für Sie machen können.
Schmidt-Ferner:	Was? Na, das ist ja nun der Gipfel! Ich habe mindestens zwanzig Mal versucht, Sie zu erreichen, und immer war besetzt, weil Sie hier ständig private Telefongespräche führen, anstatt sich auf Ihre Arbeit zu konzentrieren. Aber ich sage Ihnen, Frau Burger, meine Geduld hat jetzt sehr bald ein Ende.

Schritt C

C1 a und b

Gespräch 1

Frau Walther:	Darf ich Ihnen eine Zeitschrift anbieten?
Nasseer:	Oh ja, gerne!
Frau Walther:	Haben Sie einen bestimmten Wunsch?
Nasseer:	Ja, den Focus hätt' ich gern.
Frau Walther:	Ah, das tut mir leid. Den haben wir nicht. Den Stern hätten wir. Einverstanden?
Nasseer:	Einverstanden.

Gespräch 2

Verkäuferin:	Guten Tag! Kann ich Ihnen helfen?
Kunde:	Hm, ja, also, ich hätte gerne eine neue Brille.
Verkäuferin:	Haben Sie denn da schon eine bestimmte Vorstellung?
Kunde:	Nun, äh ... meine Frau findet, ich sehe zu brav aus.
Verkäuferin:	So?
Kunde:	Sie meint, ich sollte mal wieder was an meinem Typ ändern.
Verkäuferin:	Hm, hm, verstehe. Mal sehen. Was halten Sie zum Beispiel davon? Das ist ein ganz neues Modell.
Kunde:	Ja?
Verkäuferin:	Probieren Sie die doch mal aus! Hier bitte! Damit hätten Sie wirklich was völlig Anderes. Na? Was sagen Sie?
Kunde:	Na ja, also, ich weiß nicht.
Verkäuferin:	Die gibt's übrigens auch in anderen Farben.
Kunde:	Nein. Nein. Ich glaube, die ist mir zu extravagant.
Verkäuferin:	Ja? Also, ich finde, die Farbe würde Ihnen eigentlich schon stehen.
Kunde:	Hm. Sind Sie sicher?
Verkäuferin:	Vielleicht eine andere Form? Wie wär's denn mit dieser hier?
Kunde:	Na, ob die zu mir passt? Ich weiß nicht. Hm. Nee! Da seh' ich ja noch schrecklicher aus!
Verkäuferin:	Dann vielleicht diese hier?
Kunde:	Ach, wissen Sie, ich seh' schon: Es hat keinen Sinn. Es ist besser, ich komm' noch mal mit meiner Frau. Die kann das einfach besser beurteilen.

Gespräch 3

Frau Walther:	Haben Sie sonst noch einen Wunsch? Darf ich Ihnen vielleicht ein Shampoo empfehlen? Sehen Sie mal, dieses hier wäre genau das Richtige für Ihren Haartyp.
Herr Kugler:	Ah? Es kommt darauf an, was es kostet.
Frau Walther:	29 Euro.
Herr Kugler:	29 Euro!? Nein, das ist mir zu teuer.
Frau Walther:	Das ist nicht teuer. Es ist eine besonders gute Qualität.
Herr Kugler:	Hm? Na, das muss ich mir noch überlegen.
Frau Walther:	Dann bekomme ich 24 Euro fürs Schneiden.
Herr Kugler:	Also gut, geben Sie mir das Shampoo mit dazu!
Frau Walther:	Sehr gerne. Zusammen sind es 53 Euro.
Herr Kugler:	Hier, bitte!
Frau Walther:	Vielen Dank! Auf Wiedersehen, Herr Kugler!
Herr Kugler:	Wiedersehen.

Gespräch 4

Verkäufer:	Guten Tag. Sie wünschen?
Kundin:	Guten Tag. Dürfte ich Sie was fragen?
Verkäufer:	Ja, natürlich! Gerne!
Kundin:	Also, ich hab' da in Ihrem Schaufenster ein Sonderangebot gesehen. Kann man das noch buchen?
Verkäufer:	Sie meinen wahrscheinlich die Reise nach Griechenland? Die Woche für 399 Euro?
Kundin:	Ja, richtig! Kann ich das jetzt buchen?
Verkäufer:	Ja, natürlich, da sind noch Plätze frei, allerdings ...
Kundin:	Okay, das nehm' ich.
Verkäufer:	Sind Sie ganz sicher? Ich meine, möchten Sie denn keine genaueren Informationen über die Flugdaten, die Unterkunft und ...
Kundin:	Nein, das ist schon okay, das nehm' ich. Sie können gleich buchen.
Verkäufer:	Äh ... also ...
Kundin:	Ich zahl' das in bar.
Verkäufer:	Ja, also, wie Sie wünschen! Dann mach' ich die Unterlagen fertig.
Kundin:	Sehr schön!
Verkäufer:	Aber, wenn Sie noch etwas wissen wollen, ich meine, wenn Sie noch Fragen haben, Sie können sich auch später noch jederzeit bei uns melden.

Schritt E

E2

Frau Seliger:	Touristeninformation Wuppertal, Seliger, guten Tag.
Herr Behnke:	Ja, guten Tag, hier spricht Behnke. Ich hätte da mal ein paar Fragen.
Frau Seliger:	Ja, bitte? Was kann ich für Sie tun?
Herr Behnke:	Wir wollen in zwei Wochen in Wuppertal einen Kurzurlaub machen. Und da

Hörtexte Kursbuch

	gibt es doch bei Ihnen dieses, äh … Naturkundemuseum.
Frau Seliger:	Ja? Äh, Sie meinen wahrscheinlich das Fuhlrott-Museum.
Herr Behnke:	Äh, … können Sie mir sagen, wann das geöffnet hat?
Frau Seliger:	Hm, einen kleinen Moment mal bitte, da muss ich kurz nachsehen.
Herr Behnke:	Nicht, dass wir dann vor verschlossenen Türen stehen!
Frau Seliger:	Hach, wo ist es denn …? Ach, da! Nö! Hach! Hm, hören Sie?
Herr Behnke:	Ja?
Frau Seliger:	Wissen Sie, ich bin hier nur die Urlaubsvertretung.
Herr Behnke:	Ach so? Ja, Sie werden doch aber wissen, an welchen Tagen Ihr Museum geöffnet ist?!
Frau Seliger:	Ja, hm … täglich, glaub' ich. Von zehn bis siebzehn Uhr.
Herr Behnke:	Es gibt also keinen Ruhetag?
Frau Seliger:	Nein, soweit ich weiß, ist es von Montag bis Sonntag geöffnet.
Herr Behnke:	Aha. Und wie ist es mit Stadtführungen? Wir würden gern eine Stadtführung mitmachen. Was gibt's denn da alles?
Frau Seliger:	Ähm … Moment. Kleinen Moment bitte. Stadtführung, Stadtführung, ah ja, da! „Stadtführungen". Die wollen Sie doch sicher mit der Schwebebahn machen?
Herr Behnke:	Schwebebahn? Bei uns in München gibt's das auch mit'm Fahrrad. Bieten Sie so was auch an?
Frau Seliger:	Mit dem Fahrrad?! Hm, ja, ja, das gibt's auch, klar, dazu kann ich Ihnen aber nichts Genaueres sagen.
Herr Behnke:	Hm, und wie viel kostet es mit der Schwebebahn?
Frau Seliger:	Was das kostet? Oh! Tja, das ist 'ne gute Frage. Was kostet das denn? Moment mal. Ach ja, hier. Da gibt's drei Varianten und die kosten … die dritte jedenfalls kostet 14,50 Euro – und die anderen, also die anderen auch.
Herr Behnke:	Was, das ist aber … Also, da gibt's dann auch Sekt oder so, bei dem Preis, was?
Frau Seliger:	Nein, nein, das ist einfach der Fahrpreis, da gibt's nichts dazu, soweit ich weiß.
Herr Behnke:	Und wie oft fahren diese Bahnen?
Frau Seliger:	Die fahren – um elf die eine und um 18.50 Uhr die andere, und dann noch um 15 Uhr und um 17 Uhr.
Herr Behnke:	Also, um elf die erste, dann um drei und um fünf, und die letzte um zehn vor sieben.
Frau Seliger:	Ja, aber am besten fragen Sie vor Ort noch mal.
Herr Behnke:	Vor Ort? Wo denn?
Frau Seliger:	Ja, an der Haltestelle, in Wuppertal-Vohwinkel.
Herr Behnke:	Ach so? Ja, gut … äh … Und, und dann hab' ich noch 'ne andere Frage. Bei Ihren Veranstaltungen in Wuppertal, gibt's da auch speziell was für Kinder? Wir kommen nämlich mit unseren Kindern.
Frau Seliger:	Oh ja, da werden oft Veranstaltungen angeboten.
Herr Behnke:	Ja?
Frau Seliger:	Wie alt sind die Kinder denn?
Herr Behnke:	Sieben und neun.
Frau Seliger:	Also beide unter zwölf. Das ist sehr gut, da fahren die Kinder mit der Schwebebahn schon mal kostenlos.
Herr Behnke:	Oh, toll, und sonst?
Frau Seliger:	Und dann gibt's zum Beispiel noch diese Märchenführungen abends im Zoo, die machen überhaupt viel für Kinder.
Herr Behnke:	Märchen im Zoo?
Frau Seliger:	Ja, und was noch? Ach ja, das Marionettentheater, ein tolles Programm. Das ist etwas für die ganze Familie!
Herr Behnke:	Ach, das ist ja schön! Was gibt's denn da alles?
Frau Seliger:	Tja, hier steht nur „Märchen für Kinder" – und Sie können da auch Geburtstag feiern, was ganz Tolles.
Herr Behnke:	Und wo kann ich das genaue Programm erfahren?
Frau Seliger:	Haben Sie vielleicht einen Zugang zum Internet?
Herr Behnke:	Ja, haben wir.
Frau Seliger:	Ach, dann ist es ja ganz einfach! Gucken Sie doch mal unter www.wuppertal.de. Da finden Sie wirklich alle Informationen im Überblick.
Herr Behnke:	Entschuldigen Sie mal, wenn Sie das alles im Computer haben, warum konnten Sie mir da jetzt keine genaueren Auskünfte geben?
Frau Seliger:	Tja, wir haben da eine neue Software bekommen, mit der kenn' ich mich noch nicht aus, ich bin ja hier nur in Vertretung, verstehen Sie?

Zwischenspiel 6 *Schnell, schnell …*

1

Prophet:	Alle sagen euch: Macht schneller, damit ihr mehr Zeit habt. Und ihr? Ihr werdet schneller und schneller, um Zeit zu sparen. Ich sage euch aber: Ihr solltet das Leben genießen, statt hektisch durch die Welt zu rennen. Arbeit, Essen, Liebe, Musik, Gespräche, alles soll immer schneller und schneller gehen. Merken wir denn gar nicht, wie wir dabei unsere Lebensfreude verlieren? Zeit kann man doch nicht sparen! Zeit muss man sich nehmen!
Zuhörer:	Sagen Sie mal, verstehen Sie das? Was will der Typ?

151 TRANSKRIPTIONEN

Hörtexte Kursbuch

Zuhörerin:	Ich glaube, er will einfach sagen: „Lasst euch mehr Zeit!"
Zuhörer:	Dafür braucht er aber ganz schön lange, finden Sie nicht?

2

Stimmen:	Denken Sie an Ihren Termin, Müller! Müller!? Warum dauert das so lange? Ja, sagen Sie mal, Müller, wo bleiben Sie denn!?
Müller:	Ich kann nicht mehr!
Sprecherin:	Herr Müller müsste sich dringend erholen.
Müller:	Aber ich hab' ja keine Zeit!
Sprecherin:	Geht es Ihnen auch so? Dann probieren Sie doch mal A-S-M! A-S-M, die Anti-Stress-Maske für zwischendrin. A-S-M bringt doppelte Entspannung in der Hälfte der Zeit! A-S-M!
Müller:	Ich bin schon so entspannt!

3

Reisender:	Ähh, bitte, ich hätt' gerne ganz schnell 'n Hotdog. In zwei Minuten geht mein Zug.
Kioskmann:	Das ist Unsinn!
Reisender:	Was ist Unsinn?
Kioskmann:	Ein Zug kann nicht gehen. Er hat keine Beine.
Reisender:	Wieso? Man sagt doch: „Mein Zug geht um 14 Uhr 42". Das ist völlig korrektes Deutsch.
Kioskmann:	Züge haben Räder. Ein Zug geht also nicht, er fährt!
Reisender:	Doch, meiner geht und zwar in eineinhalb Minuten. Also machen Sie jetzt den Hotdog, statt mir hier 'nen Vortrag zu halten!
Kioskmann:	Wohin wollen Sie denn?
Reisender:	Ich fahre nach Hamburg.
Kioskmann:	Schon wieder Quatsch: Sie können nicht fahren!
Reisender:	Wie bitte?
Kioskmann:	Sie haben ja nicht mal Räder.
Reisender:	So, jetzt reicht's! Wissen Sie, was ich gar nicht mag? Leute, die alles besser wissen! Behalten Sie Ihren Hotdog! In einer Minute fährt mein Zug und ich gehe jetzt!
Kioskmann:	Ja! Sehen Sie: Jetzt haben Sie's doch noch kapiert: Sie gehen und der Zug fährt!

4

Mama:	Oh, Kurti!
Kurti:	Ja, Mama?
Mama:	Gib mir schnell mal zwei Euro!
Kurti:	Hier, Mama.
Mama:	Kurti!
Kurti:	Ja, Mama?
Mama:	Ich muss noch mal schnell für kleine Mädchen. Sekunde, ja?
Kurti:	Okay, ich warte hier.
Mama:	Da! Halt das mal schnell.
Kurti:	Gut, Mama.
Mama:	Aber nicht reinbeißen!
Mama:	Oh, jetzt muss ich aber ganz schnell los!
Kurti:	Ja, Mama!
Mama:	Komm, gib mir noch schnell'n Küsschen, Kurti!
Kurti:	Tschüs, Mama!
Mama:	Ich komm' bald wieder!
Kurti:	Wie schön, Mama!
Kurti:	Ach, an Tagen wie heute liebe ich diesen Bahnhof! Ah, ich bin schon so entspannt!

Lektion 7 Rund ums Wohnen
Folge 7: *Die Traumwohnung*

Nasseer:	Das muss dieses Gebäude hier sein. Tatsächlich! Parkstraße 12! Wow!
Traumfrau:	Ah! Sie bringen das Essen.
Nasseer:	Ja, ja, genau!
Traumfrau:	Na, das ging aber wirklich schnell! Bitte, kommen Sie doch rein!
Nasseer:	Oh, vielen Dank!
Traumfrau:	Geben Sie acht: Die Stufen sind sehr hoch.
Nasseer:	Mhm.
Nasseer:	Äh, entschuldigen Sie, ist das hier alles eine Wohnung, oder was?
Traumfrau:	Ja, alles eine Wohnung.
Nasseer:	Unglaublich! Wie viele Zimmer sind das denn?
Traumfrau:	Neun Zimmer, drei Bäder und die Küche.
Nasseer:	Neun Zimmer? Wahnsinn!
Traumfrau:	Warten Sie, das Beste kommt ja erst noch. Die Wohnung ist nämlich nicht nur sehr groß, sondern auch sehr billig.
Nasseer:	Ach, wirklich?
Nasseer:	Darf ich fragen, was Sie für die Wohnung bezahlen?
Traumfrau:	Sie kostet nur 450 Euro.
Nasseer:	450 Euro!? Das ist … das ist ja – aber, da kommen dann sicher noch 'ne Menge Heizkosten dazu, oder?
Traumfrau:	Nein, nein, das ist die Warmmiete. Da ist die Heizung schon mit drin.
Nasseer:	Das ist ja nicht zu glauben! Stellen Sie sich vor: Mein Appartement hat nur ein einziges kleines Zimmer und trotzdem zahl' ich fast genauso viel wie Sie.
Traumfrau:	Oh, Sie Ärmster! Sie können gerne hier wohnen.
Nasseer:	Was?!
Traumfrau:	Ja. Ja, Sie haben richtig gehört. Ich suche schon lange einen Mitbewohner für diese Wohnung.

TRANSKRIPTIONEN 152

Hörtexte Kursbuch

Traumfrau:	Wenn Sie wollen, können Sie sofort einziehen. Die Zimmer sind möbliert und mit allem Komfort.
Nasseer:	Aber ...
Traumfrau:	Kein Aber. Das Haus ist mir sowieso zu groß.
Nasseer:	Ach?
Traumfrau:	Ich brauche zwar ziemlich viel Platz, aber doch keine neun Zimmer. Drei vielleicht, höchstens vier. Die anderen können Sie alle haben.
Nasseer:	Das ist wirklich wahnsinnig nett von Ihnen.
Traumfrau:	Ich heiße Natascha.
Nasseer:	Aber, aber ich ... äh ...
Traumfrau:	Natürlich bekommen Sie auch Ihr eigenes Bad. Oh, entschuldigen Sie mich bitte einen Moment. Ich bin gleich wieder da. Sehen Sie sich doch inzwischen ein bisschen um.
Nasseer:	Hm, ich wollte ja schon immer in diese Gegend ziehen. Das ist zu schön, um wahr zu sein. Entweder ich träume, oder ich bin verrückt geworden. Hä? Was ist denn das für ein sonderbares Bild!?
Traumfrau:	Hallo? Wer ist denn da? Ach so! Hm, hm, ich verstehe, ja, ja. Bei mir einziehen, ja? Ach, das tut mir leid, ich habe nämlich gerade einen sehr netten, jungen Mitbewohner gefunden, gerade eben, ja.
Nasseer:	Natascha! Natascha! Das Telefon!
Nasseer:	Hach! Hätt' ich doch weitergeträumt! Wär' ich bloß nicht aufgewacht! Hach, Natascha!

Schritt A   A1

A	Traumfrau:	Warten Sie, das Beste kommt erst noch. Die Wohnung ist nämlich nicht nur sehr groß, sondern auch sehr billig.
B	Traumfrau:	Das Haus ist mir viel zu groß. Ich brauche zwar viel Platz, aber doch keine neun Zimmer.
C	Nasseer:	Nein, das ist zu schön, um wahr zu sein. Entweder ich träume, oder ich bin verrückt geworden.

Schritt A   A2 b und c

Gespräch 1

Interessent:	Hallo!
Anbieterin:	Hallo?
Interessent:	Ich komme wegen der Wohnung. Wir hatten vorhin telefoniert.
Anbieterin:	Ach ja, richtig! Kommen Sie rein!
Interessent:	Danke! Das ist ja wirklich sehr zentral gelegen, hier in der Fußgängerzone, nur mit dem Parken, also, das ist hier natürlich schon ein Problem.
Anbieterin:	Nein, ganz im Gegenteil!
Interessent:	Was?
Anbieterin:	Ich sag': Im Gegenteil – das ist überhaupt kein Problem! Zur Wohnung gehört nämlich ein Parkplatz mit dazu. Im Parkhaus gleich um die Ecke.
Interessent:	Und was kostet das extra?
Anbieterin:	Nichts! Das ist schon alles mit dabei. Alles im Mietpreis inbegriffen.
Interessent:	Okay! Na gut. Aber, der Fußboden hier ist ja schon ganz schön alt, was?
Anbieterin:	Hm, ein bisschen vielleicht, aber schauen Sie mal – das schöne Holz! Eiche! Der Eigentümer will die Wohnung übrigens sowieso komplett renovieren.
Interessent:	Ach? Wann denn? Wir müssen nämlich spätestens in zwei Monaten umziehen. Dann läuft unser alter Mietvertrag aus.
Anbieterin:	Na, na, nur keine Panik. Der Termin steht natürlich. Zum 1.4. ist die Wohnung frei. Die Renovierung wird dann wohl im Laufe des nächsten Jahres kommen.
Interessent:	Aha! Und danach wird's dann sicher teurer.
Anbieterin:	Nein, nein. Der Preis soll genau derselbe bleiben, 550 Euro + 70 Euro Nebenkosten.
Interessent:	Na ja, zum Glück! Ist ja auch nicht gerade günstig, für 50 Quadratmeter. Ach, ich sehe gerade: Es gibt eine Ölheizung.
Anbieterin:	Ja, ja, hier, das ist ein Ölofen.
Interessent:	Ein Ölofen für die ganze Wohnung? Für Wohnzimmer und Schlafzimmer und Küche?
Anbieterin:	Nein, nein, in der Küche, da ist auch noch einer. Hier, sehen Sie.
Interessent:	Hm, hm.
Anbieterin:	Aber wie gesagt: Bald kommt ja die Renovierung und dann gibt's sicher auch 'ne Zentralheizung.
Interessent:	Aha, ja, okay! Das ist ja alles recht interessant. Und trotzdem so teuer! Keine Zentralheizung. Hm. Na ja und auch schade, dass die Wohnung keinen Balkon hat.
Anbieterin:	Ja, aber das ist doch nun wirklich kein Problem! Der Stadtpark ist doch gleich um die Ecke! Das ist ja noch besser und größer ist der auch als so ein kleiner Balkon.
Interessent:	Ja, ja, hm, mag sein. Natürlich müsste ich mir das noch mal mit meiner Partnerin zusammen ansehen, die hatte heute bloß keine Zeit.

Gespräch 2

Stefanie:	Wo ist denn das Haus, Papa?
Annika:	Ist es das da, Papa?
Herr Breitling:	Ja, ja, jetzt lasst euch doch mal Zeit.
Frau Breitling:	Und seid nicht so wahnsinnig laut.
Herr Horner:	Sind Sie Familie Breitling?
Herr Breitling:	Ja. Und Sie sind von Gebhardt-Immobilien, Herr ... äh ...

153   TRANSKRIPTIONEN

Hörtexte Kursbuch

Herr Horner:	Richtig! Ernst Horner ist mein Name. Guten Tag!
Hr.+Fr. Breitling:	Tag, Herr Horner!
Stefanie+Annika:	Hallo!
Herr Horner:	Hallo, ihr zwei Hübschen! Na, ihr wollt euch doch bestimmt auch den Spielplatz angucken.
Annika:	Ui ja!
Herr Horner:	Der ist gleich hier nebenan, direkt um die Ecke.
Stefanie:	Dürfen wir auf den Spielplatz gehen, Papa?
Herr Breitling:	Ja, nachher!
Frau Breitling:	Erst mal zeigt uns Herr Horner jetzt das Haus.
Herr Horner:	Mit Kindern ist dieses Reihenhaus wirklich ideal. Sie haben den eigenen kleinen Vorgarten hier, da drüben ist der Spielplatz, und auch der Kindergarten und die Schule sind ganz in der Nähe.
Frau Breitling:	Hm, das klingt aber wirklich gut.
Herr Horner:	Ja, ja, die ganze Wohnsiedlung ist sehr kinderfreundlich. In den Nachbarhäusern wohnen fast überall junge Familien. So, bitte. Gehen wir doch hinein.
Hr.+Fr. Breitling:	Danke!
Herr Horner:	Also, hier rechts im Erdgeschoss haben wir schon mal den Wohn- und Essbereich, zusammen ca. 70 Quadratmeter. Dort drüben wäre das Wohnzimmer.
Herr Breitling:	Hm, das ist aber nicht besonders groß.
Herr Horner:	Das ist richtig, Herr Breitling, dafür haben wir aber hier gleich anschließend die großzügige Wohnküche, und die hat schon allein 40 Quadratmeter.
Hr.+Fr. Breitling:	Ah! Das ist aber toll! Sehr schön!
Herr Breitling:	Sie hatten ja in der Anzeige geschrieben, das Haus steht zum Verkauf.
Herr Horner:	Ja, das ist richtig, Herr Breitling. Sie können das Haus kaufen, Sie können es aber auch mieten. Das ist ganz Ihre Entscheidung. Es ist auf jeden Fall ab sofort frei.
Herr Breitling:	Ach, mieten geht auch? Das ist ja interessant. Das müsste man natürlich alles mal durchrechnen.
Herr Horner:	Ja, ist vielleicht nicht uninteressant. Mit der Miete kommen Sie auf 1200 Euro plus Nebenkosten. Insgesamt sind es 140 Quadratmeter Wohnfläche. Na ja, und dann haben Sie ja auch noch einen schönen großen Garten.
Annika:	Papa! Wo sind denn jetzt eigentlich unsere Zimmer?
Stefanie:	Ja, genau! Wo ist mein Zimmer?
Herr Horner:	Hilfe! Jetzt haben wir doch glatt das Wichtigste vergessen! Nein, nein! Eure Zimmer sind natürlich oben, im ersten Stock, da wo´s am allerschönsten ist! Kommt mit, jetzt gehen wir gleich mal zusammen die Stufen da rauf, okay?
Annika+Stefanie:	Okay! Okay!
Frau Breitling:	Passt auf, Kinder! Fallt nicht hin.
Herr Horner:	Übrigens, bevor wir auch raufgehen: Hier haben Sie die Gästetoilette mit einem kleinen Waschbecken.
Herr Breitling:	Ah ja.
Frau Breitling:	Gut.
Herr Horner:	Jetzt zeige ich Ihnen die Kinderzimmer und das Elternschlafzimmer.
Stefanie:	Mama, ich muss Pipi!
Frau Breitling:	Hach, Steffi, muss das denn jetzt sein?
Herr Horner:	Ach, das ist doch gar kein Problem, Frau Breitling. Dort drüben ist das große Bad. Gehen Sie da ruhig mit ihr rein.
Frau Breitling:	Ach, vielen Dank! Komm, Steffi!
Herr Horner:	So, Herr Breitling, und hier ist also schon mal das Elternschlafzimmer und ich sehe schon, ihre Tochter hat auch schon ihr Zimmer gefunden!
Annika:	Also, ich nehm' das hier, das ist super! Das ist meins! Juhu!

Schritt D   D1 a und b
Gespräch 1

Lisa:	Cornelia! Guten Morgen!
Cornelia:	Hallo Lisa, du, ich …
Lisa:	Hey! Was ist los, Cornelia? Du bist ja ganz blass!
Cornelia:	Ach, es ist … ich hab' zu wenig geschlafen …
Lisa:	Wieso? Hast du Stress?
Cornelia:	Nein, eigentlich nicht. Ich konnte nicht einschlafen, weil … also … es ist … ich weiß, es klingt doof, aber …
Lisa:	Was ist denn? … He, komm! Sag schon!
Cornelia:	Deine Waschmaschine …
Lisa:	Ja?
Cornelia:	Du, bei mir unten hört man die wahnsinnig laut.
Lisa:	Echt? Ach du liebe Zeit! Das ist ja blöd! Daran hab' ich ja gar nicht gedacht.
Cornelia:	Weißt du, untertags stört's mich ja nicht, aber wär's für dich vielleicht möglich, abends nach zehn Uhr nicht mehr zu waschen?
Lisa:	Na klar! Geht in Ordnung.
Cornelia:	Super!

Gespräch 2

Herr Döberle:	So, jetzt macht aber mal Platz hier! Man kommt ja nicht mal durch die Tür! Müsst ihr denn ausgerechnet hier im Treppenhaus spielen?
Fritz:	Ja-ha! Wo denn sonst?
Herr Döberle:	Hier ist doch kein Abenteuerspielplatz!
Lukas:	Wieso denn? Hier ist doch genug Platz für alle.
Fritz:	Außerdem regnet's draußen.
Herr Döberle:	Also, so was! Auch noch frech werden!

TRANSKRIPTIONEN   154

Hörtexte Kursbuch

Lukas:	Sie haben uns gar nichts zu sagen!
Herr Döberle:	Das ist die Höhe! Aber wartet! Das sag' ich euren Eltern!
Fritz:	Uns doch egal! Wir dürfen hier spielen.
Lukas:	Genau! Unsere Eltern haben's uns nämlich erlaubt!
Herr Döberle:	Das wird ein Nachspiel haben! Ihr werdet noch von mir hören!

Gespräch 3

Frau Meisner:	Guten Tag, Herr Krämer!
Herr Krämer:	Ach, Frau Meisner! Hallo! Wie geht's denn so? Was macht Ihre Erkältung?
Frau Meisner:	Na ja, es will einfach nicht besser werden. Ach, Herr Krämer, wo ich Sie gerade sehe: Ich hätte da 'ne Bitte.
Herr Krämer:	Nur zu! Was gibt's denn?
Frau Meisner:	Sagen Sie mal, könnten Sie nicht woanders rauchen?
Herr Krämer:	Wie bitte?
Frau Meisner:	Ihr Rauch zieht immer hier rüber in meine Wohnung. Könnten Sie nicht in Ihrer Wohnung rauchen statt auf dem Balkon?
Herr Krämer:	Das geht leider nicht, meine Frau möchte das nicht.
Frau Meisner:	Kann ich verstehen, tja, was machen wir denn jetzt?
Herr Krämer:	Vielleicht könnten Sie das Fenster zumachen, wenn ich rauche.
Frau Meisner:	Ja, das wär 'ne Möglichkeit. Vielleicht könnten Sie aber auch zum Rauchen in den Hof runtergehen? Wie wär' denn das, he?

Gespräch 4

Frau Braun:	Hallo? Sie da oben? Hallo!
Herr Weiß:	Ja? Was ist denn?
Frau Braun:	Ich bin ja kein Gärtner, aber meinen Sie nicht, dass Sie Ihren Blumen vielleicht ein bisschen zu viel Wasser geben?
Herr Weiß:	Also, das ist ja ein starkes Stück! Meine Blumen gehen Sie doch nun wirklich gar nichts an, oder?
Frau Braun:	Ihre Blumen nicht, aber meine Fenster! Die sind nämlich jedes Mal nass und schmutzig, wenn Sie Blumen gießen.
Herr Weiß:	Was? Wollen Sie etwa behaupten, dass ich absichtlich Ihre Fenster nass mache?
Frau Braun:	Nein, gar nicht. Ich unterstelle Ihnen nichts, ich will Sie auch nicht beleidigen, ich möchte nur, dass Sie hier nicht dauernd rumtropfen.
Herr Weiß:	Also, das ... das ist ja lächerlich!

Gespräch 5

Ruppert:	Nanu, wer weiß denn schon die Nummer? Ich hab' das Telefon doch erst gestern angemeldet. Ruppert!
Schwackenhofer:	Hier Schwackenhofer.
Ruppert:	Wer?
Schwackenhofer:	Schwackenhofer. Ich wohne unter Ihnen. Wäre es vielleicht möglich, dass Sie etwas leiser gehen?
Ruppert:	Was? Wieso denn?
Schwackenhofer:	Jedes Mal wenn Sie gehen, zittert meine Lampe.
Ruppert:	Ja, aber ich gehe ganz normal!
Schwackenhofer:	Meine Lampe zittert aber und sie klirrt! Hören Sie also bitte auf, so laut herumzugehen!
Ruppert:	Hören Sie, ich gehe nicht laut! Ich gehe ganz normal.
Schwackenhofer:	Dann sind Sie zu schwer! Meine Lampe zittert.
Ruppert:	Na also! Ich hab' Normalgewicht!
Schwackenhofer:	Sie zittert aber und sie klirrt!
Ruppert:	Das ist doch nicht mein Problem! Wenden Sie sich bitte an den Hauseigentümer!
Schwackenhofer:	Genau! Das werde ich tun!
Ruppert:	T-hh! So was ist mir noch nie passiert! Ob das wirklich die richtige Entscheidung war, hier einzuziehen?

Gespräch 6

Herr Konowski:	Ah, Herr Wimmer!
Herr Wimmer:	Ja, Herr Konowski?
Herr Konowski:	Gut, dass ich Sie treffe, Herr Wimmer. Hätten Sie mal 'n Momentchen Zeit?
Herr Wimmer:	Ja, was gibt's denn?
Herr Konowski:	Sie wissen doch, die Haustür, sie sollte nach 22 Uhr immer abgesperrt werden.
Herr Wimmer:	Ja, ja, das weiß ich.
Herr Konowski:	Nun kommen aber immer wieder Klagen, dass das von einigen Mietern vergessen wird.
Herr Wimmer:	Ach, wirklich? Das ist mir noch gar nicht aufgefallen!
Herr Konowski:	Doch, doch! Neulich hab' ich auch bemerkt, wie Sie nachts das Haus verlassen haben, ohne abzuschließen.
Herr Wimmer:	Tatsächlich? Oh, da muss ich wohl in Eile gewesen sein. Entschuldigen Sie bitte.
Herr Konowski:	Na ja, kann ja mal passieren! Ich wollt' Sie nur noch mal dran erinnern. Wissen Sie, gerade die älteren Leute hier im Haus fühlen sich einfach sicherer, wenn die Tür zu ist.
Herr Wimmer:	Na klar! Das versteh' ich doch! Ich werd' ab jetzt dran denken, okay?
Herr Konowski:	Na, das is' doch ein Wort! Also, tschüs, Herr Wimmer!
Herr Wimmer:	Tschüs, Herr Konowski!

Zwischenspiel 7 *Von Tür zu Tür*
Gespräch 1

Tante Lissy:	Hallo, Christoph!
Christoph:	Hallo, Tante Lissy!

155 TRANSKRIPTIONEN

Hörtexte Kursbuch

Tante Lissy:	Na, wie geht's?
Christoph:	Es geht schon. Du, Tante Lissy, ich brauche Geld.
Tante Lissy:	Na sag' mal! Musst du immer gleich so mit der Tür ins Haus fallen?
Christoph:	Na ja, ich brauch's halt so dringend.

Gespräch 2

Tante Lissy:	Wie viel willst du denn diesmal?
Christoph:	500 Euro.
Tante Lissy:	Was? So viel?! Ja, wann denn?
Christoph:	Am besten jetzt gleich.
Tante Lissy:	Jetzt? Nee du, ich spreche heute Abend erst mal mit Onkel Reiner drüber, okay?
Christoph:	Ach bitte! Kannst du's mir nicht einfach so geben?
Tante Lissy:	Nein! So einfach zwischen Tür und Angel machen wir das sicher nicht.
Christoph:	Mann!

Gespräch 3

Tante Lissy:	Also dieser Christoph! Stell dir mal vor, Reiner: Er wollte schon wieder Geld.
Onkel Reiner:	So? Wie viel denn diesmal?
Tante Lissy:	500 Euro!
Onkel Reiner:	Was? Der spinnt ja!
Tante Lissy:	Er könnte wirklich jobben und selbst was verdienen. Ich finde, wir sollten ihm kein Geld mehr geben.
Onkel Reiner:	Na, damit rennst du bei mir offene Türen ein, Lissy. Von mir hätte er schon lange nichts mehr bekommen.

Gespräch 4

Oma:	Hallo? Wer ist denn da?
Christoph:	Hallo, Oma? Ich bin's.
Oma:	Christoph! Na, du hast dich aber lange nicht mehr bei mir gemeldet!
Christoph:	Ja, ich weiß. Tut mir leid, Oma. Du, kann ich bei Dir vorbeikommen?
Oma:	Aber ja, mein Junge! Für Dich steht meine Tür immer offen.
Christoph:	Na super! Also bis gleich!

Gespräch 5

Sabine:	200 Euro? Woher hast du so viel Geld, Christoph? Von deiner Tante wieder?
Christoph:	Nö, von meiner Oma. Meine Tante will mir nichts mehr geben. Sie findet doch tatsächlich, ich soll arbeiten gehen.
Sabine:	Na und? Was ist denn so schlecht an einem Job?
Christoph:	Du musst ja reden! Wer holt sich denn dauernd Geld von seinem Papi?
Sabine:	Moment mal! Das ist was anderes!
Christoph:	Nee, nee! Kehr' du lieber mal vor deiner eigenen Tür!

TRANSKRIPTIONEN

Hörtexte Arbeitsbuch

Lektion 1   Glück im Alltag
Schritt C   Übung 20
vgl. Arbeitsbuch Seite 99

Schritt C   Übung 21
vgl. Arbeitsbuch Seite 99

Lektion 2   Unterhaltung
Schritt B   Übung 14
vgl. Arbeitsbuch Seite 108

Schritt C   Übung 28
vgl. Arbeitsbuch Seite 112

Schritt C   Übung 29
vgl. Arbeitsbuch Seite 112

Schritt C   Übung 30
vgl. Arbeitsbuch Seite 112

Schritt C   Übung 31
persönlich / fantastisch / französisch / kritisch / sportlich / ziemlich / europäisch

Schritt C   Übung 32
a   männlich
b   asiatisch
c   glücklich
d   elektronisch
e   sympathisch
f   hoffentlich
g   selbstverständlich
h   ausländisch

Schritt C   Übung 33
vgl. Arbeitsbuch Seite 112

Schritt E   Übung 38 b und c
Die richtigen Beziehungen sind für den Erfolg genauso wichtig wie Fleiß und Talent. Wie gut, dass Carsten Tsaras bester Freund bei der Kriminalpolizei arbeitet! So hat der Detektiv schon einige Informationen in seinem Computer, als Verena Müller um halb drei Uhr nachmittags sein Büro betritt.
„Na? Kommen Sie voran?"
„Es geht so."
Die rothaarige, etwas mollige Frau setzt sich auf Tsaras Schreibtisch.
„Ich liebe gesprächige Männer!" Carsten Tsara hat keine Lust, über den Fall zu reden. Aber er weiß, dass seine Chefin keine Ruhe gibt, wenn sie etwas wissen will.
„Okay! Ich habe drei Theorien. Nummer eins: Morbus Alzheimer ..."
„Die Alzheimer-Krankheit? Wieso denn das?"
„Walter Dessauer scheint ziemlich vergesslich zu sein. Vielleicht liegt die Akte irgendwo, und er weiß es bloß nicht mehr."

„Quatsch! Walter ist nicht vergesslich!"
„Wieso kann er sich dann meinen Namen nicht merken? Warum sagt er dauernd ‚äh'?"
„Ich finde, in seiner Situation ist das völlig normal. Er ist im Stress!"
„Na gut. Dann bleiben noch die beiden anderen Theorien: Mobbing oder Diebstahl."
„Mobbing? Wer will ihn mobben?"
„Der Geschäftsführer findet ihn angeblich zu alt. Dann ist da noch diese junge, hübsche Frau, Anneliese Bremke. Dessauer glaubt, dass sie seinen Job haben möchte."
„Und was glauben Sie?"
„Sie hat Zugang zum Büro. Für sie ist es also kein Problem, die Akte vom Schreibtisch zu nehmen."
„Hm. Und die Diebstahl-Theorie?" Carsten Tsara beginnt zu lächeln.
„Gucken Sie mal, was ich hier habe!", sagt er und dreht den Computermonitor so, dass Verena Müller hineinsehen kann.

Behördensache / Streng vertraulich!

Name: B e i s e l, Markus Jonathan
Geboren: 12. Mai 1969 in Meppen
Beruf: Fernmelde-Elektroniker
Adresse: Anzinger Straße 1, 81671 München
Vorstrafen: 1997 Diebstahl; 1998 Diebstahl, Betrug

„Ein Krimineller. Na und? Was ist daran so interessant?"
„Der Mann wird von seiner Firma immer dann zur TECSUP geschickt, wenn dort mit der Telefonanlage etwas nicht stimmt. Gestern ist er genau zu der Zeit in Dessauers Büro, als dort die Akte auf dem Schreibtisch liegt."
„Hm. Das heißt, er kommt als Täter in Frage. Nicht mehr und nicht weniger. Was machen Sie nun?" Der Detektiv schaltet den Computer aus. Er öffnet seine Schreibtischschublade und holt einen Polizeiausweis heraus.
„Ich stelle diesem Herrn Beisel mal ein paar Fragen."
„Ein falscher Polizeiausweis? Was soll denn das, Tsara?"
„Er sieht sehr echt aus. Finden Sie nicht?"

Lektion 3   Gesund bleiben
Schritt A   Übung 5 a
Moderatorin:
Liebe Hörerinnen und Hörer, wir begrüßen Sie heute wieder recht herzlich zu unserem Gesundheitsmagazin am Mittag. Heute mit dem Thema: Rückenschmerzen – was dann? Rückenschmerzen. Wer kennt sie nicht? Gehören Sie auch zu den 80 bis 90 Prozent der Deutschen, die mindestens einmal im Leben Rückenschmerzen haben? Schon ca. 20 Prozent unserer Kinder und Jugendlichen klagen über Rückenschmerzen. Zu diesem Thema haben wir heute einen Studiogast, nämlich Frau Dr. Heimann, Fachärztin für Orthopädie.
Frau Dr. Heimann, welchen Rat geben Sie allen, die an Rückenschmerzen leiden?

Hörtexte Arbeitsbuch

Dr. Heimann:
Rückenschmerzen sind eine Krankheit. Viele Menschen nehmen aber eben diese Schmerzen zu leicht. Egal ob mit 10, 30 oder 60 Jahren – das Auftreten dieser Schmerzen müssen Sie auf jeden Fall ernst nehmen. Sie sollten sofort zu Ihrem Hausarzt gehen.
Er untersucht, was der Grund Ihrer Schmerzen sein kann, und empfiehlt Ihnen vielleicht auch eine Behandlung. Vielleicht leiden Sie unter Problemen mit den Bandscheiben, die man eventuell mit einer Operation behandeln muss. Manchmal sind aber auch nur schmerzhafte Verspannungen der Schultern oder des Nackens die Ursache.

Moderatorin:
Und was kann man da tun?

Dr. Heimann:
Diese können gut konservativ, also mit Krankengymnastik usw. behandelt werden. Eigentlich hilft aber nur die genaue Untersuchung in der Praxis eines Facharztes oder in einer Fachklinik weiter. Dafür brauchen Sie aber zuerst eine Überweisung Ihres Hausarztes. Der überweist Sie dann zu einem Facharzt. Der Facharzt wiederum untersucht dann die Form der Wirbelsäule und fragt Sie auch, seit wann und wie lange Sie Schmerzen haben. Deshalb sollten Sie ein Schmerztagebuch führen. Dort schreiben Sie regelmäßig Beginn und Dauer der Schmerzen auf. Sie sollten Ihren Körper diesbezüglich genau beobachten. Im Laufe des Gesprächs mit Ihrem Arzt und mithilfe des Schmerztagebuchs können Sie sicherlich die Schmerzen genau bestimmen. Der Arzt kann Ihnen dann eine geeignete Behandlung vorschlagen. Viele Menschen haben in ihrem Leben mindestens schon einmal Rückenschmerzen gehabt.

Moderatorin:
Sie merken schon, liebe Hörerinnen und Hörer: Es gibt viele Tipps gegen Rückenschmerzen. Hören Sie aber trotzdem immer auf den Rat eines Arztes und nicht nur auf die guten Ratschläge von Freunden und Nachbarn. Und jetzt wieder Musik „Du bist die Frau, die mich wirklich liebt" von Superstar Heiko.

Schritt C   Übung 22 a und b
vgl. Arbeitsbuch Seite 125

Schritt C   Übung 24 a
vgl. Arbeitsbuch Seite 125

Schritt C   Übung 24 b
KON-TROL-LIE-REN
TE-LE-FO-NIE-REN
NO-TIE-REN
FUNK-TIO-NIE-REN
OP-E-RIE-REN
TRAI-NIE-REN
RE-A-GIE-REN

Schritt E   Übung 30
1 Volkshochschule Mainz Mitte, guten Tag. Leider sind im Moment alle Plätze belegt. Bitte versuchen Sie es zu einem späteren Zeitpunkt noch einmal. Wegen der Einschreibung zu den Kursen, die jetzt im Frühjahr beginnen, rufen Sie bitte noch einmal unter der Nummer 06131/233-479 an. Vielen Dank für Ihren Anruf.

2 Praxis für Physiotherapie, Bettina Plöttner. Leider rufen Sie außerhalb der Sprechzeiten an. Diese sind wie folgt: Montag bis Freitag von 8 bis 12 und Dienstag und Donnerstag von 14 bis 20 Uhr. Für den Rückenschulkurs können Sie sich am Empfang persönlich anmelden oder telefonisch unter der Nummer 02843/6246. Der Kurs findet immer donnerstags von 9 bis 10 Uhr statt.

3 Sie haben die kostenlose Servicenummer Ihrer AOK gewählt. Mit der AOK sind Sie immer gut beraten. Darum – bleiben Sie dran. Wenn Sie Fragen zu dem aktuellen Programmangebot der AOK haben, wählen Sie die Eins. Wenn Sie sich über die neuesten Gesundheitstipps informieren möchten, wählen Sie die Zwei. Wenn Sie akute Fragen zur Gesundheit haben und mit unserem Rundum-Service verbunden werden möchten, wählen Sie die Drei. Wenn Sie mit einem Mitarbeiter verbunden werden möchten, wählen Sie die Vier.

4 Ihr Betriebsarzt rät: Lassen Sie sich auch dieses Jahr gegen Grippe impfen! Wenn Sie sich dafür entscheiden, dann kommen Sie bitte am 15. September zwischen 8 Uhr 30 und 13 Uhr ins Hauptgebäude, Zimmer 35. Eine Anmeldung hierfür ist nicht erforderlich. Denken Sie aber bitte an Ihren Impfpass. Sollten Sie ein anderes Anliegen haben, dann sprechen Sie bitte nach dem Signalton. Hinterlassen Sie dabei Ihre Rufnummer. Ich rufe Sie so bald wie möglich zurück.

Lektion 4   Sprachen
Schritt A   Übung 8 b
konnte – könnte; hatten – hätten; wurdest – würdest; musste – müsste; waren – wären

Schritt A   Übung 9
a Ich konnte jederzeit bei meinen Freunden wohnen.
b Ich hätte fast immer Zeit.
c Ich müsste nicht unbedingt am Sonntag kommen.
d Wir waren gern bereit, bei der Arbeit zu helfen.
e Ich würde sagen, dass wir uns morgen treffen.
f Tut mir leid, ich musste gestern früher gehen.
g Du könntest auch mal deinen Chef fragen.
h Es wäre gut, wenn du mich am Wochenende anrufst.

Schritt A   Übung 10 a
vgl. Arbeitsbuch Seite 133

TRANSKRIPTIONEN

Hörtexte Arbeitsbuch

Schritt B   Übung 13 b

1 ● Was ist denn das?
  ▲ Das ist ein Topfenstrudel.
  ● Entschuldigung. Topfenstrudel kenne ich nicht. Können Sie mir sagen, was das ist?

2 ● Entschuldigen Sie bitte. Wo ist hier das Wellness-Center?
  ▲ Wie bitte? Das letzte Wort habe ich nicht verstanden.
  ● Das Wellness-Center, das große Schwimmbad.

3 ● Also, dann treffen wir uns am 12.5. um 13.35 Uhr am Bahnhof.
  ▲ Entschuldigen Sie, hier ist es so laut. Könnten Sie den Termin bitte noch mal wiederholen?

4 ● Also, Ihr Zug geht um 10.57 Uhr ab Freiburg, Ankunft in Karlsruhe um 11.58 Uhr, Abfahrt 12.07 Uhr, Ankunft in Stuttgart um 12.59 Uhr.
  ▲ Bedeutet das, dass ich umsteigen muss?
  ● Ja, in Karlsruhe.

Lektion 5   Eine Arbeit finden

Schritt B   Übung 12 a
vgl. Arbeitsbuch Seite 145

Schritt B   Übung 12 b
vgl. Arbeitsbuch Seite 145

Schritt B   Übung 13
vgl. Arbeitsbuch Seite 145

Schritt C   Übung 15 b

1 ● Mensch, Bettina, das ist aber schön, dich mal wieder zu sehen. Wie geht es dir?
  ▲ Danke, gut. Ich bin nur etwas kaputt. Ich komme gerade von der Arbeit.
  ● Was? So spät? Musst du Überstunden machen?
  ▲ Ja, ich habe doch eine neue Stelle. Ich bin jetzt als Verkäuferin bei Loss und Leiffer angestellt.
  ● Das ist ja toll! Und, wie läuft's so?
  ▲ Na ja, es geht. Es ist halt schon sehr stressig. Ständig hat man Angst, Fehler zu machen. Aber zumindest ist es nicht langweilig. Huch, da kommt mein Bus. Ich muss los.

2 ■ Frau Schweiger, das ist aber nett, Sie zu sehen! Man sieht Sie ja überhaupt nicht mehr!
  ▼ Guten Abend, Frau Wanckel, ja, das stimmt, es ist wirklich fürchterlich, immer so spät nach Hause zu kommen. Man trifft einfach niemanden mehr!
  ■ Haben Sie denn noch immer so viel Arbeit?
  ▼ Leider ja. Im Moment muss ich auch noch einen Kollegen vertreten.
  ■ Haben Sie nie daran gedacht, die Stelle zu wechseln?
  ▼ Ach, man muss heutzutage ja froh sein, Arbeit zu haben. So, jetzt muss ich aber nach Hause. Auf Wiedersehen, und grüßen Sie bitte Ihren Mann von mir. Bis hoffentlich bald.
  ■ Ja, schönen Feierabend! Bis zum nächsten Mal.

Schritt E   Übung 23 b

■ Schuster, guten Tag.
● Guten Tag. Spreche ich mit Frau Martina Schuster?
■ Ja, am Apparat.
● Guten Tag, mein Name ist Elorriaga. Ich habe Ihre Anzeige in der Zeitung gelesen. Sie suchen eine Haushaltshilfe. Ist das noch aktuell?
■ Ja, die Stelle ist noch frei.
● Ich würde mich sehr für die Stelle interessieren. Ich habe bereits in Chile in einem Haushalt gearbeitet. Mein Mann und ich sind nach Deutschland gezogen und ich suche jetzt hier eine Stelle.
■ Ja, dann würde ich vorschlagen, dass Sie sich persönlich bei uns vorstellen. Passt es Ihnen morgen?
● Ja, am besten am Vormittag, ab 10 Uhr.
■ Gut. Kommen Sie dann einfach vorbei und bringen Sie bitte auch alle Unterlagen mit, die Sie haben.
● Ja, das mache ich gerne. Dann bis morgen Vormittag!

Schritt E   Übung 26

Moderator: In unserem Studio begrüße ich heute Herrn Weigel. Herr Weigel ist Berufsberater im Berufsinformationszentrum Düsseldorf. Herr Weigel, welche Tipps geben Sie denn unseren Jugendlichen mit auf den Weg, wenn sie sich auf ein Vorstellungsgespräch vorbereiten wollen? Geht das denn überhaupt?

Herr Weigel: Natürlich kann man sich auf ein Vorstellungsgespräch vorbereiten. Das fängt schon damit an, dass man, wenn man die Einladung zu einem Gespräch erhalten hat, diese kurz bestätigt: Meldet euch also kurz schriftlich oder telefonisch und sagt, dass ihr kommt. Am besten zeigt ihr dabei auch, dass ihr euch auf das Gespräch freut. Ja, und dann der nächste Punkt, ganz wichtig: die Anreise. Besorgt euch am besten schon vor dem Gespräch eine genaue Wegbeschreibung. Überlegt, wie lange ihr wohl zu dem Ort braucht. Plant dabei Staus und mögliche Verspätungen immer mit ein. Wer zu spät kommt, hat schon keine Chancen mehr.

Moderator: Heißt das, dass man schon einmal vorher in die Firma fahren soll?

Herr Weigel: Nicht unbedingt. Wenn man sich den Weg vorher mal ansehen möchte, dann ja, aber nicht, um in die Firma hineinzugehen und sie sich mal genau anzusehen. Aber da komme ich schon zum nächsten Punkt, nämlich dem Informationensammeln. Überlegt euch gut: Warum habt ihr euch genau in dieser Firma beworben? Auch wenn es Zufall war: Die Bewerbung muss so aussehen, also ob ihr

Hörtexte Arbeitsbuch

	euch genau über die Firma informiert habt und viele Gründe habt, dass ihr genau zu dieser Firma wollt. Deshalb ist es wichtig, möglichst viele Informationen – per Internet, Firmenbroschüren oder Zeitungsartikel – über Produkte, Standorte, Organisation der Firma zu besorgen.
Moderator:	Aha, verstehe. Man soll also zeigen, dass man die Bewerbung ernst nimmt, ja?
Herr Weigel:	Genau! Und nun stellt euch vor, ihr sitzt eurem Gesprächspartner gegenüber. Und – ihr müsst euch mit ihm unterhalten. Es ist wichtig, dass ihr euch vor dem Gespräch auf mögliche Fragen vorbereitet, wie zum Beispiel: Fragen von dem Arbeitgeber zu eurem Lebenslauf, zu euren Schulnoten, persönlichen Interessen und Stärken, zum Interesse an der Firma etc. Wer hier gut antwortet, macht Pluspunkte.
Moderator:	Aber, wenn ich nun eine Frage gar nicht beantworten kann, was mache ich denn dann?
Herr Weigel:	Es ist sicherlich nicht besonders positiv, auf eine Frage nichts sagen zu können. Aber Vorsicht: Man sollte immer ehrlich sein. Überlegt euch vor allem, und das ist mein fünfter Punkt, welche Stärken ihr habt. Wer sich vorstellt, muss für sich Werbung machen. Arbeitgeber wollen wissen, welche Fähigkeiten ihr mitbringt. Warum seid ihr besonders gut geeignet für die Ausbildungsstelle oder für die Firma? Wenn ihr zum Beispiel gut mit Menschen umgehen könnt oder sehr gut organisieren könnt, dann sagt das! Trainiert also vorher das Vorstellungsgespräch mit euren Eltern oder einem guten Freund. Das gibt euch Sicherheit und die Situation ist für euch nicht mehr so fremd. Eltern und Freunde kennen euch gut und können euch sagen, was ihr besser machen könnt. Wichtig ist auch dabei: Miteinander sprechen mit Fragen und Rückfragen. Der Chef darf Fragen stellen, aber ihr auch!
Moderator:	Und ich auch. Und ich habe nämlich auch noch eine Frage: Was ziehe ich am besten zum Bewerbungsgespräch an?
Herr Weigel:	Prima! Und das ist auch mein letzter Punkt: Was zieht man an? Auch hier müsst ihr aufpassen. Selbst wenn ihr euch in Jeans am wohlsten fühlt, kann es für manche Stellen ziemlich unpassend sein, mit Alltagskleidung zu erscheinen. Das Aussehen beim ersten Treffen ist besonders wichtig. Deshalb mein Tipp: Achtet auf das Äußere wie saubere Hände und Haare sowie ordentliche Schuhe und Kleidung. Und mein allerletzter Tipp: Seid so, wie ihr nun mal seid. ...

Lektion 6   Kundenwünsche
Schritt C   Übung 26

1 Winterzeit – Erkältungszeit: Schützen Sie Ihre Familie mit Drofa Zink plus Vitamin Brausetabletten für nur 99 Cent. Danone Actimel, 8-mal 100 Gramm für nur 2,79. Diese Angebote gelten nur bis zum 18.1. Ist der Schnupfen einmal da, empfehlen wir Ihnen aus unserer Drogerie-Abteilung Tempo-Papiertaschentücher – Vorratspackung für nur 2,69. Drofa-Meerwasser-Nasenspray für nur 1,99 Euro.

2 Bei uns stimmen Qualität und Preis: Pünktlich zur Skisaison finden Sie in unserer Kinderabteilung Ski-anzüge, Snowboardanzüge, Outdoorjacken, Kinderunterwäsche zu sensationellen Preisen. Beachten Sie unsere Rote-Punkt-Aktion: Auf alle Artikel mit einem roten Punkt bekommen Sie bei Barzahlung noch einmal 10 Prozent Rabatt.

3 Urlaubszeit – Reisezeit: Unsere Sonderfläche im Eingangsbereich bietet Ihnen eine Vielzahl verschiedener Reiseführer in alle Länder dieser Welt. Städtetouren nach London, Paris oder Madrid für nur 299 Euro inklusive Flug und Unterkunft: Buchen Sie jetzt in unserem Reisebüro im Untergeschoss. Sie wollen in die Sonne, Sommer das ganze Jahr? Die neuen Reise-Kataloge sind da: mit Sonnfit-Reisen in die Sonne. Sonderpreise für Frühbucher. Kinder unter 9 Jahren reisen kostenlos.

4 Aktuell zum Valentinstag: Setzen Sie ein Zeichen der Liebe! In unserer Schmuckabteilung finden Sie Silberketten für nur 45 Euro, Ohrringe mit echten Perlen für nur 19,90, Perlenketten für 99 Euro, Damenuhren verschiedener Markenhersteller ab 29 Euro. Exklusive Designer-Sonnenbrillen ...

5 Kinderaktionswoche in Ihrem Horto-Kaufhaus: Das Spiel des Jahres – Computerspiele an 20 Konsolen. Puppenecke mit echter Puppenküche: Puppenmuttis kochen mit Starkoch Pflauml ihr Lieblingsessen. Clown Beppo erwartet Ihre Kleinen mit Roller, Rollschuhen und Einrad. Großes Gewinnspiel! Erster Preis: ein Mountainbike. Zweiter Preis: ein Riesen-Teddy. Und weitere Spiele, Autos, Eisenbahnen, Jugendbücher werden verlost. Kommen Sie mit Ihren Kleinen in unsere Spielzeugabteilung im dritten Obergeschoss – Kinderaktionswoche.

Schritt D   Übung 27 b
- ● Hallo, Tine. Schön, dass du wieder da bist. Mensch, wie war es denn in Vietnam? Du warst ja lange weg.
- ▲ Ja, du, es waren über vier Wochen. Wir sind auch erst vorgestern wiedergekommen.
- ● Und wie hat es euch gefallen? Bestimmt super, oder?
- ▲ Ja, Vietnam ist echt ein tolles Reiseland und die Leute sind so gastfreundlich. Ach, und das Essen, ein Traum!

TRANSKRIPTIONEN   160

Hörtexte Arbeitsbuch

● Hmh, das klingt ja echt toll. Sag mal, wie war denn das Wetter?
▲ Absolut sommerlich. Wir hatten jeden Tag zwischen 25 und 30 Grad. Es hat zwar auch manchmal geregnet, aber immer nur ganz kurz. Einfach genial, in die Sonne zu fliegen, wenn es in Deutschland Winter ist.
● Und wie geht es dir jetzt so mit dem Schnee und der Kälte? Die Umstellung muss ja ganz schön schwierig sein.
▲ Ja, es ist gar nicht so einfach, wieder in den Winter zurückzukehren. Es ist ja wirklich kalt hier, und ich habe mich auch schon ein bisschen erkältet.
● Mensch, pass bloß auf dich auf! Du, es klingelt gerade bei mir an der Tür. Ich muss aufhören.
▲ Kein Problem, ich habe es sowieso auch ein bisschen eilig. Au Mann, es ist ja schon sieben Uhr. Klaus kommt nämlich gleich zum Essen. Wir wollen zusammen kochen.
● Was gibt es denn?
▲ Was Vietnamesisches. Du, dann lass uns doch für nächste Woche was ausmachen, ja?
● Ja, klar. Ich will auch unbedingt deine Fotos sehen.
▲ Also, bis dann.

Lektion 7 Rund ums Wohnen
Schritt B Übung 15
vgl. Arbeitsbuch Seite 171

Schritt B Übung 17 a
vgl. Arbeitsbuch Seite 171

Schritt C Übung 21
Moderator: Im Auftrag des Bonner Seniorenbüros machen wir heute eine Umfrage zum Thema: Wie und wo würden Sie gern im Alter wohnen? Dazu haben wir ein paar Personen zwischen 55 und 65 Jahren befragt. Hören Sie, welche unterschiedlichen Vorstellungen und Wünsche sie äußern.

a Frau: Ja, das ist doch ganz klar. Wenn's irgendwie geht, bleib' ich natürlich in meiner Wohnung. Na, also in ein Altersheim gehe ich nicht freiwillig. Zu Hause, da habe ich's gemütlich, und ich will mich nicht von jemandem bevormunden lassen, der mir sagt, was ich wann tun soll. Na, na, das will ich nicht.

b Mann: Wo ich gern wohnen würde, wenn ich alt bin? Ach, da hab' ich mir noch keine richtigen Gedanken gemacht. Bin ich denn schon so alt, dass ich das muss? Ja, ich weiß, Vorsorge ist wichtig im Leben, aber ich lass' das auf mich zukommen ... Wenn's mal nicht mehr geht, dann such ich halt nach einer Lösung. Dann wird sich schon was ergeben. Im Leben kommt's eh immer anders als man denkt. Da soll man gar nicht zu viel planen.

c Frau: Das hab' ich alles schon geregelt. Wissen Sie, was ich gemacht habe? Vor einem Jahr, da ist mein Mann ganz plötzlich gestorben und ich hab' das Alleinsein danach nicht ausgehalten. Da hab' ich mir gesagt, jetzt musst du etwas ändern. Und dann hab' ich in meinem großen Haus eine Wohngemeinschaft für 60-Jährige gegründet. Jetzt denken Sie sicher: Das ist doch nur was für junge Leute, für Studenten oder so. Aber nein, warum sollen wir nicht genauso von den Vorteilen des Zusammenlebens profitieren wie die jungen Leute: Nicht mehr allein sein, wenn man Gesellschaft möchte, zusammen kochen und essen, gemeinsam etwas unternehmen und so weiter, und so weiter. Das läuft super, und wir alle haben es bisher nicht bereut.

d Mann: Ja, wissen Sie, meine Tochter fragt mich auch immer: Papa, was machst du denn so alleine in deiner Wohnung? Zieh doch zu uns. Wissen Sie, sie hat ein schönes Haus auf dem Land mit Garten und so. Aber ich will ihr und meinem Schwiegersohn nicht auf die Nerven gehen. Sie hat genug zu tun mit ihrer Arbeit im Geschäft, den drei Kindern und dem Garten. Jetzt machen wir es so: Ich habe noch meine kleine Wohnung hier in Bonn, aber drei Tage in der Woche wohne ich bei ihr und versuche natürlich, ihr so viel wie möglich zu helfen mit dem Garten und Reparaturen und so was. Es ist so schön mit meinen Enkelkindern, aber manchmal auch laut und anstrengend. Da bin ich auch wieder froh, wenn ich zwischendurch in meiner eigenen Wohnung bin.

e Frau: Ach, wir haben da zum Glück kein Problem, denn unser Sohn wohnt mit seiner Familie in demselben Mietshaus wie mein Mann und ich. Das ist ideal, denn jeder hat seine eigene Wohnung und Unabhängigkeit. Auf der anderen Seite können wir uns gegenseitig helfen. Wir kümmern uns gern um unsere Enkel, und wenn wir mal Hilfe brauchen, ist immer jemand im Haus.

Fokus 2 *Sich über Einkaufsmöglichkeiten austauschen*
Übung 2 a
Petra: Hallo? Hier Petra Wachmann.
Gunda: Hey, Petra. Hier ist Gunda.
Petra: Grüß dich, Gunda! Na, was gibt's denn?
Gunda: Du, ich wollte dir nur schnell erzählen – stell dir vor, ich habe mir jetzt endlich einen Geschirrspüler gekauft.
Petra: Echt?

Hörtexte Arbeitsbuch

Gunda: Und zwar – jetzt halt dich fest – beim Pluto, da gibt es im Moment Ratenzahlungen zu Nullprozentfinanzierung! Vielleicht wäre das auch was für dich? Wolltet ihr nicht auch schon lange einen neuen Herd?

Petra: Wow, jetzt musst du ja nicht mehr immer alles selbst abspülen! Das ist ja eine Riesenhilfe. Super! Wie meinst du das, mit der Null Finanzierung? Ich kenne mich ja ehrlich gesagt nicht so gut aus.

Gunda: Na ja, das heißt, ich zahle jetzt jeden Monat nur 50 Euro und das halt die nächsten 12 Monate. Aber keinen Cent mehr. Das ist natürlich viel besser, als wenn ich jetzt auf einen Schlag 600 Euro los bin, oder?

Petra: Ja schon. Das klingt gut. Aber dann musst du doch bestimmt irgendwelche Zinsen zahlen? Dafür, dass die dir sozusagen das Geld leihen?

Gunda: Nein! Eben nicht! Deswegen ja die „Nullprozentfinanzierung". Aber das Angebot geht nur noch bis Ende des Monats.

Petra: Ach so, also wenn ich den Herd dann erst im Februar kaufe, ist das dann teurer?

Gunda: Ja, wahrscheinlich. Ich denke, da musst du dann schon wieder Zinsen zahlen. Das musst du dir gut durchrechnen. Denn dann kann es tatsächlich sein, dass du insgesamt mehr bezahlen musst, als wenn du gleich alles auf einmal bezahlt hättest.

Petra: Aha, jetzt hab ich's verstanden. Hm, das müsste ich mir mal durch den Kopf gehen lassen. Ich weiß nicht, bei solchen Sachen kenne ich mich irgendwie nicht so aus. Da bin ich immer etwas skeptisch. Und wenn ich etwas nicht sofort bezahlen kann und dann kaufe ich und kaufe und schließlich weiß ich gar nicht mehr, wie viel ich gekauft habe und vor allem, was ich alles ausgegeben habe! Irgendwie gefällt mir das nicht. Ich glaube, am Ende weiß ich dann gar nicht mehr, wie viel Geld ich zahlen muss. Und zum Schluss kaufe ich noch irgendein Zeug, das ich gar nicht brauche. Na ja. Wie gesagt, muss ich mir mal überlegen. Du, auf jeden Fall muss ich jetzt los. Ich muss noch für den Kindergeburtstag morgen ein Buch kaufen. Mensch, das ist vielleicht immer ein Gerenne!

Gunda: Wie? Bei dem Wetter in die Stadt? Wieso machst du das denn nicht online? Du kannst doch super bei kaufdirwas.de ein Buch bestellen. Die liefern sogar in einem Tag! Noch dazu hast du keine Parkplatzprobleme, keine Warteschlange und musst dich nicht an Ladenschlusszeiten halten. Das ist doch viel bequemer!

Petra: Ach, ich weiß nicht. Dann muss ich wieder Versandporto dazuzahlen und ich kann mir das Buch gar nicht vorher ansehen. Oder ich bin nicht da, wenn der Postbote kommt, dann muss ich es wieder an der Post abholen. Oder es gefällt mir doch nicht und ich muss noch einmal nach was anderem suchen. Da kaufe ich halt doch am liebsten, was ich mal in der Hand gehabt habe. Da bin ich ein bisschen altmodisch.

Gunda: Jaja.

Petra: Und ich bezahle auch am liebsten bar und sofort. Onlinekaufen oder dieses Raten-Kaufen ... Also, ich weiß nicht. Für mich ist das alles nichts.

Gunda: Na ja, du hast wohl recht. Das mit der Spülmaschine war jetzt halt schon recht gut. Aber sonst würde ich mir das Auf-Raten-kaufen schon auch gut überlegen. Aber mit dem online-shopping bin ich nicht ganz deiner Meinung. Das spart nämlich schon ziemlich viel Zeit. Und wenn man ein bisschen sucht, findet man wirklich super Angebote! Gerade die ganzen Apothekensachen usw. Das ist wirklich viel günstiger im Netz.

Petra: Hm, nee, da bin ich auch ziemlich skeptisch. Da weiß ich ja nicht, wo es herkommt und was da drin ist. Wer weiß, was ich da kaufe! Na ja, wie auch immer. Danke aber trotzdem. Ich rede mal mit Ansgar wegen dem Herd. Und dir viel Spaß mit der Spülmaschine. Ciao, ich muss los! Ich melde mich bald, okay?

Gunda: Okay, tschüs und bis bald!

Fokus 3 Sich telefonisch krankmelden und Aufgaben verteilen

Übung 1 und 2

Frau Berger: Guten Morgen, Frau Tokic. Hier ist Melanie Berger.

Frau Tokic: Guten Morgen, Frau Berger. Was gibt es denn?

Frau Berger: Sie hören es sicher schon an meiner Stimme. Ich bin leider krank.

Frau Tokic: Ach je! Was haben Sie denn?

Frau Berger: Ich liege seit Freitagabend mit Fieber im Bett, eine Grippe wahrscheinlich.

Frau Tokic: Waren Sie denn schon beim Arzt?

Frau Berger: Ja, war ich, vor einer halben Stunde. Er hat mich für die nächsten drei Tage krankgeschrieben. Ich muss sogar Antibiotika nehmen. Und das jetzt, wo wir diese Konferenz vorbereiten müssen!

Frau Tokic: Hm, ja, stimmt. Aber das kriegen wir schon hin! Werden Sie erst mal wieder gesund.

Hörtexte Arbeitsbuch

Frau Berger:	Danke. Das ist nett, Frau Tokic. Ich hab' hier ein paar Dinge auf meiner Liste, die unbedingt noch gemacht werden müssen.
Frau Tokic:	Ja, warten Sie. So, ich höre?
Frau Berger:	Gut. Zuerst muss einiges für die Konferenz morgen vorbereitet werden. Bitte seien Sie doch so nett und bestellen Sie für 13 Uhr ein paar Platten mit belegten Brötchen. Sie wissen schon, bei diesem Partyservice. Wir bestellen immer dort. Die Telefonnummer hängt an meiner Pinnwand.
Frau Tokic:	Ja, gut.
Frau Berger:	Das Kaffeekochen könnte ja dann Frau Scholz übernehmen.
Frau Tokic:	Klar, kein Problem.
Frau Berger:	Es wäre nett, wenn Sie sich auch um die anderen Getränke kümmern könnten. Wie immer: Tee, Wasser, Saft. Vielleicht müsste da auch noch was aus der Kantine bestellt werden.
Frau Tokic:	Da kann ich ja nachschauen.
Frau Berger:	Ach, und da fällt mir noch was ein. Die Konferenzteilnehmer bekommen auch Notizblöcke und Kugelschreiber. Sie wissen ja, wo Sie die finden, oder?
Frau Tokic:	Ja, natürlich.
Frau Berger:	Gut, und der nächste wichtige Punkt wäre noch die Reise von Herrn Dr. Nuke. Ich müsste mich noch dringend um seinen Flug nach Brüssel und um das Hotel kümmern. Könnten Sie das vielleicht auch übernehmen, Frau Tokic? Das wäre wirklich sehr nett.
Frau Tokic:	Natürlich, das mache ich doch gern. Die Daten für die Reise und das Hotel finde ich ja im Outlook, oder?
Frau Berger:	Ja genau, wunderbar. Ich glaube, das wäre erst mal das Wichtigste. Wenn mir noch was einfällt, melde ich mich einfach noch mal.
Frau Tokic:	Alles klar! Ich denke, wir kriegen das hin, Frau Berger. Ruhen Sie sich jetzt erst mal aus und denken Sie nicht so viel an die Arbeit. Und gute Besserung!
Frau Berger:	Danke! Grüßen Sie die Kollegen von mir.
Frau Tokic:	Mach' ich. Tschüs, Frau Berger.
Frau Berger:	Tschüs!

Fokus 5 — Ein Bewerbungsgespräch gut bewältigen

Übung 2

1

Herr König:	So, Frau Lampart, das klingt ja wirklich alles sehr gut. Nur über Ihre Gehaltsvorstellungen haben wir bis jetzt noch nicht gesprochen. Lassen Sie uns also jetzt mal übers Geld reden.
Frau Lampart:	Gern.
Herr König:	Ich kann Ihnen ein Monatsgehalt von 1900 Euro anbieten, das wären also 22.800 Euro im Jahr. Was sagen Sie dazu?
Frau Lampart:	1900? Tut mir leid, Herr König, aber das ist mir zu wenig.
Herr König:	So? Was haben Sie sich denn vorgestellt?
Frau Lampart:	Ich habe mich erkundigt: Hier in Köln ist für eine solche Vollzeitstelle ein Jahresgehalt von 25.000 bis 28.000 Euro üblich.
Herr König:	Also mehr als 2000 Euro im Monat? Hm. Darf ich fragen, wie viel Sie in Ihrer jetzigen Stellung verdienen?
Frau Lampart:	Im Moment verdiene ich etwa 1800 Euro im Monat.
Herr König:	Da sind unsere 1900 Euro als Anfangsgehalt doch gar nicht so schlecht, oder?

2

Herr König:	Darf ich fragen, wie viel Sie in Ihrer jetzigen Stellung verdienen?
Frau Lampart:	Im Moment verdiene ich etwa 1800 Euro im Monat.
Herr König:	Da sind unsere 1900 Euro als Anfangsgehalt doch gar nicht so schlecht, oder?
Frau Lampart:	Ja, aber das dürfen Sie nicht so einfach mit der Situation hier vergleichen. In der neuen Stellung bei Ihnen hätte ich viel mehr Verantwortung als bisher.
Herr König:	Das stimmt. Da haben Sie recht.
Frau Lampart:	Also, ich denke, 2200 Euro im Monat müsste ich schon verdienen.
Herr König:	2200 Euro? Sie erwarten viel von uns, Frau Lampart.
Frau Lampart:	Na ja. Sie erwarten auch eine Menge von mir. Und dafür möchte ich natürlich eine leistungsgerechte Bezahlung.
Herr König:	Das verstehe ich, aber 2200 Euro? Das sind ja 26.400 Euro im Jahr!
Frau Lampart:	Vergessen Sie nicht: Ich bin kein Anfänger. Ich bin eine ausgebildete Fachkraft. Ich habe vier Jahre Berufserfahrung und ich habe mich immer um meine Weiterbildung gekümmert. Allein im letzten Jahr habe ich zwei Fortbildungskurse gemacht.
Herr König:	Richtig. Das habe ich in Ihren Unterlagen gesehen.
Frau Lampart:	Dann haben Sie sicher auch meine Zeugnisse gelesen. Meine beiden bisherigen Arbeitgeber waren mit meinen Leistungen sehr zufrieden. Ich bin sicher, dass Sie auch zufrieden sein werden.

3

Frau Lampart:	Meine beiden bisherigen Arbeitgeber waren mit meinen Leistungen sehr zufrieden. Ich bin sicher, dass Sie auch zufrieden sein werden.

163 TRANSKRIPTIONEN

Hörtexte Arbeitsbuch

Herr König:	Das glaube ich Ihnen alles, Frau Lampart, aber wir haben für diese Stelle einfach keine 2200 Euro im Monat. Zumindest jetzt noch nicht.
Frau Lampart:	Wissen Sie was, Herr König? Ich mache Ihnen einen Vorschlag: Für die ersten sechs Monate bin ich mit 2000 Euro im Monat einverstanden. Wenn Sie mit meiner Leistung zufrieden sind, bekomme ich danach 2200 Euro im Monat. Und in einem Jahr reden wir noch mal neu über mein Gehalt. Was meinen Sie dazu?
Herr König:	Ja. Ja, das klingt nicht schlecht. Ich werde Ihren Vorschlag mit der Firmenleitung besprechen. Ich rufe Sie dann morgen oder übermorgen wieder an, okay?
Frau Lampart:	Na prima! Ich freue mich auf Ihren Anruf.

Fokus 6 Kundenwünsche
Übung 1

Heike:	Bäckerei Huber, Heike Kubis, guten Tag.
Anna:	Ja, Tag! Anna Borowski hier. Hören Sie, ich war vor drei Wochen bei Ihnen im Laden und habe die Torte für die Hochzeit von meiner Tochter bestellt. Die Hochzeit ist heute und ...
Heike:	Ja ja, ich erinnere mich. Unser Fahrer hat Ihnen die Torte ja sicher vorbeigebracht, nicht?
Anna:	Ja ja, Aber jetzt habe ich die Torte gerade ausgepackt. Und auf der Torte steht „Jutta und Leon".
Heike:	Ja, und?
Anna:	Verstehen Sie denn nicht? Meine Tochter heißt – nicht - Jutta und mein Schwiegersohn heißt – nicht - Leon. Wir hatten eine ganz andere Torte bestellt!
Heike:	Um Gottes Willen! Da ist wohl ein Irrtum passiert. Ich ruf sofort unseren Fahrer an. Bitte geben Sie mir Ihre Handynummer, ich ruf Sie gleich zurück.
Anna:	Ja, und bitte schnell. Wir wollen die Torte in einer Stunde anschneiden.
Heike:	Ja, ja, natürlich!
Anna:	Also, meine Nummer ist 0170 / 42024043.

Übung 2

Hans:	Wanninger.
Heike:	Hans, Heike hier. Du, Frau Borowski hat gerade angerufen. Wo ist ihre Torte?
Hans:	Aber da war ich doch gerade und habe die Torte geliefert.
Heike:	Ja, aber nicht die richtige, Hans! Du hast die Torte mit der Aufschrift „Jutta und Leon" geliefert. Und die gehört zur Hochzeit der Bogenbergers!
Hans:	Oh je!
Heike:	Und hast du den Bogenbergers auch schon eine Torte gebracht?
Hans:	Ja, klar, schon um neun heute früh!
Heike:	Oh Gott! Dann haben jetzt die Bogenbergers die Torte der Borowskis und die Borowskis die Torte der Bogenbergers.
Hans:	Da habe ich die Torten wohl verwechselt.
Heike:	Ja, sicher! Und was machen wir jetzt?
Hans:	Na ja, ich könnte zurückfahren und die Torten austauschen. Ich bin jetzt in Brakel-Bökendorf und da fahre ich dann am besten zurück über Bellersen und ...
Heike:	Aber die Borowskis wollen in einer Stunde die Torte schon anschneiden!
Hans:	Oh, das schaff' ich dann nicht, da dauert die Fahrt zu lange.
Heike:	Hm, dann versuchen wir Folgendes: Du kommst jetzt zurück zur Bäckerei. Wir dekorieren so schnell wie möglich hier eine neue Torte und die lieferst du den Borowskis. Ich ruf gleich Frau Borowski an und frag nach, ob das so okay für sie ist. Also, beeil dich, komm schnell!
Hans:	Ja und die Bogenbergers?
Heike:	Ach stimmt! Ach, die ruf ich dann auch noch an.
Hans:	Gut. In Ordnung. Bis gleich!

Übung 3

Anna:	Borowski?
Heike:	Heike Kubis, Bäckerei Huber. Hallo Frau Borowski, es tut mir ganz furchtbar leid, unser Fahrer hat einen Fehler gemacht.
Anna:	Aber was machen wir denn jetzt bloß? Wo ist denn unsere Torte?
Heike:	Leider auf einer anderen Hochzeitsparty. Wie gesagt, es ist uns wirklich sehr peinlich. Wir könnten Ihnen aber innerhalb der nächsten Stunde eine Ersatztorte liefern.
Anna:	Ja, aber ...
Heike:	Natürlich wäre sie nicht identisch mit der von Ihnen bestellten Torte, aber zumindest stehen keine falschen Namen drauf. Und selbstverständlich geben wir Ihnen einen Preisnachlass!
Anna:	Okay, das heißt also, Sie liefern uns innerhalb der nächsten Stunde eine neue Torte und das kostet uns gar nichts.
Heike:	Nein, nicht ganz! Sie bekommen eine neue Torte und 30 % Rabatt.
Anna:	Ja, also, hören Sie. Ich zahle ganz sicher nichts für eine Torte, die nicht die ist, die ich bestellt habe. Es war doch schließlich Ihr Fehler, nicht meiner.
Heike:	Okay, okay, okay! Wissen Sie was? Wir schenken Ihnen die Torte.
Anna:	Ach. Gut, einverstanden.
Heike:	Okay, dann sage ich unserem Fahrer, dass er ...

Hörtexte Arbeitsbuch

Fokus 7 *Wohnungsanzeigen aufgeben*

Übung 2

1

Peters: Rheinpost, private Anzeigenannahme, Peters, guten Tag.

Malakooti: Malakooti, guten Tag. Ich möchte bitte eine Wohnungssuchanzeige aufgeben. Der Text ist: Junge Familie …

Peters: Moment, Moment junge Frau, nicht ganz so schnell. Also, das ist Rubrik 21. Wohnungen … Suche. So, jetzt. Na, dann schießen Sie mal los.

Malakooti: Soll ich Ihnen die Abkürzungen buchstabieren oder wie geht das?

Peters: Nein, nein, sagen Sie einfach den Text. Ich mach' das dann schon.

Malakooti: Ach, das ist ja praktisch! Also: Junge Familie sucht 3–4-Zimmer-Wohnung oder Haus mit Garten oder Balkon. Telefon 0176/9534165.

Peters: Mhm. 4-1-6-5. Gut. Und wie viel wollen Sie maximal ausgeben?

Malakooti: Ach, wir wollen erst einmal schauen, was da so an Angeboten rein kommt.

Peters: Gut, wie Sie wollen. Das macht dann 3,60 Euro. Möchten Sie überweisen? Oder wie möchten Sie zahlen?

2

Peters: Rheinpost, private Anzeigenannahme, Peters, guten Tag.

Sirovska: Ja, guten Tag, hier Sirovska, ich möchte gern eine Wohnungsanzeige aufgeben.

Peters: Möchten Sie eine Wohnung vermieten oder suchen Sie eine Wohnung?

Sirovska: Äh, ich suche eine Wohnung für mich und meinen Hund.

Peters: Gut, dann also eine Suchanzeige. Ihren Text bitte.

Sirovska: Wie bitte?

Peters: Ihren Text, also was soll in der Anzeige stehen?

Sirovska: Ach so. Ja also … Moment, wo ist denn jetzt der Zettel? Ach hier. Soll ich Ihnen meinen Text mal vorlesen?

Peters: Ja bitte, das wäre nett.

Sirovska: Ich suche eine günstige 3-Zimmer-Wohnung mit Garten bis maximal 750 € inklusiv Nebenkosten. Wie könnte man das denn abkürzen, damit das nicht so teuer wird?

Peters: Das mache ich für Sie. Da machen Sie sich mal keine Sorgen. Also, schauen wir mal. Ja. Das werden drei Zeilen. Das macht dann 5,40 Euro. Wie möchten Sie denn bezahlen?

3

Peters: Rheinpost, private Anzeigenannahme, Peters, guten Tag.

Moreno: Guten Tag, hier Moreno, ich möchte eine Anzeige aufgeben. Ich suche eine Wohnung.

Peters: Gern. Wie ist denn Ihr Text bitte?

Moreno: Familie sucht große Wohnung oder Haus. Tel: 5080973.

Peters: 50-80-973. Okay. Mehr nicht?

Moreno: Nein, das reicht.

Peters: Na gut, das wäre dann nur eine Zeile, also 1,80. Sie können per Vorkasse oder Lastschrift bezahlen.

165 TRANSKRIPTIONEN

Lösungen zu den Übungen im Arbeitsbuch

Lektion 1

A

1. **er/sie ist** weggelaufen, gesprungen, gefallen, losgefahren, gekommen, geworden, gestorben, eingeschlafen
   er/sie hat verpasst, sich umgedreht, getroffen, bekommen, kontrolliert, geholfen, gerufen

2. **a** + **b** 2 als ich zum Bus <u>gelaufen bin</u>. 3 <u>als</u> ich noch ein Kind <u>war</u>. 4 <u>als</u> wir letztes Jahr in Berlin <u>waren</u>. 5 <u>als</u> ich seine Nachricht <u>bekommen habe</u>.

3. **a** B lesen lernen C Ausbildung als Koch anfangen D Claudia kennenlernen E Claudia heiraten
   b 2 hat er lesen gelernt. 3 hat er eine Ausbildung als Koch angefangen. 4 hat er Claudia kennengelernt. 5 hat er Claudia geheiratet.

4. **b** habe ich von ihm ein Eis bekommen. **c** habe ich „Fish und Chips" gegessen. **d** war sie vorher sehr nervös.

5. **b** als **c** wenn **d** Als

6. **b** Als wir letzte Woche in Dresden waren, haben wir bei Freunden gewohnt. **c** Jedes Mal wenn ich krank war, hat mir Papa viele Bücher vorgelesen. **d** Immer wenn meine Schwester und ich zu unseren Großeltern gefahren sind, hatten wir viel Spaß. **e** Als ich gestern im Kino war, habe ich meinen Freund Rodolfo getroffen.

7. **b** wenn **c** wenn **d** Als **e** Als

8. *Musterlösung:*
   a Wenn ich früher krank war, habe ich es mir in meinem Bett gemütlich gemacht. **b** Als ich zum ersten Mal allein im Ausland war, habe ich viel erlebt. **c** Meinen Eltern habe ich nichts gesagt, wenn ich schlechte Noten hatte. **d** Immer wenn wir in Bad Tölz waren, haben wir Bekannte besucht. **e** Immer wenn ich Liebeskummer hatte, dann habe ich mich in mein Zimmer zurückgezogen.

B

9. **a** konnten, hatten **b** war, durfte, musste **c** solltest, wollte, musste

10. stellen; regnen; hören; rufen; weglaufen; hören; liegen; leben

11. **b**
    | essen | aß | hat gegessen |
    | nehmen | nahm | hat genommen |
    | werden | wurde | ist geworden |
    | schreiben | schrieb | hat geschrieben |

12. sagte; war; war, konnte; war; arbeitete; wurde; bekam; kam; war; konnte

13. **b** *Musterlösung:*
    A ... in einen Keller. B Glücklicherweise aber konnte ein kleiner Junge mit dem Namen Jakob den kleinen Mann durch das Kellerfenster sehen und er rief sofort die Polizei an. C Kurze Zeit später kam die Polizei und half. Überglücklich und erleichtert erzählte der kleine Mann alles der Polizei. D Völlig unerwartet bekam Jakob vom Bürgermeister eine Belohnung / viel Geld. E Am Ende feierte der kleine Mann mit allen Leuten und alle aßen viel Kuchen.

14. **a** waren **b** gingen **c** waren, verliebten **d** heirateten, bekamen **e** feierten

15. *Musterlösung:*
    A ..., lernte er eine Bedienung kennen und verliebte sich. B Er wartete vor dem Café auf sie und brachte ihr als Geschenk einen Blumenstrauß mit. C Doch schon bald musste er wieder nach Hause fahren. Sie winkten sich am Bahnhof noch ein letztes Mal zu. D Danach schrieben sich die beiden regelmäßig Briefe. E Sie trafen sich wieder in England. F Schon ein Jahr später heirateten sie.

C

16. **a** B 1; C 5; D 3; E 4

17. (2) hatten; (3) war; (4) hatte; (5) hatte; (6) sind

18. **b** waren ... gegangen **c** hatte ... geschlafen **d** hatte ... gesehen

19. **a** wollte, hatte ... aufgehört **b** mussten, vergessen hatten **c** kam, hatte ... angefangen **d** waren, hatten ... gesehen

20. **b** ... losging →, ... auf ↘, ... auf ↗/→, ... losging ↘.
    c ... hatten →, ... zurückfahren ↘. ... zurückfahren ↗ / →, ... hatten ↘. **d** kam →, ... angefangen ↘. angefangen →, ... kam ↘.

D

22. **a** Sie zahlt den Schaden, den Sie bei anderen Leuten verursachen.
    b 1 richtig 2 richtig 3 falsch 4 richtig 5 falsch

23. 2 a 3 c 4 b 5 c 6 b

E

24. Glückspilz, Glückszahl, Glücksstein, Glückstag, Glückstreffer

    b Sie ist das Beste, was mir in meinem Leben passiert ist. **c** Mit dem kann mir nichts passieren. **d** Toll. Das ist meine absolute Glückszahl. **e** Alles hat heute prima funktioniert.

27. **a** Bild B – Text 1; Bild C – Text 3
    b 1 falsch 2 a 3 richtig 4 c 5 falsch 6 b

LÖSUNGEN 166

Lösungen zu den Übungen im Arbeitsbuch

Lektion 2

A

1 **b** Sie kocht nicht gern. **c** Er findet Tanzen total langweilig. **d** Fußball interessiert sie nicht. **e** Er ist total unsportlich.

2 **a 2** obwohl sie nicht gern kocht. **3** obwohl er Tanzen total langweilig findet. **4** obwohl Fußball sie nicht interessiert. **5** obwohl er total unsportlich ist.

3 **b** weil **c** weil **d** obwohl **e** weil **f** obwohl

4 **a** ..., trotzdem gehe ich gern dorthin. **b** ..., deshalb gehe ich mit ihr. **c** ..., deshalb nehmen wir unser Zelt mit. **d** ..., trotzdem war die Stimmung sehr gut.

5 **b** es draußen eiskalt ist. – es draußen eiskalt ist, trägt er kurze Hosen. **c** er nie Hausaufgaben macht. – er nie Hausaufgaben macht, hat er die besten Noten. **d** alle Mädchen in ihn verliebt sind. – alle Mädchen in ihn verliebt sind, hat er keine Freundin.

6 **b** weil **c** obwohl **d** trotzdem **e** weil **f** trotzdem **g** weil

7 *Musterlösungen:*
Obwohl ich Krimis mag, sehe ich selten einen.
Weil ich keine Sportsendungen mag, sehe ich sie mir nur manchmal an.
Ich habe heute Zeit, deshalb gehe ich tanzen.
Er hat keine Lust. Trotzdem geht er mit mir schwimmen.
Weil du Zeit hast, kannst du ja mit mir Kuchen essen gehen.
Obwohl wir keine Lust hatten, gingen wir dann doch Kaffee trinken.
Weil du gern Kaffee trinkst, lade ich dich heute ins Café „Boogie-Woogie" ein.

8 **b** ..., deshalb gehe ich nie am Wochenende ins Kino. **c** ..., weil ich es gern gemütlich mag. **d** ..., deshalb kann ich fast nie in Konzerte gehen. **e** ..., obwohl sie sich die Songs auch im Internet günstig runterladen kann. **f** ..., weil wir denselben Musikgeschmack haben.

B

10 **a** überhaupt nicht, ziemlich **b** gar nicht, total **c** ziemlich

11 (Smiley-Antworten)

12 ziemlich; gar nicht; echt; nicht besonders

13 spannend/interessant – langweilig, gut – schlecht, bekannt – unbekannt, lustig/fröhlich – ernst/traurig, super – furchtbar/schrecklich

14 **a** ▲ total super! **b** ● gar nicht gut. ▲ wirklich gut. **c** ● total unsympathisch. ▲ überhaupt nicht unsympathisch, sogar sehr nett. **d** ● fantastisch! wirklich toll. ▲ besonders schlecht.

C

15 **b** ..., die seine Lieder toll gefunden haben. **c** ..., die da auf dem Foto neben ihm steht? **d** ..., das gerade im Radio läuft.

16 **b** *die CD,* die gerade noch hier war? **c** *die Kinokarten,* die hier auf dem Tisch lagen? **d** *dieser Schauspieler,* der in seinem letzten Film so super gespielt hat?

17 **b** ... die CD, die du hier hingelegt hast? **c** Wo sind denn nur die Kinokarten, die du gekauft hast? **d** Wie heißt denn nur dieser Schauspieler, den du auch so toll fandest?

18 **a + b**

Das Buch,	das	mir so gut	gefallen hat.
Die CD,	die	gerade noch hier	war.
Die Kinokarten,	die	hier auf dem Tisch	lagen.
Der Schauspieler,	den	du auch so toll	fandest.
Das Buch,	das	du auch	gelesen hast.
Die CD,	die	du hier	hingelegt hast.
Die Kinokarten,	die	du	gekauft hast.

19 **a** die **b** das **c** den **d** die **e** den **f** das **g** die

20 dem; der; denen

21 **b** dem ... gratulieren **c** denen ... gehört **d** dem ... helfe **e** der ... erzähle

22 **b** leihe ihm **c** gefallen ihr **d** ihnen ... empfehlen

23 **b** dem ich Geld für die Kinokarte leihe. **c** der Liebesfilme leider nicht gefallen. **d** denen ich den Film empfehlen kann.

24 **a** der; dem; **b** die; der; **c** denen; die; die

25 Das ist Bernd der Boxer, dem der rote Ferrari gehört und den man in der Sporthalle trifft.
Da(s) sind Anna und Hanna, die sich immer die neuesten Kleider kaufen, die man jeden Abend in der Disco treffen kann und denen ohne Action sofort langweilig ist.
Da(s) ist Bruno Banker, der schicke Anzüge trägt, den nur seine Arbeit interessiert und dem ich immer Geld leihen muss.
Da(s) ist Olga Öko, der ich immer im Garten helfe, die nur Bio-Obst kauft, die man aber auch manchmal im normalen Supermarkt sieht.

27 **b** Fernsehzeitschrift **c** Roman **d** Kritiker **e** Eintrittskarte **f** Schlagzeile

Lösungen zu den Übungen im Arbeitsbuch

31 sch; sch; sch; ch; ch; sch

32 a ch **b** sch **c** ch **d** sch **e** sch **f** ch **g** ch **h** sch

D

34 a 2 Krimi 3 Kindersendung 4 Talkshow 5 Polit-Magazin
b 1 Filmstar 2 Theater 3 Familienserie 4 Programm
5 Show 6 Schauspieler 7 Krimi 8 Naturfilm 9 Kino
10 Sendung; *Lösungswort:* langweilig

35 *Musterlösung:*
b Oh, ja, genau. Das machen wir. Wir wandern ins Mühltal.
c Nein, tut mir leid, aber ich trinke keinen Alkohol. Ich würde lieber ein Glas Orangensaft nehmen. **d** ● Nein, das kommt doch zu teuer. Es ist doch viel besser, wenn wir es uns zu Hause gemütlich machen. ▲ In Ordnung. Gut, dann bleiben wir daheim.

E

38 a Er kann ein wichtiges Dokument nicht mehr finden.
b A Verena Müller B Carsten Tsara C Walter Dessauer D Anneliese Bremke
c 1, 2, 4

Lektion 3

A

1 b *Musterlösung:* Sie hat grüne Augen und einen breiten Mund. Ihr Gesicht ist rund und die Nase ist lang. Die Haare sind blond und schön. Sie ist dünn und schmal.
c 2 von Mehmet 3 Gregors 4 Melisas 5 von Natalia

2 a Der Mann **b** Die Frau **c** Das Mädchen **d** Die Männer

3

der	das	die	die
des Mannes	des Mädchens	der Frau	der Männer
			der Mädchen
			der Frauen

4 b meines Gesichts **c** meiner **d** meiner **e** meines Mundes

5 a 2 Ihrer 3 eines 4 Ihres 5 der; der 6 des; des 7 eines

b	der	das	die	die
	des Facharztes	des Gesprächs	der Wirbelsäule	Ihrer Schmerzen
	des Hausarztes	des Schmerz-tagebuchs		
	des Arztes			

6 b meines Lebens **c** ihres Freundes **d** Ihre Armmuskulatur **e** dieses Einkaufsgutscheins **f** der Welt **g** dieser Woche

7 a richtiges; Einfache; netten; kurzen und sanften; längere; kraftvollen
langes; erholsamen; attraktiven; interessante; alltäglichen; einzelne; günstigen

b

der/ein	das/ein	die/eine	die/–
des schönen Körpers	des *guten* Trainings	der gesamten Muskulatur	der *europäischen* Städte
eines schönen Körpers	eines guten Trainings	einer *gesamten* Tour	*europäischer* Arten

8 a fröhlicher Kinder **b** warmen Sonne **c** gesamten Körpers **d** tollen Lehrerin **e** langen, anstrengenden Woche **f** neugierigen Nachbarn **g** deutschen Sprache **h** wunderbarer Ferien

B

10 1 C Ich an seiner Stelle **2 D** An ihrer Stelle würde ich
3 B Wenn ich an deiner Stelle wäre

11 b Kennst du ein gutes Medikament? **c** Mit Tabletten und Arzneimitteln habe ich bei Grippe keine guten Erfahrungen gemacht. **d** Was würdest du mir dann raten? **e** ist es am besten, **f** du solltest

12 b die Erholung **c** die Ernährung **d** die Erfahrung **e** das Ratespiel

13 a Kopfschmerzen: Text 2, Nervosität: Text 3
b 1 Du solltest – wäre es am besten, wenn – Ich empfehle dir

C

15 a 1 D; 2 A; 3 B; 4 C
b 2 wird ... geröntgt 3 wird ... operiert 4 wird ... gemacht

16 b werden die Geräte kontrolliert **c** wird nur operiert **d** werden neue Zeitschriften bestellt **e** werden Rechnungen geschrieben

17 a, b, c, d, i, j

18+19
b muss ... putzen **c** kann ... kaufen **d** kann ... untersuchen und behandeln

20 b Die Herztöne müssen jetzt abgehört werden. **c** Der Arm darf nicht bewegt werden. **d** Der Blutdruck soll jeden Tag gemessen werden. **e** Der Verband muss neu gemacht werden. **f** Die Tabletten müssen dreimal am Tag genommen werden.

Lösungen zu den Übungen im Arbeitsbuch

21 *Musterlösung:*
b ... ein neuer Gipsverband gemacht werden. **c** Dann darf das Bein nicht mehr bewegt werden. **d** Und das Bein soll so oft wie möglich hoch gehalten werden. **e** Der Gips darf dann erst in etwa drei Wochen entfernt werden.

22 Problém • Nikotín • Reaktión • Muskulatúr • Apothéke • Medizín • Gymnástik • Präventión • Abitúr • Qualität • Stúdium • Práktikum • Musík • Realität • Natúr • Fabrík • Symból • Kritík • Nationalität

24 c Auf der Endung *-ieren*.

D

25 1 D 2 F 3 H 4 X 5 A 6 E

26 die Hälfte der – fast die Hälfte der – Ein Drittel der – weniger als ein Viertel der – ein Viertel der

E

28 a Eine Krankenkasse bezahlt nicht immer jede Behandlung. Wenn man eine Zusatzversicherung hat, werden bestimmte zusätzliche Kosten bezahlt.
b 1 richtig 2 falsch 3 richtig 4 richtig

29 1 falsch 2 richtig 3 falsch 4 falsch 5 falsch

30 1 a 2 b 3 a 4 c

Lektion 4

A

1 **b** würde **c** würde **d** hätte **e** wäre

2 **b** könnte ich mit meinen Freunden Fußball spielen
c wäre ich pünktlich im Büro

3 **a** hätte, würde **c** würde, könnte **d** würde, wäre **e** würde, hätte

5 **b** Wenn ich verheiratet wäre, hätte ich gern viele Kinder. **c** Wenn ich viele Kinder hätte, würde ich aufs Land ziehen. **d** Wenn ich auf dem Land leben würde, hätte ich gern ein Haus mit Garten. **e** Hätte ich einen Garten, könnten die Kinder immer draußen spielen.

6 **a** müsste **b** wären; würden **c** hätte; würde **d** wäre; müssten **e** wäre; würde

7 *Musterlösung:*
a würde ich den ganzen Tag schlafen. **b** würde ich nach Mallorca fliegen. **c** wenn ich mehr Urlaub hätte. **d** hätten heute alle eine Arbeit. **e** könnten sie schneller laufen. **f** würde ich lauter Hits im Radio singen. **g** Frieden wäre. **h** würde ich ihn begrüßen.

8 würdest; wären; hätten; müsste

9 Bericht: d, f; Vorschlag: b, c, e, g, h

B

11 b Heißt das, ich soll den Zug nehmen? **c** Tut mir leid, aber ich bin nicht sicher, ob ich das richtig verstanden habe. **d** Würden Sie das bitte wiederholen?

12 a Entschuldigen Sie, aber ich habe Sie nicht verstanden. **b** Könnten Sie das bitte noch einmal sagen? **c** Habe ich das richtig verstanden? Sie haben gesagt, dass ... **d** Bitte, könnten Sie etwas langsamer sprechen?

13 a 2 Das letzte Wort habe ich nicht verstanden. 3 Könnten Sie den Termin bitte noch mal wiederholen? 4 Bedeutet das, dass ich umsteigen muss?

C

14 b Weil ich einen Brief vom Finanzamt ... **c** Weil meine Noten in der Prüfung ...

15 a Fatima **b** Erkan **c** Fatima **d** Maria **e** Erkan **f** Maria

16 b Aus diesem Grund findet er Klassenfahrten prinzipiell super. **c** Wegen des Links-Verkehrs fand sie das Überqueren der Straße ziemlich ungewohnt. **d** Deswegen wäre er lieber auf ein spannendes Fußballspiel gegangen. **e** Aus diesem Grund macht sie jetzt sogar ihre Hausaufgaben gern.

17 a Deshalb **b** weil **c** Deshalb **d** wegen **e** Weil **f** wegen

18 *Musterlösung:*
a ... und deshalb wusste ich nicht, wie viel Uhr es ist.
b ... und dann kam unser Nachbar, Herr Kramer. Der hatte ein Problem mit seinem Auto, und da habe ich ihm geholfen. **c** ■ Wieso ist denn die Vase kaputt? ● Ach, weißt du, es war doch so heiß. Da habe ich alle Fenster geöffnet. Aber dann gab es Durchzug. Die Zeitungen sind vom Tisch gefallen und haben die Vase umgeworfen.

D

20 a 1 weil wenn man es als Ausländer aussprechen kann ... 2 weil es jeder den Worten nach versteht ... 3 weil es nur ein „i" vom Leben entfernt ist. 4 weil man immer noch eine Alternative hat.

22 b *Lösung (von oben nach unten):* Ort und Datum; Anrede; Einleitungssatz; Schlusssatz; Gruß

D/E

24 *Lösung (von oben nach unten):*
Sehr geehrte Frau Weingärtner – in – Ihnen – für Ihre Mühe. – Mit freundlichen Grüßen

25 a *Lösung (von oben nach unten):* 4 – 1 – 3 – 2
b Sarstedt, den 29.08.2...
Sehr geehrter Herr Bauer,
...
Mit freundlichen Grüßen

Lösungen zu den Übungen im Arbeitsbuch

26 *Musterlösung:*

Darmstadt, den 03.10.2...

Sehr geehrter Herr Bauer,
meine Freundin Frau Lorenzo hat mir erzählt, dass in der ... Straße die 2-Zimmer-Wohnung neben ihrer Wohnung frei wird. Da ich selber eine Wohnung suche, bin ich sehr an dieser Wohnung interessiert.
Ich bin für ein Studium nach Darmstadt gekommen und wohne seit einem Monat bei Frau Lorenzo. Weil ich nicht verheiratet bin und keine Kinder habe, wäre für mich die 2-Zimmer-Wohnung perfekt.
Ab wann wäre sie denn frei? Könnte ich mit Ihnen einen Besichtigungstermin ausmachen?
Ich würde mich sehr über eine positive Antwort freuen.

Mit freundlichen Grüßen

Lektion 5

A

1
- **a** Der Junge erzählt, was er später werden möchte.
- **b** ... sie ... verbietet / ... habe ich ... keine Zeit / ... erlaubt ... meine Mutter nicht / Es ist ... traurig / ... habe ich vor / Es ist ... toll / Ich habe ... kein Interesse / Ich stelle mir ... vor / hoffe / ... freue mich
- **c** Ausdrücke: (keine) Zeit haben, (kein) Interesse haben
  Verben: verbieten, (nicht) erlauben, vorhaben, (sich) vorstellen, hoffen, sich freuen
  Ausdrücke: es ist traurig, es ist toll

2 **a** B auszuschalten C zu kaufen D kennenlernen E zu gehen F mitzukommen.
b

Ich habe kein Interesse,	einen Staubsauger	zu kaufen.
Ich würde mich freuen,	deinen Bruder	kennenzulernen.
Erlaubst du uns,	heute ins Kino	zu gehen?
Ich habe heute keine Lust,	ins Training	mitzukommen.

3 **b** Ich habe heute Zeit, in meinem Buch weiterzulesen. **c** Ich verspreche, dich morgen abzuholen. **d** Ich habe vor, einen interessanten Job zu finden. **e** Morgen fange ich an, eine Diät zu machen. **f** Hier ist es nicht erlaubt zu rauchen.

4 **b** / **c** zu **d** / **e** zu

5 *Musterlösung:*
Ich hoffe, nicht immer dasselbe zu machen. Ich hoffe, dich nächstes Jahr zu sehen. Es macht Spaß, erst am Abend zu arbeiten. Ich stelle mir vor, ein halbes Jahr um die Welt zu reisen. Ich habe Interesse, viele nette Leute kennenzulernen. Ich helfe dir, den Koffer zu tragen. ... Es ist angenehm, dich abends ins Theater zu begleiten.

6 **b** 1; **c** 2; **d** 3

B

7 **a** 3; **b** 5; **c** 1; **d** 4; **e** 2; **f** 6

8 **a** brauchen **b** brauchen **c** kann **d** darf **e** müssen

9 **a** brauche **b** muss **c** müssen **d** brauchst **e** brauchen

10 in die Arbeit zu fahren, den ganzen Tag zu arbeiten, nur am Computer zu sitzen, mit langweiligen Leuten zu streiten, feste Arbeitszeiten zu beachten, pünktlich zu sein ...

11 **a** falsch **b** falsch **c** richtig **d** falsch **e** richtig **f** richtig

12 **c** p, t, k

C

14 *Lösung (von oben nach unten):*
Aufträge – nachts – erfolgreich – Überstunden – abwechslungsreichsten

15 **a** ● Musst du Überstunden machen?
▲ ... ich habe doch eine neue Stelle; – ... als Verkäuferin ...
● ... wie läuft's so?
▲ ... stressig. – .... Angst, Fehler zu machen. – Ich muss los.
b ■ ... noch immer so viel Arbeit
▼ ... einen Kollegen vertreten
■ Haben Sie nie daran gedacht, die Stelle zu wechseln?
▼ ... grüßen Sie bitte Ihren Mann von mir

16 **a** Umzug **b** Grund **c** Strand **d** Geburtstag **e** Schild **f** Bild **g** Berg **h** Dieb

D

17 2 der Adressat 3 der Ort und das Datum 4 die Betreffzeile 5 die Anrede 6 der Text 7 die Grußformel 8 die Unterschrift 9 die Anlagen

18 **a** flexibel **c** selbstständig **d** leistungsgerecht **e** erforderlich **f** zuverlässige

19 **a** ... aus meinen Unterlagen; ... tätig; ... Erfahrungen; ... Fortbildung; Ich bin es gewohnt ...; ... zu einem persönlichen Gespräch
b **Berufsausbildung/Studium:** *Ausbildung als Krankengymnastin*
Berufliche Tätigkeiten: *Neurologie an der Uniklinik Erlangen; Orthopädie und Kardiologie in einer Praxis*
Besondere Kenntnisse: *Sprachkenntnisse Polnisch, Deutsch und Englisch*

Lösungen zu den Übungen im Arbeitsbuch

21 Vorstellungsgespräch – mich vorstellen – Abschlusszeugnis – im Original – mich telefonisch bei ihnen melden

E
23 a B; A; A; A; B; B; A **b** 9; 7; 5; 6; 10; 4; 3; 8

24 b Ist das noch aktuell? **c** ... wegen Ihrer Anzeige in der TAZ an. **d** ... für die Stelle als Erzieherin interessieren. **e** Passt Ihnen der nächste Dienstag? Das ist der Zehnte. **f** ... alle Ihre Unterlagen mit: Arbeitsgenehmigung, Aufenthaltserlaubnis etc.

26 b falsch **c** richtig **d** falsch **e** richtig **f** richtig **g** falsch

Lektion 6

A
1 b um eine Ausbildung zu machen. **c** Sie will selbstständiger werden. **d** Um Geld zu verdienen. **e** Sie will in der Nähe ihres Freundes sein.

2 b ... um mehr Platz für die Kinder zu haben. **c** ... um ein paar Kilo abzunehmen. **d** ... um einen wichtigen Kunden zu treffen. **e** ... um zu wandern und sich dabei richtig zu erholen.

3 b damit seine Frau eine Fremdsprache richtig lernen kann. **c** damit seine Frau glücklich ist. **d** damit seine Kinder zweisprachig aufwachsen können.

4 b Simon **c** seine Frau **d** Simon **e** die Großeltern

5 B Ich mache Käsebrötchen, damit die Kinder auf der Reise etwas essen können. **C** Ich kontrolliere die Autoreifen und das Öl, damit wir sicher in Kroatien ankommen. **D** Ich rufe meine Freunde an, um ihnen zu sagen, wann wir kommen. **E** Wir kaufen uns etwas Neues zum Anziehen, um im Urlaub gut auszusehen. **F** Wir nehmen Fotos von unseren Freunden in Deutschland mit, um sie unseren Großeltern zu zeigen.

6 b ... damit ... — . **c** ... um ... zu besuchen. **d** ... damit ... — . **e** ... um ... zu können.

7 *Musterlösung:*
Ich nehme immer eine Sonnencreme mit, damit ich keinen Sonnenbrand bekomme. Wir lassen uns impfen, um nicht krank zu werden. Mein Mann packt CDs für die Kinder ein, damit es ihnen nicht langweilig auf der langen Fahrt wird. Ich lese immer einen Reiseführer, um meinen Urlaub gut zu planen. Ich gebe meinen Eltern immer unsere Urlaubsadresse, damit sie beruhigt sind.

9 Über eine Abbildung sprechen: A, D, E, H, M, N
Auf den/die Partner/-in reagieren: C, G, I, J, K
Über eigene Urlaubspläne sprechen: B, F, L, O

10 *Musterlösung:*
Abbildung 1: ... in denen die Deutschen Urlaub machen wollen. Spanien steht an zweiter Stelle als Reiseziel. Auf dem dritten Platz kommt Italien, erst an vierter Stelle steht Österreich. Etwa gleich viele Menschen planen ihren Urlaub in Skandinavien und in osteuropäischen Ländern. Griechenland und Asien haben etwa gleich viele als Reiseland angegeben. Während aber fast jeder Zehnte nach Spanien verreisen möchte, wollen die wenigsten nach Nordafrika und auch nur ganz wenige in die Karibik.

Abbildung 2: ..., dass das meistbesuchte Reiseland Frankreich ist. In Deutschland dagegen waren nur 23,6 Millionen Touristen, also etwa ein Viertel! Doppelt so viele reisen nach China, was doch erstaunlich ist, nämlich 49,6 Millionen Leute. Das sind etwas mehr Besucher als in Italien, das an fünfter Stelle in der Beliebtheitsskala steht. Spanien kommt nach Frankreich mit über 58 Millionen auf den zweiten und die USA mit beinahe gleich viel Besuchern, nämlich 51,1 Millionen, auf den dritten Platz. Deutschland und Mexiko hatten etwa nur halb so viele Touristen wie die USA. Russland, Türkei und Kanada können die wenigsten Besucher nennen. Ich persönlich fahre am liebsten in meine Heimat, wenn ich Urlaub habe.

11 a *(von oben nach unten)*
2 5 6 4 3

B
12 b statt sich in der Arbeitszeit zu unterhalten. **c** statt einen Platz im Zug zu reservieren. **d** statt ihm eine E-Mail zu schreiben.

13 b statt das Haus ohne ein Wort zu verlassen. **c** statt einfach in mein Zimmer zu kommen. **d** statt immer in die Berge zu fahren. **e** statt nur am Computer zu sitzen. **f** statt uns immer nur zu kritisieren.

14 b ohne einen Regenschirm mitzunehmen. **c** ohne vorher Nachrichten zu hören. **d** ohne vorher in den Spiegel zu sehen. **e** ohne mich zu beachten.

15 b Er kommt immer zu spät, ohne vorher anzurufen. **c** Er spielt nachts Klavier, ohne an die Nachbarn zu denken. **d** Er fährt U-Bahn, ohne ein Ticket zu haben. **e** Er fliegt in den Urlaub, ohne Geld mitzunehmen. **f** Er geht auf Geburtstagspartys, ohne ein Geschenk zu haben. **g** Er geht zum Vorstellungsgespräch, ohne vorher sein Hemd zu bügeln.

16 c statt **d** ohne **e** ohne **f** statt

17 b ohne **c** ohne **d** statt **e** ohne

18 *Musterlösung:*
Ich würde gern einmal zum Zahnarzt gehen, ohne Angst zu haben. Ich würde gern mit meiner Mutter telefonieren,

171 LÖSUNGEN

Lösungen zu den Übungen im Arbeitsbuch

ohne mich mit ihr zu streiten. Ich hätte gern immer viel Geld, ohne viel arbeiten zu müssen. Ich würde gern in andere Länder reisen, statt jeden Urlaub in der Heimat zu verbringen. Ich würde gern öfter essen gehen, statt jeden Tag für die Familie zu kochen. Ich hätte gern ein Haus, statt in einer so kleinen Wohnung zu leben. Ich würde gern öfter ins Kino gehen, statt immer zu Hause fernzusehen.

C

19 **b** repariert (reparieren) **c** bucht (buchen) **d** schneidet (schneiden), wäscht (waschen) **e** berät (beraten)

20 a 2 K 3 V 4 K 5 V 6 K 7 V 8 K
b b 3 c 4 d 5 e 8 f 2 g 6 h 7

21 ● Na, was kann ich für Sie tun? ● ... einen bestimmten Wunsch? ▲ ... empfehlen? ● Wie wär's mit ...? ... das Richtige ... ▲ Sind Sie sicher? ▲ Was kostet das denn? ▲ Die ist mir zu teuer.

22 b Bitte schön. Wenn Sie noch Fragen haben, melden Sie sich bei uns. **c** Ja, natürlich. Gleich dort hinten. **d** Jetzt sei doch nicht so ungeduldig. **e** Ich weiß nicht. Das muss ich mir noch einmal überlegen.

23 *Musterlösungen:*
Situation 1
● Guten Morgen!
■ Guten Morgen, was kann ich für Sie tun?
● Ja, wir möchten gerne Mitte Mai zwei Wochen nach Italien verreisen, in den Süden. Dort waren wir noch nie.
■ Oh, ich komme aus Italien, aus Rom. Da ist es im Frühling besonders schön. Italien ist wundervoll.
● Aber ist Rom nicht sehr teuer?
■ Nein, wenn Sie im Mai reisen, sind noch nicht so viele Touristen dort und die Hotels haben noch Vorsaisonpreise.
● Ach so, aber nur eine Städtetour zu machen, das finden wir sehr anstrengend. Und in so einer großen Stadt zu wohnen, das ist sicher furchtbar laut.
■ Also, wenn Sie es ruhiger haben wollen, könnte ich für Sie nach einem Hotel außerhalb von Rom schauen. Vielleicht am Meer, ganz ruhig und romantisch, und Sie könnten ein Ausflugspaket mit mehreren Fahrten zu den vielen Sehenswürdigkeiten Roms buchen.
● Das klingt interessant. Was würde das denn kosten?
■ Moment, ich sehe mal im Computer nach ...

Situation 2
■ Guten Tag, Sie wünschen?
● Grüß Gott, ich bin auf der Suche nach einem schicken Kostüm oder einem Hosenanzug. Ich beginne nämlich nächste Woche eine neue Arbeitsstelle in einem Büro.
■ Oh, da kann ich Ihnen die neue Kollektion zeigen. Wie wär's mit diesem Kostüm in Beige?
● Beige steht mir nicht. Das macht mich so blass. Und der Rock wirkt so altmodisch.

■ Wie gefällt Ihnen der graue Hosenanzug hier?
● Ach nein, grau ist auch so farblos.
■ Den haben wir auch noch in Blau.
● Ja, das ist schon besser.
■ Da gibt es auch farblich passend einen Rock dazu. Dann könnten Sie den Blazer zu Hose und Rock kombinieren. Wollen Sie mal probieren? Sie haben Größe 38, oder?
● Nein, eher 40.
■ Also gut, hier sind die Teile in 40. ... Oh, das sieht gut aus an Ihnen. Vielleicht noch diese weiße Bluse oder diesen Pullover in Gelb oder Pink dazu?
● Ja, ich brauche eigentlich auch noch ein paar Oberteile.
■ Die Bluse ist reduziert.
● Mir gefallen aber die kurzen Ärmel nicht.
■ Schauen Sie, wie wär's dann mit dieser Langarmbluse?
● Ja, die ist hübsch.
■ Die steht Ihnen sehr gut.
● Gut, dann nehme ich den Hosenanzug, den Rock und diese Bluse.
■ Bitte kommen Sie mit zur Kasse. Auf Wiedersehen! Danke für Ihren Einkauf!
● Auf Wiedersehen! Und vielen Dank für Ihre freundliche Beratung!
■ Bitte schön.

24 b Qualität **c** unbedingt **d** Richtige **e** sensationell **f** ungewöhnlich

26 1b 2a 3b 4b 5c

D

27 a es waren – es ... gefallen – Es hat ... geregnet ... es ... Winter ist – geht es – es ist ... einfach ... Es ist ... kalt – es klingelt – habe es ... eilig ... es ist ... sieben Uhr – gibt es

28 Wetter: Es hat ... geregnet. Tages/Jahreszeit: ..., wenn es Winter ist. Es ist ... sieben Uhr. weitere Ausdrücke: Wie war es in Vietnam? Es waren über vier Wochen. Wie hat es euch gefallen? Wie geht es dir jetzt ...? Es ist nicht so einfach ... Es klingelt. Ich habe es ... eilig. Was gibt es denn?

29 b Es war super im Urlaub. **c** Es geht mir wieder besser. **d** Hier am Arm tut es mir weh. **e** Es ist schwierig, eine günstige Wohnung zu finden. **f** In Australien ist es jetzt Tag. **g** In Russland ist es jetzt kalt.

E

30 2 im August ... 3 Dazu hätte ... 4 Bitte schicken ... 5 Vielen Dank ...

31 *Musterlösung:*
Betreff: Informationsmaterial über Überlingen und den Bodensee
Sehr geehrte Damen und Herren,
meine Freundin und ich möchten gern im Sommer

LÖSUNGEN 172

Lösungen zu den Übungen im Arbeitsbuch

eine Woche Urlaub in Überlingen machen. Wir waren noch nie am Bodensee, haben aber neulich eine tolle Sendung im Fernsehen über Überlingen gesehen. Jetzt habe ich natürlich viele Fragen: Wann wäre denn die beste Reisezeit? Welche Attraktionen gibt es Ende Juli bis Anfang August? Wir bräuchten ein Doppelzimmer mit Seeblick, aber nicht zu teuer. Gibt es auch Pensionen oder Ferienwohnungen? Könnten Sie mir eine Unterkunft empfehlen? Wann findet denn genau die berühmte Segelregatta statt? Bieten Sie da noch Zimmer an? Wäre es möglich, dass Sie mir Informationen über Überlingen und die Bodenseeregion zusenden. Mich würden auch Sportmöglichkeiten, weitere Ausflugsziele und die Kultur (Konzerte, Theater und Ausstellungen) interessieren. Meine Adresse lautet ... Vielen Dank für Ihre Mühe. Mit freundlichen Grüßen ...

33 1 falsch 2 a falsch b richtig c falsch

Lektion 7

A

1 <u>b</u> Aufzug <u>c</u> Erdgeschoss <u>d</u> Hausmeister <u>e</u> Hof <u>f</u> Dachwohnung <u>g</u> Warmmiete

2 <u>b</u> aber wir möchten gern eine kleine Wohnung kaufen. <u>c</u> oder ein Reihenhaus. <u>d</u> aber jeder von uns hat genug Platz. <u>e</u> sondern auch neue Möbel. <u>f</u> oder spätestens nächsten Montag.

3 1 c 2 b 3 a
<u>a</u> ... entweder – oder <u>b</u> ... nicht nur – sondern auch <u>c</u> ... zwar – aber

4 <u>b</u> Unser Haus ist zwar sehr eng, aber total gemütlich. <u>c</u> Wir leben nicht nur mietfrei, sondern wir brauchen auch wenig Geld für das Essen. <u>d</u> Wir wollen entweder nur so in der Stadt leben oder in einem großen Bauernhaus auf dem Land. <u>e</u> Wir haben nicht nur eine Dusche, sondern auch eine Badewanne. <u>f</u> Es ist zwar oft sehr chaotisch bei uns, aber wir leben gern dort.

5 <u>a</u> ... nicht viel Geld, aber (2) mein Traum wäre trotzdem ein Häuschen im Grünen. <u>b</u> Irgendwann will ich entweder (3) ein Haus kaufen oder (4) eins mieten. <u>c</u> Aber ich will nicht nur (5) ein Haus im Grünen, sondern auch (6) einen großen Garten haben.

6 *Musterlösung:*
Mein Traumhaus sollte nicht nur total gemütlich sein, sondern auch sehr schön gebaut sein. In meinem Haus brauche ich zwar nicht zwei Duschen, aber unbedingt eine Badewanne. Ich will nicht nur auf dem Land leben, sondern auch in der Nähe einer größeren Stadt. Der Garten sollte zwar nicht sehr groß sein, aber für ein paar Gemüsebeete sollte genug Platz sein. Es würde mir gefallen, wenn Küche und Esszimmer ein großer Raum wären. Ich finde es praktisch, wenn nicht nur vom Wohnzimmer eine Tür auf die Terrasse geht, sondern auch von der Küche. Der Hauseingang sollte entweder überdacht sein oder sehr windgeschützt liegen. Ich finde zwar Bungalows schöner, aber ein zweistöckiges Haus ist meistens größer.

7 <u>b</u> einziehen <u>c</u> einen Spielplatz <u>d</u> einen Keller <u>e</u> wohnen

8 <u>a</u> Ach wirklich? – Das muss ich mir noch überlegen. <u>b</u> Stell dir vor, – Aber das Beste kommt noch! – Das ist ja zu schön, um wahr zu sein!

B

9 1 Hätte ich doch einen Regenschirm dabei! 2 Hätte ich bloß mein Handy mitgenommen! 3 Wäre ich doch vorsichtiger Ski gefahren!

10 <u>b</u> Wären <u>c</u> Würden <u>d</u> Wäre <u>e</u> Könnte <u>f</u> Hätten

11 <u>b</u> ... ihr ausgegangen. <u>c</u> Hätte ich doch täglich für sie gekocht. <u>d</u> Hätte ich ihr doch bloß öfter Blumen mitgebracht! <u>e</u> Wäre ich doch nur mit ihr in Urlaub gefahren! <u>f</u> Hätte ich ihr doch bloß bei der Hausarbeit geholfen!

12 <u>b</u> Wenn ich doch pünktlich gekommen wäre! <u>c</u> Wenn ich doch öfter für sie gekocht hätte! – Hätte ich doch öfter für sie gekocht! <u>d</u> Wenn ich ihr doch bloß öfter Blumen mitgebracht hätte! – Hätte ich ihr doch bloß öfter Blumen mitgebracht!

13 <u>b</u> Hätte ... angerufen! <u>c</u> Wäre ... gekommen! <u>d</u> ... gekauft hätte! <u>e</u> ... gemietet hätte!

14 *Musterlösung:*
... die Wohnung aufgeräumt! Hätte ich doch eingekauft! Hätte ich mich bloß umgezogen! Hätte ich doch nur das Geschirr gespült! Hätte ich doch nur die Wäsche aufgehängt! Hätte ich bloß mein Bett gemacht! Hätte ich nur den Müll rausgebracht! Wäre ich doch nur früher aufgestanden heute! ...

C

18 A ... eine Satellitenschüssel auf dem Balkon hatte. B ... ihre Kinder ständig Lärm gemacht hatten. C ... das verboten ist. D ... viele Fahrradwege gibt, fahren immer mehr Radfahrer auf den Bürgersteigen.

19 <u>a</u> Rücksicht – Lärm <u>b</u> Regeln – Rechte und Pflichten <u>c</u> Sicherheitsgründen <u>d</u> Flächen – Bewohner – Grundstück

20 <u>a</u> Ist das bei euch auch so? – Das ist bei uns kein Problem. <u>b</u> ... ist es nicht üblich, <u>c</u> Dafür ist der Hausmeister zuständig. <u>d</u> Darf man bei euch <u>e</u> Wer kümmert sich ...

21 <u>a</u> richtig <u>b</u> falsch <u>c</u> falsch <u>d</u> richtig <u>e</u> falsch

173 LÖSUNGEN

Lösungen zu den Übungen im Arbeitsbuch

22 a § 1 Mieträume; § 2 Mietzeit und Kündigungsfrist; § 3 Miete; § 4 Hausordnung; § 5 Untervermietung; § 6 Instandhaltung; § 7 Kaution
b 1 falsch 2 richtig 3 falsch 4 richtig 5 falsch 6 richtig

D

23 a für ... dafür; ... wofür; ... für **b** ... mit ... darauf; ... mit

24 a Wofür? **b** Für wen? **c** Um wen? **d** Worum? **e** Worüber? **f** Über wen?

25 *Musterlösung:* **a** Über wen ... – Worüber ... **b** träumen von; Von wem träumst du? – Wovon träumst du am liebsten? **c** denken an; An wen denkst du? – Woran denkst du gerade? **d** sich unterhalten mit; Mit wem unterhält sie sich gerade? – Womit unterhalten sie sich? **e** sich kümmern um; Um wen kümmerst du dich? – Worum musst du dich heute kümmern? ...

26 a darauf **b** darauf; mit; Mit wem **c** an; daran **d** mit ... über; darüber

27 a darauf **b** An wen **c** von; darauf **d** an; an sie **e** darum

28 *Musterlösung:*
b Darüber freue ich mich sehr! Ich werde es gleich lesen. **c** Über ihn habe ich mich so geärgert. In dieses Geschäft gehe ich nicht mehr. **d** Davon träume ich schon seit Wochen! Wir fliegen nämlich für zwei Wochen nach Paris! **e** Daran erinnere ich mich gern! Gott sei Dank, dass es dich gibt! **f** Mit ihm habe ich mich das letzte Mal vor fünf Jahren getroffen. Wie es ihm wohl geht?

29 *Musterlösungen:*
A ■ He, könnt ihr nicht aufpassen?
● Entschuldigung, der Ball ist über den Zaun geflogen.
■ Aber mitten in meine Blumen! Das ist ein starkes Stück!
● Das tut uns schrecklich leid. Wir werden vorsichtiger sein.
■ Na, es ist ja keine Katastrophe, aber auf alle Fälle dürft ihr nicht mehr so nah am Zaun spielen, damit so etwas nicht noch mal passiert, okay?
● Das versprechen wir. Können wir jetzt unseren Ball wieder haben, bitte?
■ Da habt ihr ihn!

B ■ Das ist ja wohl die Höhe! Immer wenn ich mal auf meinem Balkon liege, fängt Ihr Papagei an zu schreien!
● Tatsächlich, das ist ja merkwürdig. Das ist mir noch nicht aufgefallen. Aber das Tier braucht auch frische Luft.
■ Ja, aber ich brauche nach meiner anstrengenden Arbeit in der Klinik meine Ruhe. Wäre es vielleicht möglich, dass Sie den Papagei nur raus lassen, wenn ich nicht da bin?

● Klar, geht in Ordnung! Ich habe überhaupt nicht daran gedacht, dass der Vogel Sie stören könnte. Bitte entschuldigen Sie.
■ Schon gut, ich bin wirklich sehr im Stress. Da ertrage ich einfach keinen Lärm.

30 a Dr. Peter Gerner **b** die Garage im Anwesen Meisenweg 5, Heimhausen **c** Miete wurde nicht gezahlt / die Zahlungen wurden nicht geleistet **d** bis 15.12.2009 mittags 12.00 Uhr **e** Garage räumen und in vertragsgemäßem Zustand an den Vermieter zurückgeben

31 Kündigung – kündige – Mietvertrag – Kündigungsfrist – bestätigen – vereinbare

32 1 – **g**, 2 – **b**, 3 – **d**, 4 – **a**, 5 – **e**, 6 – **c**, 7 – **f**

Lösungen zu den Tests

Test zu Lektion 1
1 **a** hatte ... begonnen **b** vergessen hatte **c** hatte ... ausgeschaltet **d** war ... gegangen
2 **a** als **b** Als **c** Wenn **d** wenn
3 *Musterlösung:*
a ... glaubte ich an den Weihnachtsmann. **b** ... wenn wir bei unserer Tante Anne waren. **c** Ich ging jeden Nachmittag an den kleinen Badesee in unserem Dorf ... **d** ... hatte ich oft Probleme, wenn ich etwas kaufen wollte. **e** ... hörte ich immer sehr konzentriert zu. **f** Ich war erst 18 Jahre alt ...
4 **a** war **b** ging **c** musste **d** begann **e** studierte **f** heiratete **g** feierte **h** bekam
5 *Musterlösung:*
Liebe Paula,
stell Dir vor: Ich bin im Stadtpark spazieren gegangen, als plötzlich ein Mann auf einem Mofa mir meine Handtasche geraubt hat. Es ging ganz schnell und dann war alles weg: meine Geldbörse, der Ausweis und auch die Schlüssel. Du kannst Dir denken, dass ich ganz schön verzweifelt war. Zum Glück hatte ich noch 5 Euro in meiner Hosentasche. So konnte ich wenigstens mit dem Bus nach Hause fahren. Und jetzt kommt das Beste: Zu Hause an meiner Haustür lag meine Handtasche mit meinem Ausweis und den Schlüsseln. Ist das nicht unglaublich? Und: Der Räuber hatte noch einen Brief geschrieben mit einer Entschuldigung. Er hatte mein Geld für einen Lottoschein gebraucht! Ist das nicht unglaublich? Was sagst Du dazu? Ich freue mich auf Deine Antwort. Pass immer gut auf Deine Handtasche auf!
Liebe Grüße

Test zu Lektion 2
1 **a** ☺ **b** ☺ **c** ☹ **d** ☺ **e** ☺ **f** ☺ **g** ☹ **h** ☹
2 **a** obwohl **b** Deshalb **c** Trotzdem ... weil **d** obwohl **e** weil **f** obwohl **g** Deshalb
3 **a** die **b** die **c** denen **d** den **e** dem **f** der **g** der **h** das
4 *Musterlösung:*
Mein Lieblingsfilm heißt „Drei Haselnüsse für Aschenbrödel". Das ist ein Märchenfilm, der immer zu Weihnachten im Fernsehen läuft. Die Sender können verschieden sein. Der Film ist mein Lieblingsfilm, weil er mich an meine Kindheit erinnert. Da habe ich mir den Film fast immer zu Weihnachten angesehen.

Test zu Lektion 3
1 **a** eines **b** eines **c** einer **d** eines **e** einer **f** einer
2 **a** meiner **b** dieser **c** meines **d** seines **e** eines **f** des
3 *Musterlösung:*
a ... würde ich mehr essen. **b** ... macht einen Gymnastikkurs. **c** ... Autogenes Training machen. **d** ... würde ich rausgehen und Fußball spielen.
4 **a** die Muskulatur **b** der Patient **c** röntgen **d** messen **e** abnehmen
5 **a** Spätestens nach zwei Tagen muss ein neuer Verband gemacht werden. **b** Die Schmerztabletten müssen morgens nach dem Frühstück genommen werden. **c** Der Fuß darf/sollte möglichst wenig bewegt werden. **d** Der Fuß muss/sollte so oft wie möglich hochgelegt werden. **e** Der Fuß muss in vier Tagen noch einmal untersucht werden.

Test zu Lektion 4
1 **a** weil **b** Wegen **c** Weil **d** darum **e** Darum **f** Wegen
2 **a** Tut mir sehr leid, aber ... **b** Entschuldigung, um ... **c** Habe ich Sie richtig verstanden? ... **d** Könnten Sie bitte ...
3 *Musterlösung:*
a würde ich mich sehr freuen **b** würde ich nur noch reisen **c** würde ich mehr für die Schule tun **d** ich nicht die Prüfung machen müsste **e** ich keine Kinder hätte
4 **a** falsch **b** richtig **c** falsch **d** richtig **e** richtig
5 *Musterlösung:*
20. Mai ....
Liebe Carmen,
vielen Dank für Deinen Brief. Ich habe mich sehr darüber gefreut. Du schreibst, dass Du in deiner Freizeit gern Fußball spielst. Stell Dir vor, ich auch! Wir haben hier eine Mädchenmannschaft und trainieren zweimal pro Woche. Am Sonntag haben wir dann immer ein Spiel gegen andere Mannschaften. Bist Du auch in einem Verein? Ich spreche auch Deutsch und Englisch wie Du. Leider kann ich überhaupt kein Spanisch. Aber ich würde es gern lernen. Im Moment mache ich einen Deutschkurs, jeden Tag vier Stunden. Ich möchte nämlich bald das Zertifikat machen. Besonders fleißig bin ich auch nicht, aber ich schreibe mir doch immer Vokabelkärtchen. So kann ich mir die Wörter am besten merken. Wie lernst Du am besten?
Ich freue mich auf Deinen nächsten Brief.
Viele Grüße ...

Test zu Lektion 5
1 **a** zu spät zum Essen zu kommen. **b** das Geschirr abzuwaschen. **c** mit dem Computer zu arbeiten. **d** das Zimmer aufzuräumen.
2 a) Ich habe keine Lust, heute einen Brief an meine Eltern zu schreiben. b) Ich habe vor, möglichst schnell die Deutschprüfung zu machen. c) Vergiss bitte nicht, morgen zur Bank zu gehen. d) Ich verspreche, dich morgen mit dem Auto mit zum Deutschkurs zu nehmen.
3 *Musterlösung:*
a Sie braucht aber viel Mut. Wenn sie selbstständig ist, braucht sie viele Aufträge. **b** Als Angestellter braucht er kein Risiko einzugehen. Er braucht keine Werbung für sich zu machen und er braucht auch keinen Kredit aufzunehmen. **c** Wenn sie pensioniert ist, braucht sie nicht mehr jeden Morgen um sechs Uhr aufzustehen. Sie braucht nicht in die Arbeit zu gehen. Und sie braucht nur zu tun, was sie will.

175 LÖSUNGEN

Lösungen zu den Tests

4
Ausbildung	Berufliche Erfahrung	Besondere Fähigkeiten Stärken
c	a	b
e	d	f
		g

5 *Musterlösung:*
Bewerbung als Kellnerin

Sehr geehrte Frau Hübner,
mit großem Interesse habe ich Ihre Anzeige gelesen. Ich bewerbe mich hiermit um die offene Stelle. Ich lebe schon seit zehn Jahren in Deutschland und spreche sehr gut Deutsch. Auch habe ich eine Deutschprüfung gemacht. Ich habe schon öfter im Restaurant meines Onkels geholfen, und der Kontakt mit den Gästen hat mir jedes Mal viel Freude gemacht. Deshalb interessiere ich mich auch dafür, in Ihrer Grillstube zu arbeiten. Über eine Einladung zu einem persönlichen Gespräch würde ich mich sehr freuen.
Mit freundlichen Grüßen
...

Test zu Lektion 6

1   1 c) 2 f) 3 a) 4 d) 5 e), g)
2   **b** Arbeitskollegen **c** Sommerurlaub **d** als eine Woche **e** doppelt so viele **f** Dreimal **g** Zehnte **h** halb so viele **i** wie **j** gleich viele **k** jeder Hundertste
3   **a** um ... zu **b** damit **c** um ... zu **d** damit **e** damit **f** um ... zu
4   **a** Ich soll lieber die Geschäftspartner anrufen, statt ihnen E-Mails zu schreiben. **b** Ich soll zu Hause bleiben, statt mit Erkältung ins Büro zu kommen. **c** Ich soll keine Briefe wegwerfen, ohne den Chef zu fragen. **d** Ich soll nicht in die Mittagspause gehen, ohne den Anrufbeantworter einzuschalten. **e** Ich soll auch kurze Notizen mit dem Computer schreiben, statt sie mit der Hand zu schreiben. **f** Ich soll abends nicht nach Hause gehen, ohne den Computer auszuschalten und den Schreibtisch aufzuräumen.
5   *Musterlösung:*
a ich bei der Hochzeit meines Cousins dabei sein kann. **b** zu prüfen, ob der Herd aus ist. **c** immer nur über meine Kochkünste zu jammern. **d** mit dir gemeinsam zu essen. **e** ich die Zwiebeln schneiden kann.

Test zu Lektion 7

1   nicht nur – sondern auch; Zwar – aber; entweder – oder; nicht nur – sondern auch; zwar – aber
2   **a** Wäre ich doch nur langsamer gefahren! **b** Hätte ich bloß nicht im Halteverbot geparkt! **c** Hätte ich doch am Stopp-Schild angehalten! **d** Hätte ich doch bloß nicht auf die anderen Autofahrer geschimpft! **e** Hätte ich nur beim Abbiegen in den Spiegel geschaut! **f** Hätte ich doch mehr Fahrstunden genommen!
3   **a** Über wen **b** Wofür **c** Worüber **d** Woran **e** An wen

4   *Musterlösung:*
a sehr um seine alte Mutter **b** mit meiner neuen Arbeitsstelle
c von Schlangen **d** über private Dinge
5   **Kritik äußern:** Ich hätte da eine Bitte an Sie. • Es wäre schön, wenn Sie da Rücksicht nehmen könnten. • Könnten Sie bitte ...? **Auf Kritik reagieren:** Das verstehe ich sehr gut. • Das ist ja wohl die Höhe! • Das tut mir schrecklich leid. • Klar, das geht in Ordnung. • Das geht Sie doch wirklich nichts an.